現代漢語文論話語

向 天 淵 著

文 史 哲 學 集 成
文史哲出版社印行

國家圖書館出版品預行編目資料

現代漢語文論話語 / 向天淵著. -- 初版 -- 臺北市：文史哲, 民 99. 05
頁: 公分. --（文史哲學集成；582）
ISBN 978-957-549-897-9 (平裝)

1. 漢語 2. 語言哲學

802.099 99007825

文史哲學集成 582

現代漢語文論話語

著　者：向　天　淵
出版者：文　史　哲　出　版　社
http:// www.lapen.com.tw
e-mail：lapen@ms74.hinet.net
登記證字號：行政院新聞局版臺業字五三三七號
發行人：彭　正　雄
發行所：文　史　哲　出　版　社
印刷者：文　史　哲　出　版　社
臺北市羅斯福路一段七十二巷四號
郵政劃撥帳號：一六一八〇一七五
電話886-2-23511028・傳真886-2-23965656

實價新臺幣四二〇元

中華民國九十九年（2010）五月初版
中華民國九十九年（2010）八月修訂再版

ISBN 978-957-549-897-9 00582

現代漢語文論話語

目次

緒　論

（一）

本書以一九一七年一月至一九三七年八月爲時間論閾，以現代漢語文論話語的存在樣態、生成理路爲研究對象。

將時間論閾限定於一九一七—一九三七年，一方面是出於衆多現代文學史、批評史著作習慣於類似一九一七—一九二七、一九二七—一九三七、一九三七—一九四九的分期方式，這種劃分，與現代中國一些重大政治事件的發生、發展存在著密切的聯繫，受政治分期的影響比較嚴重，但由於重大政治事件對現代文學的確產生了深刻的影響，這種分期仍有其巨大的合理性，正如有論者指出的那樣：「要把政治逐出新文學史的領域，並非輕而易舉，而且也不符合實事求是的精神。」①另一方面，從話語形式層

① 黃修己《中國新文學史編纂史》，北京：北京大學出版社，一九九五年五月，第四八七頁。

面來看，現代漢語文論發端於一九一七年的文學革命論，在隨後的二十年間，話語主體、話語方式、話語文本等幾個環節都經歷了多次轉變，到抗日戰爭全面爆發的前夕，已基本成熟並開始定型，幾乎涵蓋了在此之後出現的各種形態。再者，一九一七—一九三七年間，文學與文論的發展，雖然受到外在環境的巨大幹擾，但總體看來，文學、文論的內在規律仍不失爲重要的制衡因素，或者說，這段時期，文學、文論的發展基本上屬於常態性質；但抗日戰爭的全面爆發，則將文學的發展納入了比較徹底的人爲設定的框架之內，文學批評的標準自然也將民族性、政治性等因素放在了首要位置，從而使文學、文論走上了非常態或超常態的發展歷程。對非常態的文學現象進行描述與分析，自有其重要的學術價值，但若以「長時段」的歷史眼光來看，這種非常態的現象畢竟只是整個文學發展史中的暫時性現象，對之進行分析所形成的認識，相對說來也就不具備恒久之價值，或者說不能爲今日常態文論的發展與建構提供切實可行的參考。

題中所謂「現代漢語文論話語」的內涵是指，中國現代文學批評家、學者運用現代漢語語詞，對現代漢語文學進行批評，對古代文學、文論的發展歷程進行描述，以及對文學自身性質進行研究的方式與結果。這即是說，此處所謂的「文論」是就其寬泛意義而言，包括文學批評、文學批評史、文學史、以及文學理論等幾個層面，這種界定的根據是基於雷納·韋勒克、奧斯丁·沃倫在《文學理論》一書中關於「文學理論、文學批評和文學史」三者關係所作的描述與區分。①

所謂「話語」（discourse），不僅意味著本書注重現代漢語文論的話語層面，更主要的是強調書的研究角度與方法，即「話語分析」。話語理論研究與話語分析實踐在西方已有大半個世紀之久，而且派別眾多，對「話語」的解釋也很不一致：米哈依爾·巴赫金強調話語的對話原則，蜜雪兒·拜肖偏重話語意識形態的分析，蜜雪兒·福柯注重於話語權力因素以及思想史上種種斷裂與差異性話語的特徵。②就我國學術界而言，一般認爲，「話語」是比語言小、比句子（或言語）大的單位，是在特定的價值水準上表達的具有相對獨立性的口語或書面語句單位③。此外，有學者贊同保羅·利科「話語是實現了的語言」的論斷，從而強調話語所具有的主體間的交流關係④。

本書所運用的「話語分析」方法，將不局限於某一流派的話語理論與分析模式。因爲，現代漢語文論話語與古代以及西方文論話語之間存在著密切的吸納與複雜的迎拒關係，在話語分析時，必然要涉及古今、中外之間種種顯在的交流與隱秘的對話；又因爲，現代漢語文論話語的生成與發展同現代中國的

---

① 參見韋勒克、沃倫《文學理論》，北京：三聯書店，一九八四年版，第三二頁。在《批評的概念》一書中，韋勒克對三者之聯繫與區別作了進一步的論述，指出任何想取消這些區分的作法都是行不通的。參見張金言譯《批評的概念》，杭州：中國美術學院出版社，一九九九年十二月，第一八頁。

② 關於這幾種話語理論的具體介紹，請參看趙一凡《歐美新學賞析》，北京：中央編譯出版社，一九九六年九月，第七〇—一二〇頁；王曉路《話語理論簡介》，載《中外文化與文論》，第三輯，成都：四川大學出版社，一九九七年四月。

③ 參見陳曉明《解構的蹤跡：歷史、話語與主體》，北京：中國社會科學出版社，一九九四年九月，第六三—六四頁。

④ 參見周憲《超越文學》，上海：上海三聯書店，一九九七年三月，第九一—九二頁。

政治、經濟、文化等構成的特殊歷史語境密切相聯，在進行話語分析時，自然要涉及話語與文化、階級、意識形態等的關係問題；另外，福柯話語理論對斷裂與差異的強調，更是本書所憑藉的一個非常重要的思想基礎，因爲本書預期的目標之一就是要揭示出這樣一個事實：現代漢語文論話語與傳統文論話語之間的斷裂與差異大大超過了兩者之間的延續與相似，而這一事實的形成又與西方文論話語大規模潮湧而入，並在現代漢語文論話語的建構過程中迅速佔據主導地位這一過程密不可分。

「現代漢語文論話語」這一術語，可以作出各有側重的兩種解讀，即「現代漢語文論話語」和「現代漢語文論話語」。前者隱含著與中國古代文論話語以及現代以來的古代漢語文論話語相比照的目的，後者是想強調，對現代漢語文論話語的研究，不能僅僅局限於在單一的漢語文化語境中進行，而應該採取如汪暉所謂「文化間性」或者如劉禾所謂「跨語際的」（Translingual）與「跨文化的」（Cross-Cultural）研究，①從而將現代漢語文論話語置於中西文化的「互動性」和中西語言、文論的「互譯性」之中去予以描述與分析。自然，這本小書不敢覬覦實現如此宏大的研究目標，只是想借重這種理解與認識，將現代漢語文論與傳統文論、西方文論相並舉，運用「話語分析」方法，側重從話語形式的層面，對一九一七——一九三七年間的現代漢語文論話語進行大致的概括與梳理，以期換一個角度打量現代漢語文論的生

① 參見《汪暉自選集》，廣西師範大學，一九九七年；劉禾《語際書寫——現代思想史寫作批判綱要》，上海：上海三聯書店，一九九九年；Lydia H. Liu, *Translingual Practice: Literature, National Culture, and Translated Modernity-China, 1900-1937*，Stanford University Press,1995, Chapter 1: Introduction: The Problem of Language in Cross-Cultural Studies。

成機制與存在樣態。

本書的具體論述將包括：話語主體的審視、話語方式的分析、話語文本的解讀、話語理路的描述等四個部分，貫穿其中的邏輯關係在於，文論話語和其他話語一樣，也是一種「推理的實踐」（**Discursive practice**）①。而「實踐」自然是一個有主體、有方式、有結果的過程，話語主體在相當程度上制約著話語方式的類型與特徵，而話語實踐的結果就是可見、可讀的話語文本，縱觀一系列文本，就能發現一個時期內整個話語的延展理路。

在近十來年的中國學術界，對「話語」予以理論探討的文章已經屢見不鮮，但在文學研究中運用話語分析方法的範例並不多見，而著其先鞭的是曹順慶先生的《中外比較文論史·上古時期》（山東教育出版社，一九九八）、《中國古代文論話語》（巴蜀書社，二〇〇一）以及李傑的《中國詩學話語》（四川人民出版社，一九九九），儘管這三部專著都未專門分析現代漢語文論話語，但對本書無疑具有巨大的借鑒與啓示意義。近年來，在文學文體研究浩大聲勢的鼓舞之下，對批評文體的研究也取得了初步的成效，除單篇論文之外，已有至少三部可供參考的專著，一是潘凱雄、蔣原倫、賀紹俊合著的《文學批評學》（人民文學出版社，一九九一），將文學批評視爲一門完整、獨立的文藝新學科，從批評本體、

---

① 這是福柯關於「話語」性質的一種界定，參見 *A Dictionary of Modern Critical Terms*（Revised and Enlarged Edition），Edited by Roger Fowler , Published in 1987 by Routledge and Kegan Paul , London and New York , p65.；滕守堯《「話語」與「文本」》，《美學與藝術學研究》，一九九六年第一期。

主體、文本、方法等幾個層面進行建構；二是賀桂梅的《批評的增長與危機》（山西教育出版社，一九九九），論述九〇年代中國文學批評的類型與範式；三是蔣原倫、潘凱雄合著的《歷史描述與邏輯演繹——文學批評文體論》（雲南人民出版社，一九九四），泛論二十世紀中外批評文體的基本模式。

（二）

現代漢語文學批評的研究，作爲現代文學研究的一個領域，已經取得了比較豐碩的成果。這一研究的起步相當早，二十世紀八〇年代中期以來進步尤其迅速，具體表現爲如下三個方面。第一，出現了一系列具有系統性且產生了較大影響的現代文學批評史著作，如王永生主編的三卷本《中國現代文學理論批評史》（貴州人民出版社，一九八六—一九九一），溫儒敏著《中國現代文學批評史》（北京大學出版社，一九九三），高利克著，陳聖生等譯《中國現代文學批評發生史（一九一七—一九三〇）》（社會科學文獻出版社，一九九七），黃曼君主編《中國近百年文學理論批評史（一八九五—一九九〇）》（河北教育出版社，一九九七）等。第二，現代文學思潮研究著作也紛紛湧現，如李何林著《近二十年中國文藝思潮論》（生活書店，一九三九，陝西人民出版社，一九八一年再版），魏紹馨著《中國現代文學思潮史》（浙江大學出版社，一九八八），許志英等著《中國現代文學主潮》（南京大學出版社，一九九二），趙福生、杜運通著《從新潮到奔流（十九—二十世紀中國文學思潮史第三卷）》（河南大學出版社，一九九二），劉增傑著《戰火中的繆斯（一九—二十世紀中國文學思潮史第四卷）》（河南大學出版社，一九九二），邵伯周著《中國現代文學思潮研究》（學林出版社，一九九三），馬良春、張大明、陳學超、李葆琰等著《中國現代文學思潮史》（北京十月文藝出版社，一九九五），吳中傑著《中國現代文藝思潮史》（復旦大學出版社，一九九六）等等。第三，八〇年代後期，特別是九〇年代以來，從比較詩學的角度，對現代文學批評與外國文學理論之間的關係也進行了深入的研究，發表了眾多單篇論文，其中比較重要的有《「五四」時期及二〇年代西方現代主義文藝理論在中國》（羅鋼，《中國社會科學》，一九八八年第二期），《七十年外來思潮影響通論（上篇）》（陳思和，《鴨綠江》，一九八九年第二期），更主要的是出版了幾部影響較大的專著，如樂黛雲、王甯主編的《西方文藝思潮與二十世紀中國文學》（中國社會科學出版社，一九九〇），黃藥眠、童慶炳主編的《中西比較詩學體系》（人民文學出版社，一九九一），羅鋼著《歷史匯流中的抉擇——中國現代文藝思想家與西方文學理論》（中國社會科學出版社，一九九三），殷國明著《二十世紀中西文藝理論交流史》（華東師範大學出版社，一九九九）等。

上述研究成果注重資料的搜集，對中國現代文學批評的發生與發展歷程，作了比較詳細的描述與分析，對重要理論家和流派的批評思想、觀念及其與西方文學批評、理論的關係都給予了梳理與概括。但是，除了馮光廉、劉增人主編的《中國新文學發展史》（人民文學出版社，一九九一）一書中用兩小節的篇幅，對現代文學批評的模式與文體作了初步的探討外，其他眾多的論著都未能對現代文學批評獨具的言說方式、衍生機制與文本特徵等給予關照與分析。換句話說就是，現代文學批評的研究者們，將眼光主要投向了現代漢語文論觀念層面（即言說了什麼）的發展歷程，而對其形式層面（即如何言說）的存在與蛻變方式未予重視，或者將形式層面的蛻變，看成是隨著白話對文言的勝利而自然完成的，從而把文論話語的言說方式問題置換成文論的語言學問題，造成研究中的盲視現象。再者，相當長時間以來，現代文學研究者們似乎達成了一種心照不宣的共識，即對建國前的部分多採用「史」的敍述方式，而對建國後的部分多採用「論」的研究方法。由於學科性質的決定，這種默契本來無可厚非，但應該看到，「史」的研究方法也有其局限性，那就是在注重歷史性演進所造成的各個時期的差異性的同時，對共時性層面帶有規律性的現象的概括與提煉則顯得不夠全面，對現代漢語文論話語形式層面的忽視，也與這種文學批評、思潮的「史」的研究模式有關。

二十世紀的中國學界編纂了數量非常可觀的古代文學史、古代文學批評史以及文學理論類著作，對一九三七年以前的這幾類著述進行綜合研究與評價的論著尚未出現，但已經出現通論二十世紀文學史編纂情況的專著，如黃修己的《中國新文學史編纂史》（北京大學出版社，一九九五），魏崇新、王同坤合著的《觀念的演進——二十世紀中國文學史觀》（西苑出版社，二〇〇〇）等。對文學理論著作的編纂情況，在王永生主編的《中國現代文學理論批評史》和陳傳才主編的《文藝學百年》（北京出版社，一九九九）中，都給予了比較簡略的介紹。對二十世紀眾多中國古代文學批評史著作進行整體評價的專著至今尚付闕如，但在具體介紹古代文論研究狀況的一些論著中，涉及到對部分文學批評史著作的評價。王瑤主編的《中國文學研究現代化進程》（北京大學出版社，一九九六）中，也勾勒了郭紹虞、朱自清等人在文學批評史研究中的成就與貢獻。與對中國現代文學批評的研究一樣，上述這些著作的側重點也是在觀念層面，較少從話語形式層面對文學史、文學批評史、文學理論等幾方面的著作進行描述與分析。

（三）

本書將以上各方面研究所取得的豐碩成果作爲知識背景，從他們所忽視的話語形式層面入手，希望獲得一個比較寬闊的言說空間，對中國現代文論最初二十年間的發生、發展與存在樣態作出別樣的描述與分析，以期望獲得如下幾方面的價值與意義。

首先，換一個角度打量一段歷史，會發現其他視角不能發現的新內容。所謂歷史「真實」永遠處在歷史研究者的建構之中，視角不同，歷史呈現出的面貌也就不同，給我們的啓示也會不一樣。運用話語分析方法，對現代漢語文論的話語主體、方式、文本、發展理路等進行描述與分析，會豐富我們對現代漢語文論的生成與發展機制以及存在樣態的理解，對當下文論的建構給予新的啓示。

其次，現代文學創作與理論是中西古今文化、文學大碰撞的結果，研究現代文學，必然要具備比較文學的眼光，對現代漢語文論的研究，自然也須從比較詩學的角度入手，但從已有的研究成果看，大多運用影響研究方法，考察西方文論給現代漢語文論造成的各種影響，或者以接受個體、流派爲出發點，或者以思潮爲出發點，較少將現代漢語文論與傳統文論、西方文論三者放在一起，進行異同式的平行比較，以便更加彰顯現代漢語文論的特徵。本書運用話語分析方法，將一定程度地取得這樣的研究效果，是比較詩學闡發研究在現代漢語文論研究中的一次新嘗試。

第三，通過具體的描述、比較與分析，本書將揭示出現代漢語文論話語疏離傳統走向西方的發展歷程，這有利於加深對現代文論「失語症」的認識，也有利於從話語方式、話語文本等角度進一步認識古代文論的現代轉換是否具有可行性，從而爲中國當代文學批評走向成熟提供一份參考。

當然，本書可能面臨一系列理論的或邏輯的詰難，比如有關的理論預設（五四新文化運動是一場激烈的反傳統運動、現代漢語文論的現代化與西方化的一致性、話語形式可以剝離話語觀念進行描述與分析等）是否具有有效性？現代漢語文論話語在何種意義以及多大程度上走近了西方文論話語？在這一過程中發生一系列「誤讀」的根本原因是文化衝突、語言差異或者是源自社會變革的需求？應如何評價傳統文論在這一過程中的作用？筆者在具體的論述中將思考並儘量回答這些問題，使研究更深入，力求獲得比較豐富的理論價值。

第一章　話語主體的審視

一、中學、西學與東學

——現代漢語文論話語主體的知識結構

從十九世紀後半葉開始，中國思想文化史上發生了一場影響深遠的「學戰」，即中學與西學之間的激烈衝突與戰鬥。這場戰鬥，發端於器物層面的競爭，經制度層面的較量，而最終深入到倫理、精神層面的對峙。在層層交鋒中，西學步步進逼，中學節節敗退。新文化運動，可以說是中學與西學之間的一次大決戰。由於有大半個世紀的鋪墊，西學取勝已成定局，中學則敗退到極爲尷尬的邊緣地帶。

伴隨著這一進程，傳統士階層逐步完成了向現代知識份子的身份蛻變。這種蛻變的表現是全方位的，從生存樣態、知識結構、思維方式到倫理觀念、價值取向、意識形態、文化理念等各個方面，都可以看出現代知識份子與傳統士階層之間的顯著區別。這裏我們只對現代漢語文論話語主體的知識結構進行考察與分析，因爲，知識結構在很大程度上決定著話語主體在思維方式、意識形態、價值取向等其他方面的具體形態。

（一）

胡適在《整理國故與「打鬼」》一文中說過這樣的話：

「平心說來，我們這一輩人都是從古文裏滾出來的」。①

「滾」，加深了「中學」的修養，「出來」，則意味著走向了「西學」。不過，這種理解雖然大致可以代表象胡適那樣，從中國直接進入歐美求學的現代知識份子的學術經歷，卻不足以用來概括胡適那一代人構建知識結構的全部模式。比如，《新青年》編輯群體中的陳獨秀、李大釗、錢玄同、高一涵，新文學作家中的魯迅、周作人、郭沫若、鬱達夫、田漢、張資平等，都曾留學日本，他們有關西方的知識，主要是經由日本這一中轉站間接獲取的。也就是說，在「中學」與「西學」之間或之外，還有關於

① 《胡適文集》（四），歐陽哲生編，北京：北京大學出版社，一九九八年，第一一六頁。

日本尤其是來自日本的學問，對此，我們暫且稱之爲「東學」。

現代漢語文論的第一代話語主體，即魯迅、胡適一代，具有很高的中學修養。他們的啓蒙教育，基本上仍是傳統的，或者說是舊式的。當一九〇五年，因袁世凱、張之洞、趙爾巽等聯名上奏，清政府完全廢除科舉制度時，魯迅（一八八一—一九三六）、陳獨秀（一八七九—一九四二）、周作人（一八八五—一九六八）、錢玄同（一八八七—一九三九）甚至出生稍晚的胡適（一八九一—一九六二），都已經打下了比較深厚的中學功底。儘管，晚清幾十年間，一大批學人都將中學與西學的關係納入「體用」的框架之內予以描述，試圖以此貶低西學的本體價值、緩解西學對中學產生的巨大衝擊，以期望保住中學的正統地位。但從張之洞《勸學篇》「舊學爲體，新學爲用，不可偏廢」的表述中，我們不難體會到，在時代的潛意識裏，「中學」已經過時，西學則風頭正勁。於是，「新舊和進步與保守漸成價值判斷的依據，新即是善，舊即是惡，思想界和整個社會逐漸形成一股尊西崇新的大潮，可以稱作『新的崇拜』。」①身處這樣的時代氛圍之中，魯迅、胡適一代熱衷於西學，自然是順理成章的事。而且，他們對於如何處理中學與西學的關係，也有自己的深刻認識，比如魯迅在《摩羅詩力說》（一九〇八）中指出：

> 「意者欲揚宗邦之真大，首在審己，亦必知人，比較既周，爰生自覺。自覺之聲發，每響必

---

① 羅志田《權勢轉移：近代中國的思想、社會與學術》，武漢：湖北人民出版社，一九九九年七月，第六三頁。

中于人心，清晰昭明，不同凡響……故曰國民精神之發揚，與世界識見之廣博有所屬。」①

處於新舊交替之際的這代知識份子，既有牢固的中學根基，又能主動追求西方新學識，其中的佼佼者，在知識結構上達到了學貫中西的理想境界。一九一九年三月，林琴南公開致書蔡元培，攻擊陳獨秀、胡適、錢玄同等北京大學教授以「引車賣漿之徒之語」爲文，並懷疑他們的舊學修養時，蔡元培理直氣壯地答復到：

「北京大學教員中，善作白話文者，為胡適之、錢玄同、周啟孟諸君。公何以證知為非博極群書，非能作古文，而僅以白話文藏拙者？胡君家世從學，其舊作古文，雖不多見，然即其所作《中國哲學史大綱》言之，其瞭解古書之眼光，不讓於清代乾嘉學者。錢君所作之文字學講義、學術文通論，皆大雅之文言。周君所譯之《域外小說》，則文筆之古奧，非淺學者所能解。」②

但是，隨著新式教育體制的日益成熟，年輕一代的知識結構發生了明顯的變化，中學在其中所占的比重逐步縮小，西學的成分則越來越重。究其原因，至少有下述兩個方面。

---

① 《魯迅全集》，第一卷，北京：人民文學出版社，一九八一年版，第六五頁。
② 高叔平編《蔡元培語言及文學論著》，石家莊：河北人民出版社，一九八五年十月，第一六四頁。

第一，清代後期唯一有效的教育機關是「書院」，但到了晚清，尤其是甲午海戰之後，舊式書院迅速衰落，不得不予以整頓。一八九八年五月，在康有爲的奏請之下，光緒下令：

「將各省府廳州縣現有之大小書院，一律改為兼習中學西學之學校。至於學校等級，自應以省會之大書院為高等學，郡城之書院為中等學，州縣之書院為小學，皆須給京師大學堂章程，令其仿照辦理。其地方自行捐辦之義學社學等，亦令一律中西兼習，以廣造就。」①

戊戌變法失敗後，幾經反復，到一九〇三年前後，書院教育終於被新式大中小學教育所取代。新式學堂出現之後，教科書的編纂成爲當務之急，於是南洋公學、文益書局、商務印書館、中華書局等先後出版適應時代需要、而且銷量巨大的新式中小學教科書。但「所有大學教本，向來惟外國文字之出版物是賴，學子瞭解終不如本國文字之便利。」②這種局面，直到三〇年代初，商務印書館編輯出版「大學叢書」，才有所改觀。不過，這二十來年的西式教科書，對於輸入西方格致之學與人文之學，卻發揮了巨大的作用，而且，對於提高學生的外語水準、促使他們直接感受與運用西方的邏輯思維方式等，都大有裨益。

---

① 湯志鈞、陳阻思編《中國近代教育史資料彙編》，上海：上海教育出版社，一九九三年一月，第五五—五六頁。

② 王雲五《岫廬八十自述》，轉引自王建輝《文化的商務》，北京：商務印書館，二〇〇〇年七月，第一一四頁。

第二，梁實秋、聞一多、朱光潛等一大批學者，留學歐美之前，在國內已經接受了比較完備的西式教育，到國外後，更深地受到了西學的洗禮。我們知道，二十世紀中國學術史上，有一大批學者是經由清華留美預備學校（清華學堂）進入歐美著名大學並踏上學術之路的。僅就文學批評與研究領域而言，除胡適、趙元任等經過選拔直接留美之外，①吳宓、聞一多、梁實秋、饒孟侃、孫大雨、朱湘、羅念生、柳無忌等，大多都在清華學堂完成中學（中等科）和大學本科（高等科）教育。比如，梁實秋從小學就學習英文，小學畢業後，才一二歲就進入清華留美預備學校中等科，四年以後升入高等科，在這所名震遐邇的校園裏度過整整八年之後，直接留學美國，在哈佛大學獲得文學碩士學位。由於美、中政府聯合開辦清華學堂的目的是培養留美學生，所以，「在學校內部教職員中，職員的地位高於教員；在國籍上說，外國教員高於中國教員；按學科說，洋文高於中文，洋課程高於土課程。」②「英文及用英文講授的數學、理化都安排在上午，由美籍教師及留洋歸來的中國人擔任；國文、修身、中國史地課程均放在下午，由中國的老先生來講授。前者在畢業時成績必須及格，後者則根本無所謂。並且中文課的內容又相對的較爲陳舊，教師的待遇也差得多，因此在無形中便大大削弱了中文課師生的熱情和興趣。」③其

①　據馮友蘭《三松堂自序》說：「從一九〇九年到一九一一年，通共考選了三批直接留美的學生。胡適、梅貽琦、趙元任都在這三批學生之中。這三批學生清華人都認爲是清華校友。稱爲『史前期校友』。」（北京：三聯書店，一九八四年十二月，第三二一頁。）

②　馮友蘭《三松堂自序》，北京：三聯書店，一九八四年十二月，第三三三頁。

③　徐靜波《梁實秋——傳統的複歸》，上海：復旦大學出版社，一九九二年十月，第九頁。

他非清華學堂畢業留學歐美的學生，在知識結構上也顯出西學比重日漸增大，中學比重逐步縮小的狀況。朱光潛、宗白華、徐志摩、陳西瀅、梁宗岱、李健吾、葉公超等，在西學方面，都各有所長，在中學方面，除朱光潛、宗白華出國之前已經打下比較紮實的基礎之外，其他幾人，都是回國之後，通過進一步的學習，才有所提高，但就精細性和系統性兩個方面來看，都難以與魯迅、胡適一代相提並論。

（二）

很長時間以來，人們習慣於將近代以來西方思想、文化大規模湧入中國的現象稱作「西學東漸」。不過，仔細分析，用「東漸」來描述西學傳入中國的路線並不準確，至少是不夠全面。因爲，它忽視和遮蔽了西學經由東方的日本傳入中國這一非常重要的「西漸」途徑。正是由於經過了日本的過濾，到達中國的西學，在形質兩方面都發生了很大的改變，於是也就有了我們前面所謂的「東學」。

甲午海戰失敗的第二年，清政府首次派遣留日學生，自此以後，基於語言文字、風俗習慣、學雜費用等多方面的考慮，更多的人原意選擇到離我們較近的東洋去開闊眼界、獲取新知，以至於到一九〇五、一九〇六年的時候，每年留學日本的中國學生約有八千人，①民國初年，再次掀起留學日本的高潮，到「一九一三至一九一四年間，留學生人數頗多，最少也有五六千人，僅次於日俄戰爭前後的最盛時期」

① 參見實藤惠秀《中國人留學日本史》，譚汝謙、林啓彥譯，北京：三聯書店，一九八三年八月，第三六—三九頁。

①。留學日本的學生在數量上遠遠超過了留學歐美的學生，這一現象不僅改變了中國現代知識份子的知識結構，增加了東洋學問在其中的比重，而且必然對中國的新文化、新文藝產生巨大而深遠的影響。郭沫若在《中日文化的交流》一文中曾作過這樣的評價：

「中國就是這樣地傾力向日本學習，更通過日本學西洋的文化。由於當時受到某種客觀的條件的限制，中國的資本主義階段的革命並未成功。但向日本學習的結果，卻有巨大的收穫。這個收穫，既有助於打破中國古代的封建的因襲，同時又有促進中國近代化過程的作用。換言之，近代中國的文化，是在很多方面受了日本的影響的。」②

在《桌子的跳舞》中，他也說到：「中國文壇大半是日本留學生建築成的。創造社的主要作家都是日本留學生，語絲派的也一樣。此外有些從歐美回來的彗星和國內奮起的新人，他們的努力和他們的建樹，總還沒有前兩派的勢力的浩大，而且多是受了前兩派的影響。就因爲這樣的原故，中國的新文藝是

---

① 松本龜次郎《中華留學生教育小史》，轉引自實藤惠秀《中國人留學日本史》，第八八頁。

② 郭沫若《中日文化的交流——一九三五年十月在東京中華基督教青年會演講》，上海《立報·言林》，一九三五年十月十六日。

深受了日本的洗禮的，而日本文壇的毒害也就儘量的流到中國來了。」①

明治維新前的日本文化本質上屬於儒家文化，除了誠心誠意的接受與維妙維肖的模仿之外，也發展出一些獨創性的因素。周作人早在一九一八年的時候就曾指出：「我們平常對於日本文化，大抵先存一種意見，說他是『模仿』來的。西洋也有人說，『日本文明是支那的女兒。』這話未始無因，卻不盡確當。日本的文化，大約可說是『創造的模擬』。」②正因爲日本文化擅長模仿和樂於接受，在學習西方時，不僅比中國學得快，而且學得象。不過，在接受西方的過程中，日本固有的大和文化仍然與西方文化發生了比較激烈的衝突，在明治維新前後，日本思想界同樣出現過「攘夷主義」，也提出過「東洋道德、西洋藝」、「和魂洋才」這種類似「中體西用」的應對西學的措施。

在中國學習西方的時候，不少思想家正是看到了日本文化與西方文化既衝突又融合，日本學習西方既迅速又審慎等特點，才鼓勵直接借用日本學習西方所取得的成果。比如，一八九八年，張之洞在《勸學篇》外篇《廣譯》中就指出：

「至各種西學書之要者，日本皆已譯之，我取徑於東洋，力省效速，則東文之用多……學西文者，效遲而用博，為少年未仕者計也，譯西書者，功近而效速，為中年已仕者計也。若學東洋

① 《中國新文學大系一九二七—一九三七·文學理論集二》，第一三八頁。
② 周作人《日本近三十年小說之發達》，楊揚編《周作人批評文集》，珠海：珠海出版社，一九九八年十月，第二九六頁。

文，譯東洋書，則速而又速者也。是故從洋師不如通洋文，譯西書不如譯東書。」

同一年，康有爲還特地向光緒皇帝上了《請廣譯日本書派遊學折》，提出譯西文書有困難，而通過譯日文書學習西方則是一條捷徑：

「昔者大學士曾國藩嘗開製造局於上海以譯書，於今四十年矣，其天津、福建、廣州亦時有所譯，然皆譯歐美之書，其途至難，成書至少……徒費歲月、靡鉅款而已。」

「譯日本之書，為我文字者十之八，其成事不少，其費日無多也，請在京師設譯書局……不歲月後，日本佳書，可大略皆譯也。」①

一九〇五年，王國維曾就輸入西洋學術思想時，是自造新語還是借用日人之譯語的問題，發表過這樣的見解：

---

①《康有爲政論集》（上冊），湯志鈞編，北京：中華書局，一九八一年二月，第三〇二頁。

「竊謂節取日人之譯語，有數便焉：因襲之易，不如創造之難，一也；兩國學術有交通之便，無扞格之虞，二也……有此二便而無二難，又何嫌何疑而不用哉？」①

但也有持反對意見者，嚴複在《與外交報主人論教育書》中主張「學術之事，必求之初地而後得其真……其隔壅彌多，其去真滋遠」，並且嚴正地指出：

「今求泰西二三千年孳乳演迤之學術於三十年勤苦僅得之日本，雖其盛有譯者，其名義可決其未安也，其考測可蔔其未密也。乃徒以近我之故，沛然率天下之學者而趨之，世有無志而不好學如此者乎？侏儒問徑天高於修人，以其愈己而遂信之。維今所為，何以異此！」②

不難看出，張之洞、康有爲、王國維等是從實用的角度提倡從日本這一「中間之驛騎」借用新學語、轉運西方之思想，而嚴複是以求真的原則要求「既治西學，自必用西文西語」。顯然，當時的學術與思想界，更願意贊同張、康、王等人的主張，以求儘快獲取實際的效用。於是，東洋學術在近現代交替之

① 王國維《論新學語之輸入》（一九〇五），傅傑編校《王國維論學集》，北京：中國社會科學出版社，一九九七年六月，第三八七—三八八頁。

② 《中國哲學史資料簡編・清代近代部分》（下冊），北京：中華書局，一九六三年四月，第三五八頁。

際的中國大行其道，並成爲引進西學的重要仲介。這主要體現在以下兩個方面。

第一，大量日文著作被翻譯介紹到中國，其間有日本人譯自西方的，①也有日本人受西方影響自己創作的，當然還包括日本學者獨立著述的。這既豐富了中國學者的東洋知識，也對傳播西學起到了重要作用。甲午戰爭和戊戌變法相繼失敗之後，中國學界掀起了翻譯日文著作的高潮，僅光緒二十八年至三十年（一九〇二—一九〇四）就有三百二十一種漢譯日文著作出版，達到同期漢譯各國圖書總數五三三部的六十%，②年均超過一百本。這種趨勢後來雖稍有減弱，但仍然保持旺盛的發展態勢，以至於三〇年代初，有學者聲稱「翻開新刊書一看，十之八九爲日本來之作品」③。實藤惠秀曾編著《中譯日文書目》，收錄從一八九六年首批學生赴日至一九三七年七七事變的四十二年間，中譯日本書籍的單行本就達二千六百〇二種，其中文學、語言類有三二四種。④

第二，以留學生爲主體的中國人在日本創辦了大量的報刊雜誌，這些報刊的內容除了宣傳排滿反清、抵抗侵略之外，就是譯介日本與西洋學術，這對於改變中國人的知識結構同樣發揮了巨大的作用。據李喜所初步統計，從一八九九年至辛亥革命前夕，留日學生創辦的報刊就有五十多種，⑤其中絕大部分對

---

① 從日文本漢譯西方各國書籍的具體情況，請參見實藤惠秀《中國人留學日本史》第二一七—二三九頁。
② 參見張靜廬輯注《中國近代出版史料·二編》，北京：中華書局，一九五七年十二月，第九五—一〇一頁。
③ 若虛《評中國著譯界》，《中國新書月報》（一九三一年一月，第二卷第二期）。
④ 參見實藤惠秀《中國人留學日本史》，譚汝謙、林啓彥譯，北京：三聯書店，一九八三年八月，第二四七頁。
⑤ 參見李喜所《近代中國的留學生》，北京：人民出版社，一九八七年七月。

近現代交替之際的中國思想、文化與社會各方面都發生了重要影響，《新民叢報》、《新小說》、《浙江潮》、《醒獅》、《民報》、《河南》等的影響更是重大而深遠。

（三）

就留學日本的現代漢語文論話語主體而言，東洋學術思想不僅成爲他們知識結構的有機部分，而且還是他們藉以掌握西方知識、對現代中國發生重要影響的主要管道。就前一方面來說，魯迅、周作人、郭沫若、鬱達夫等現代文學、文論的重要人物，由於長時間地留居日本，對日本的社會、文化、文學各方面情況都非常熟悉，日本文化的某些方面甚至還決定了他們的生存、思維以及話語方式。這一點，我們稍後再論。就後一方面而言，具體表現有如下幾點。

第一，留學日本的中國學生，不僅要掌握日語，還得學習其他西方語言，比如，魯迅因學醫掌握了德語，周作人學會了英文、希臘文和世界語，郭沫若除德語之外，還熟悉英文和拉丁文。這既有利於擴大他們的文化視野，又爲他們直接感受、理解西方文學提供了必要的語言條件。尤其重要的是，他們回國後，以不同的方式，在不同領域將早年受到的西方影響釋放了出來。比如，魯迅創作與思想中的尼采哲學因素，郭沫若詩歌創作中的德國浪漫主義精神，周作人對東歐、希臘文藝的翻譯與介紹等。

第二，通過日本人的理解與闡釋，認識了西方的文學理論。雖然在接觸西方思想方面，日本並不比比中國更早，但從十八世紀末開始，他們學習西方的步伐卻超過了中國，對西方近現代文學思想的接受自然也走在了中國的前面，尤其是在明治時期（一八六八—一九一二），西方的許多文藝思潮蜂擁而入。因此，日本文學、文學理論的現代化基本上在這一時期得以完成。其重要標誌，一般認爲，是坪內逍遙（一八五九—一九三五）的理論著作《小說神髓》（一八八五—一八八六）和二葉亭四迷（一八六四—一九〇九）的長篇小說《浮雲》（一八八七—一八九〇）。關於《小說神髓》，周作人一九一八年四月十九日在北京大學文科研究所發表題爲《日本近三十年小說之發達》的演說時，就給予了比較詳細的評價與介紹，他說：

「當時有幾個先覺，覺得不大滿足，就發生一種新文學的運動。坪內逍遙首先發起；他根據西洋的學理，做了一部《小說神髓》指示小說的作法，又自己做了一部小說，名叫《一讀三歎當世書生氣質》，於明治十九年（一八八六）先後刊行。這兩種書的出版，可算是日本新小說史上一件大事，因為以後小說的發達，差不多都從這兩部書而起的。」①

緊接著，周作人具體介紹了《小說神髓》的內容，並且在演說的結尾指出：「總而言之，中國要新小說發達，須得從頭做起，目下所缺第一切要的書，就是一部講小說是什麼東西的《小說神髓》。」②魯

① 楊揚編《周作人批評文集》，第二九九頁。
② 楊揚編《周作人批評文集》，第三一〇頁。

迅在《現代日本小說集·附錄·關於作者的說明》（一九二三）中也指出：

「他①與坪內逍遙、上田敏諸人最初介紹歐洲文藝，很有功績。」②

謝六逸在《日本文學史》（一九二九）一書的第六章「現代文學（上）」中也對《小說神髓》給予了極高的評價：

「明治十八年（一八八五）坪內逍遙（一八五九—？）著了一部《小說神髓》，是為日本新文學的警鐘。從這一年起，日本的新文學便進了建設時代。」③

「自有《小說神髓》出世，明治小說始脫離『戲作』的範圍，不負『近代小說』之名。把那些模仿江戶小說家的作品，與第二義的翻譯，政治小說等推翻。」④

---

① 指森歐外。
② 《魯迅全集》第十卷，第二一七頁。
③ 謝六逸《日本文學史》，上海：北新書局，一九二九年九月，下卷第五四頁。
④ 謝六逸《日本文學史》，上海：北新書局，一九二九年九月，下卷第六二頁。

從上述這些介紹與評價中，我們可以看出中國學者對此書的熟悉程度，當然也可以推論他們必定以它爲仲介，在批評與創作實踐中受到西方小說理論與技法的影響。①

除坪內逍遙之外，這一時期受西洋文學理論影響轉而又影響中國的日本文學理論家還有一大批，其中著名的有廚川白村、森歐外、夏目漱石、本間久雄等，他們曾分別到美國、德國、英國等西方國家留學，回日本後，大都任教高校，從事文學創作、譯介與研究。二三十年代的中國，譯介了他們的不少理論著述，尤其是廚川白村，除魯迅翻譯的《苦悶的象徵》、《出了象牙之塔》以外，還有這樣一些著作被翻譯成中文：《文藝思潮論》（樊從予譯）、《苦悶的象徵》（豐子愷譯）、《近代的戀愛觀》（夏丏尊譯）、《走向十字街頭》（綠焦、劉大傑譯）、《北美印象記》（沈端先譯）、《歐美文學評論》（夏綠焦譯）、《文學十講》（楊開渠譯）、《近代文學十講》（羅迪先譯）、《戀愛論》（任伯濤譯）、《小泉八雲及其他》（綠焦譯）、《歐洲文藝思想史》（黃新民譯）、《文藝思想論》（汪馥泉譯）等，使得他的文藝思想，一度成爲中國文藝理論的準繩。②廚氏的文藝思想受伯格森的哲學和佛洛德的心理學影響很大，通過他，中國文論界及時地接觸、掌握了西方尚在發展中的文藝美學思想。

第三，通過日本，引進了西方話劇的表演、創作及理論。對中國文學史而言，「話劇」可以說是純

① 比如，魯迅的《摩羅詩力說》與《小說神髓》在觀點上就頗多相似之處。具體論述，請參見王曉平《近代中日文學交流史稿》，長沙：湖南文藝出版社，一九八七年十二月，第二五四—二五八頁。

② 參見實藤惠秀《中國人留學日本史》，第二四三頁。

粹的舶來品。在將其輸入中國的過程中，日本是名副其實的中轉站。十九世紀末二十世紀初，日本不僅翻譯了大量的西方經典劇作，而且開始有組織地舉行演出活動，並且形成了頗具特色的新派劇。這對當時正留學日本的李息霜（即李叔同）、曾孝穀、歐陽予倩、陸鏡若等產生了很大的影響，李、曾二人於一九〇六年冬在東京發起成立了「春柳社」，分設戲劇、音樂、詩歌、繪畫等部門，以戲劇爲主，而且在《春柳社演藝部專章》中明確規定該社向歐美戲劇和日本新派劇學習的宗旨，指出：

「演藝大別有二：曰新派演藝（以言語動作感人為主，即今歐美所流行者）；曰舊派演藝（如吾國之昆曲、二黃、秦腔、雜調皆是）。本社以研究新派為主，以舊派為附屬科」。

他們最先演出的是法國經典劇作《茶花女》，然後又將林紓翻譯的《黑奴籲天錄》改編成同名五幕劇本，並搬上舞臺，開始了中國人自編自演話劇的歷史。辛亥革命後，該社在上海、無錫、長沙等地繼續演出。在歐洲戲劇直接傳入中國之前，已經爲中國現代話劇的發展打下了堅實的基礎。

（四）

周作人在《我的雜學》（一九四四）這篇長文中講過這樣的話：

「我的雜學……有大部分是從外國得來的，以英文與日文為媒介，這裏分析起來，大抵從西洋來的屬於知的方面，從日本來的屬於情的方面為多，對於我卻是一樣的有益處。」①

這話是講西學與東學在他個人知識結構裏的關係，如果我們將它放大，用來考察留學歐美、側重於西學與留學日本、偏重於東學的兩部分人對中國現代文化、文學、文論方面的貢獻的話，我們大致也可以說，前者主要在於理性的建構，後者主要在於情感的激發，二者相反相成，成爲中國現代文化發展的兩大基點。

在現代文學批評史上，理性與激情的首次碰撞、結合與分離，體現在陳獨秀與胡適兩人身上。陳氏留學日本，胡氏留學美國。陳獨秀在創辦《新青年》的當年，就多次請汪孟鄒向胡適轉達邀稿之意，胡適從一九一六年夏寄稿給陳獨秀，在《新青年》發表翻譯小說《決鬥》以及一篇《通信》，並開始連載《藏暉室劄記》。在通信和劄記中，胡適提出的觀點，雖然不無過激之處，但其提出觀點的方式，卻顯得比較冷靜和理智，與陳氏辦刊時的激進立場存有一定的差距。一九一七年一月、二月，兩人相繼發表《文學改良芻議》和《文學革命論》，僅從文章標題就能發現理智與激情的明顯區別，更不用說，胡適爲了避免給人激進的印象，既不敢以「革命」相標榜，而且還誠懇地表白：「遠在異國，既無讀書之暇

① 楊揚編《周作人批評文集》，第三五九頁。

詈，又不得就國中先生長者質疑問難，其所主張容有矯枉過正之處……謂之芻議，猶雲未定草也，伏惟國人同志有以匡糾是正之。」①陳獨秀不僅觀點激進，行文也充滿激情，而且明確宣稱，願拖四十二生的大炮，爲文學革命的前驅！而且在隨後的《答胡適之》這一短信中指出：

「改良中國文學，當以白話為文學正宗之說，其是非甚明，必不容反對者有討論之餘地，必以吾輩所主張者為絕對之是，而不容他人之匡正也。」②

對此，胡適針對性地發表了自己相反的看法：

「我主張歡迎反對的言論，並非我不信文學革命是『天經地義』。我若不信這是『天經地義』，我也不來提倡了。但是，人類的見解有個先後遲早的區別。我們深信這是『天經地義』了，旁人還不信這是『天經地義』。我們有我們的『天經地義』，他們有他們的『天經地義』。輿論家的手段，全在用明白的文字，充足的理由，誠懇的精神，要使那些反對我們的人不能不取消他們的『天經地義』，來信仰我們的『天經地義』。所以本報將來的政策，主張儘管趨於極端，議

①《中國新文學大系．建設理論集》，第四三頁。
②《中國新文學大系．建設理論集》，第五六頁。

論必須平心靜氣。一切有理由的反對，本報一定歡迎，決不致『不容人以討論』。」①

到了一九一九年以後，隨著陳獨秀、李大釗等將《新青年》一步步引上激進之路，理性與穩健的胡適與他們發生了分歧。至於分歧的原因，可以作多方面的分析，但知識結構上的不同，也應該被視爲一個重要的因素。

理性與激情的另一次碰撞是從二十年代初直至三〇年代初，一方是留學日本的魯迅、創造社作家，另一方是留學歐美的梁實秋、新月派、現代評論派。雙方較大規模的衝突與論爭就有十多次，其中包括胡適、徐志摩、梁實秋等與創造社之間的多次論爭，魯迅與陳西瀅、徐志摩、梁實秋等之間的論爭，創造社與新月派之間的論爭，這些幾乎構成了整個二十世紀二〇年代中國現代文學評論界最爲重要的事件。當然，造成這些論爭的原因頗爲複雜，甚至很大程度地夾雜了意氣用事的成分。但就學理上來說，魯迅及創造社作家、理論家們，主要從中國社會的特殊需要出發，將個人的現實感受融入到對學術的探討之中，而留學歐美的學者，往往回避中國的社會現實，從純粹學理的層面看待文學理論問題。這種區別，顯然不能簡單地用偶然性或批評家的個性等因素來作解釋，其中蘊含著很大程度的必然性，即它是西學與東學之間的區別以及西學與東學在我國所引起的不同反響的充分表現。

① 胡適《答汪懋祖》，《新青年》第五卷第一號。

在現代中國文學批評史上，沒有受到系統東學與西學影響的學者，比如陳衍（一八五六—一九三七）、章太炎、劉師培、黃侃、錢基博（一八八七—一九五七）等，其學術與批評立場基本上是保守的或傳統的。他們要麼按照古代文論話語方式，我行我素地進行與白話文學無關的文言文學的批評與研究，如陳衍輯《遼詩紀事》、《金詩紀事》、《元詩紀事》、撰《石遺室詩話》（前編三十二卷、續編十卷），章太炎著《文學總略》，劉師培講《中古文學史》，黃侃作《文心雕龍劄記》等，都屬於這類情況；要麼站在與提倡新文學者相對立的立場上，評價白話文學，比如錢基博的《現代中國文學史》，出版於三〇年代初，論及一九一一—一九三〇年之間的中國文學，全書近四十萬字，論白話文學僅二萬餘字，雖涉及胡適、周樹人、徐志摩、郭沫若、鬱達夫、謝冰心、林語堂等一批新文學家，但大都點到爲止，如所謂：

「然而胡適之創白話文也，所持以號於天下者，曰：『平民文學也，非士夫階級文學也。』一時景附以有大名者，周樹人以小說，徐志摩以詩，最為魁能冠倫以自名家。而樹人著小說，工為寫實，每於瑣細見精神，讀之者哭笑不得。志摩為詩，則喜堆砌，講節奏，尤貴震動，多用疊句排句，自謂本之希臘；而欣賞自然，富有玄想，亦差似之；一時有詩哲之目。」①

① 錢基博《現代中國文學史》，長沙：嶽麓書社，一九八六年五月，第五〇四頁。

另一類型的學者，如嚴複、林紓等，雖然具有比較豐富的西學知識，但卻崇奉「中學爲體，西學爲用」的原則，自然也會對新文學運動採取敵視或鄙夷的態度。個中原因當然是由於新文學提倡者，不僅要廢棄文言，採用白話，還要將文言文學置之死地，這樣作的結果，在嚴複、林紓等人看來，無疑是既剝奪了互爲表裏的文統與道統的生存權，也使他們失去了立言傳道的存在價值與意義。這就難怪林紓在新文學運動期間，試圖借用安福系軍閥的勢力，武力鎮壓文學革命論者。

上述兩類學者所從事的文學批評與研究，只是作爲現代漢語文論的對立面而存在，正是有他們的對峙與爭辯，現代漢語文論話語才獲得充分展示自己的機遇，並以決絕的態度，將傳統文論驅趕至邊緣地帶，使現代漢語文論以嶄新的面貌登上了話語統治地位。不過，在這一過程中，現代漢語文論還經受了知識結構、話語立場都與前兩類頗不相同的第三類話語主體的辯駁，即以學衡派爲主體的一批學者對新文化、新文學的強烈批判。學衡派學者，基本上都有留學歐美的經歷，對西學頗爲熟稔，但也有紮實的中學根底，不過，他們從西學中發掘出了諸多與儒家學說相通的內容，試圖以此反證儒家文化的現代性特徵，在「新」未必如「舊」，「舊」未必不如「新」①的觀念主導下，提倡「論究學術，闡求真理，昌明國粹，融化新知。以中正之眼光，行批評之職事。無偏無黨，不激不隨。」②學衡派正因爲話語立場比較獨特，對新文學的批判頗具學理性，才成爲新文學運動中最爲強勁的對手。鄭振鐸在《中國新文

---

① 參見吳宓《論新文化運動》，《學衡》一九二二年四月第四期。

② 《學衡雜誌簡章》。

學大系·文學論爭集·導言》中，對學衡派給予了這樣的描述：

「復古派在南京，受了胡先驌、梅光迪們的影響，仿佛自有一個小天地……他們當時都在南京的東南大學教書，仿佛是要和北京大學形成對抗的局勢。林琴南們對於新文學的攻擊，是純然的出於衛道的熱忱，是站在傳統的立場上來說話的。但胡、梅輩卻站在『古典派』的立場來說話了。他們引致了好些西洋的文藝理論來做護身符。聲勢當然和林琴南、張厚載們有些不同。但終於『時勢已非』，他們是來得太晚了一些。新文學運動已成了燎原之勢，決非他們的書生的微力所能撼動其萬一的了。」①

（五）

知識結構以西學爲主體的學者，在現代漢語文論的建構中，比較普遍的話語立場是理性與自由。這當然與他們浸潤其中的西方文化具有強烈的理性精神有關。加之西方學術有比較悠久的獨立自主傳統，不似中國學術受制於「爲天地立心，爲生民立命，爲往聖繼絕學，爲萬世開太平」之類的事功追求。學術獨立在近現代的中國可謂是生不逢時，啓蒙與救亡的吶喊之聲遠遠高於學術自主的呼籲。因此，當留

① 鄭振鐸《中國新文學大系·文學論爭集·導言》，第一三頁。

學歐美的學者試圖以理性精神在現代中國從事文學批評與研究時，必然會受到斥責，這在很大程度上抑制了現代漢語文論話語理性特徵的萌芽與生長。另外，還須注意的是，西學的內涵畢竟很豐富，其重要特徵也並非單一的理性精神所能範圍，現代中國學術強烈的意識形態傾向和革命立場，都與同樣來自西方的馬列主義密切相關，而新文學中，社會的、人道的思潮，同樣也主要是受西學影響的結果。這兩種話語立場，就頗有與科學、理性、自由精神相抵觸的地方。

我們再來看那些深受東洋學術影響的現代漢語文論話語主體的話語立場。我們都知道，日本文化與中國文化之間的血肉關係，幾乎達到了同文同種的緊密程度。正因爲東學與中學近，東學也容易被抱持傳統中學的人所認同與接受；但是，東學作爲傳輸西學到近現代中國的一座橋樑，並非客觀地一成不變地將西學引進日本、影響留學日本的中國人，而是用日本文化過濾了西學，這種過濾的動機或目的，主要是爲日本明治維新服務。考慮到這一點，我們就會明白，由於西學受到日本學者的有意誤讀，很大部分被引向了激進的立場，以配合社會革命的需要，接受這種西學影響的中國學者，回國後自然也以明治時期的日本激進態度來應對中國的社會現實，陳獨秀、魯迅以及創造社作家等人的激進傾向，很大程度都與他們接受日本式的西學有關；但另一方面，東學與中學的親密關係，又讓一部分接受東學影響的中國學者，在認同日本學術的同時也對傳統中國的思想與學術產生某種依戀，這種依戀很容易轉換成復古倒退的文化立場，近現代不少留學日本的中國學者，如梁啓超、章太炎、錢玄同、周作人等，都發生了由激進向保守、復古的立場轉變，這絕對不是偶然的現象。

二、學院、民間與廣場
——現代漢語文論話語主體的知識結構

評判文化人物，比較恰當的做法，是從「文化」的角度入手。但「文化」畢竟是個非常寬泛的視角，處理不當，就會顯得空洞。這裏，我們結合現代漢語文論話語主體的實際情況，打算從「學院、民間與廣場」這樣一個相對具體的角度，分析他們的文化身份問題。

（一）

爲了便於展開論述，我們先對「學院」、「民間」、「廣場」這三個關鍵性的詞語稍作界定。

在現當代文學研究領域，陳思和率先注重從「民間」、「廟堂」和「廣場」等角度去描述從抗戰文學到文革文學以及文革後文學的文化特徵。①但陳思和的基本論述框架是「自上世紀末葉起西學東漸，

---

① 圍繞這一論題，陳思和先後發表有《試論中國知識份子轉型期的三種價值取向》（《上海文化》，一九九三年十一月創刊號）、《民間的沉浮》（《上海文學》，一九九四年第一期）和《民間的還原》（《文藝爭鳴》，一九九四年第一期）等系列論文，均收入《陳思和自選集》（桂林：廣西師範大學出版社，一九九七年九月）。

打破了本土文化在廟堂與民間之間封閉型自我迴圈的軌跡。本世紀以來，學術文化裂爲三分天下：國家權力支援的政治意識形態，知識份子爲主體的外來文化形態和保存於中國民間社會的民間文化形態。」①而且，民間是與廟堂相對的，「五四新文化就是知識份子在廟堂之外自建的一所『廣場』，它構成了一個介於國家政權與民間社會之間的知識份子領域」②。

本節所謂的「學院」、「民間」與「廣場」構成了與上述框架根本不同的另外一種三元關係。所謂「學院」與「民間」，是指漢語文論話語主體的兩種既明顯區別、又相互聯繫的文化身份。其區別，首先是指存在於現代知識份子內部的兩種職業性的差異，即大學教員與自由撰稿人、報刊編輯者的區別，當然更主要的是與職業性相關聯的思想性與功能性的差異；其聯繫，表現在他們都有「立言」的需求，都有反抗淩駕於二者之上的廟堂文化和拒斥低俗商業文化的需求，都有破壞、顛覆舊的話語權威以及搶佔話語據點的需求等等。不過，還需特別說明的是，這裏的「民間」身份，並不意味著要表達廣大黎民百姓的心聲，它側重於描述現代知識份子，因通向廟堂的大道被封鎖之後，其價值評判和生存方式由趨向統治階級到退回知識階層本位的轉換；僅就轉換的方式而言，頗類似於春秋末期由學在官府到學在民間的轉換。所謂「廣場」，是一種象徵式的說法，是指話語活動的場所，即現代刊物與報紙。爲了實現

① 陳思和《民間的沉浮：從抗戰到文革文學史的一個解釋》，《雞鳴風雨》，上海：學林出版社，一九九四年十二月，第二八頁。

② 陳思和《民間的沉浮：從抗戰到文革文學史的一個解釋》，《雞鳴風雨》，第二九頁。

共同的需求，民間尤其是學院身份的話語主體，必須遊離自己的本位身份，跨入廣場，進行話語言說、話語交流、話語論爭、話語合謀以及話語狂歡。因此，可以說，「廣場」居於「民間」與「學院」之間，發揮溝通與連接的作用，同時，也爲二者的相互轉換提供契機甚至起到促進作用。在給予這種比較籠統與抽象的描述之後，我們仍有必要做出稍微細緻與具體的分析。

中國現代知識份子是從傳統「士」階層轉化、發展而來，經過清末民初一系列的政治經濟、意識形態、教育體制等的巨大變革與革命，「學而猶則仕」的康莊大道基本上被封殺。但是，「學」仍是必須的，就民族而言，學而優可以保存國粹，也可以制國粹的死命，可以對抗西學，與之進行「學戰」，也可以引進西學，以之掃蕩中學。就當時的個體處境而言，學而優仍不失爲謀生和立身的重要手段，其主要的途徑不外乎兩條，即學而優則「教」和學而優則「寫」。這兩條途徑，雖是個人化的，但「教」與「寫」有助於啓蒙和救亡，則是毫無疑義的，「教」的目的主要是傳道，但也可以「覺世」，「寫」的目的主要是「傳世」，但迫於時代的需求，同樣可以「覺世」。而且，這兩條途徑，都有一個共同的特徵，即「立言」。「寫」自不待言，「教」，就必須進行研究，從傳統學術的方式看，無論是「我注六經」還是「六經注我」，都離不開「注」，或者說「言」。現代知識份子則將「注」的傳統轉換成了「著」的方式，比如編寫講義、教材，譯介國外作品等。「立言」似乎也就成了「立功」、「立德」的希望基本破滅之後，現代知識份子僅存的追求不朽事業的途徑。因此，報刊這種在現代公民社會才興起的政治與文化批評的「公共空間」，①就成爲現代知識份子擺脫不了的實施話語活動的「廣場」，以至於我們可以說，現代報刊與現代知識份子之間具有一種「共生互塑」的關係，即兩者互爲生存的前提，而且動態地相互塑造和改變著對方的面容。

（二）

真正意義上的現代漢語文論話語主體的誕生，只能溯源到一九一七年一月和二月，分別于《新青年》二卷五號、六號上公開發表《文學改良芻議》、《文學革命論》的胡適和陳獨秀。當時，胡適在美國哥倫比亞大學研究院攻讀博士學位，陳獨秀剛好於一九一七年一月被蔡元培聘爲北京大學文科學長。就此而言，兩人都屬於學院派，或者說，作爲新文學理論最早的建設者，兩人具有學院性質的文化身份。那時已有近一百七十年建校歷史的哥倫比亞大學，自然是一所現代化的大學。北京大學，作爲當時中國僅有的一所國立綜合性大學，只有不到二十年的歷史，但它的建立和發展，則力圖融合旨在輸入西學與學習科技的強學會、同文館、廣方言館等現代學校②，與傳統官辦太學、國子學的體制特色，緩慢地走上了以模仿日本大學爲手段的教育現代化道路。蔡元培一九一七年初接長北京大學之後，隨即以德國式的

① 參見李歐梵《「批評空間」的開創——從〈申報·自由談〉談起》，《現代性的追求：李歐梵文化評論精選集》，北京：三聯書店，二〇〇〇年十二月，第三—四頁。

② 梁啓超曾指出：「蓋強學會之性質，實兼學校與政黨而一之焉。」《蒞北京大學校歡迎會演說辭》（一九一二年十月三十一日），張品興主編《梁啓超全集》，北京：北京出版社一九九九年七月，第二五二七頁。

大學爲標準，著手進行重大改革：竭力排除工、商、法等職業性的專門學科，注重人文和自然科學，提倡「相容並包」、「思想自由」，聘任學有專長的人才爲教員等。這一系列措施，使北京大學很快成爲全國的思想與學術中心，而陳獨秀的受聘，胡適的歸國任教，李大釗、周樹人、周作人、劉半農的加盟，以及在此之前已經進校的錢玄同、沈兼士、沈尹默等，更使得北京大學成爲文學革命運動的軍事重鎮和指揮中心。新文學的第一批理論家與實踐者，也因此批上了具有「學院」派色彩的文化身份的外衣。

之所以說他們的學院派身份只類似一件文化外衣，是因爲，上述這些人物，儘管寄居大學校園，學問也十分優秀，但還不具備純粹學院精神。籠統的解釋似乎是，他們中的大多數人，並未把「教書」、「治學」作爲自己全部甚至主要的追求，在思想、文化界甚至政界謀求更大的發展，才是他們當時熱衷的人生理想。比如，歸國之前，已經暴得大名的胡適，在接到北大的聘書時，面臨繼續留美攻博還是迅速回國任教的兩難選擇，「那時的留學生恐怕任何人都會選擇前者。性好熱鬧的胡適自然認爲機不可失，所以也就捲舖蓋回國了。」①而已經因創辦《青年雜誌》（第二卷起改名《新青年》）獲得巨大聲譽的陳獨秀，則是在蔡元培的多次盛情邀請之下，才同意接受三個月的文科學長試用期。②雖然，胡適缺乏作政治家的必要條件，而且歸國之後也志不在此，但隨著在思想、文化界地位的逐步提高，他終於也涉

---

①（美）唐德剛《胡適雜憶》（增訂本），上海：華東師範大學出版社，一九九九年一月，第四二頁。

②參見唐寶林、林茂生編《陳獨秀年譜》，上海：上海人民出版社，一九八八年十二月，第七五—七六頁。

足政壇，弄成個名副其實的「政治票友」。即使是創辦《努力週報》、《讀書雜誌》、《獨立評論》等刊物，或者是擔任中國公學校長、北大文學院院長以至於北大校長，都超越了純粹的學術性，打上了或淡或濃的政治色彩。陳獨秀在學生時代就發表激進的反清言論，並參加各種革命團體，甚至加入過暗殺團，北大的校園顯然不能阻遏他的政治熱情，最終他還是脫離學院投身於政治的洪流之中。

魯迅在與大學保持了較長時期若即若離的關係之後，定居上海，成爲職業作家，或者說自由撰稿人，並且或創辦、或扶持大量的文學刊物。其文化身份，也逐步淡出學院，而定格於「民間」。青年時期留學日本學習師範的錢玄同，回國後先在家鄉擔任國文教員，一九一三年進北大作文字學教授，順理成章地進入學院，在五四期間，又成爲《新青年》異常活躍的編輯者之一，言論特別激烈，當五四新文化高潮過去之後，他廢姓改名爲「疑古玄同」，繼續做高校教員，埋頭於故紙堆中，潛心研究學問，但仍參加諸如列名發起《語絲》等少數文化活動。由此，可以看出，錢氏雖然大部分時間都在「學院」中度過，但也曾心有旁騖，憑藉《新青年》跨入思想文化鬥爭的行列，作爲一個異常活躍的編輯，短時期內獲得「民間」文化身份。劉半農則是從早年的文字編輯、賣文爲生，到一九一七年經陳獨秀推薦進入北大，後又留學歐洲，獲法國國家文學博士學位，成爲著名語言學專家，回國後在多所大學任教，作學術研究，但也曾主編《世界日報副刊》、《光社年鑑》、《輔仁學志》等定期刊物，並且是《新青年》、《新潮》、

《語絲》、《文學季刊》、《論語》、《晨報》、《時事新報》等大量報刊的撰稿人，①在文學革命的時代浪潮中，也曾一度成爲少數弄潮者之一。劉半農的文化身份雖然經歷了從「民間」到「學院」的轉換，但進入學院之後，他仍與民間保持著非常密切的聯繫。

現代漢語文論話語主體學院身份的真正確立，應該是從聞一多、朱自清、梁實秋、朱光潛、郭紹虞等二〇年代中後期開始活躍起來的學者、批評家身上獲得體現的。具體表現爲如下三個方面。首先，隨著新文化運動高潮的過去，文學革命的歷史使命暫告完成，文學也日益被主流文化擠對到邊緣地帶，現代漢語文論話語主體的政治熱情也大大減退，他們已經能夠坦然接受自身以及文學的現實處境，具備冷靜、客觀地考察與評價文學現象的內在心態和外部環境。其次，隨著大學數量的增加，寄身於學院的文學批評家、學者也迅速增多，這批人大多有留學國外的經歷，對西方學術規範與批評方式比較熟悉。比如，梁實秋對白璧德新人文主義學說的推崇，聞一多對文藝審美分析的注重，朱光潛對文藝心理學理論的系統研究，郭紹虞對來自日本及西方的文學「史」、文學批評「史」觀念以及科學的史料學的理解與運用，朱自清對西方哲學思辨精神的領悟以及對瑞恰茲、燕卜遜等人爲代表的語義學批評方法的重視等，都充分地說明瞭這一點。第三，新文學經過十多年的發展，西式特徵已經比較鮮明：詩歌上自由詩、現代格律詩以及象徵詩的興起，在形神兩方面都與古代詩歌存在巨大的區別；小說上反映知識份子的個性

① 參見鮑晶編《劉半農研究資料》，天津：天津人民出版社，一九八五年二月，第二九—三〇頁。

追求以及農民、婦女等下層社會生活的現實主義短篇小說的繁榮和長篇小說的出現，也與古代才子佳人、因果報應式的傳奇、章回小說發生了本質的不同；戲劇創作則基本上是對西方話劇的移植。運用傳統文學理論和批評方式去解讀新式文學作品，顯然已經力不從心，當時比較通行、也是最爲方便的法門就是借鑒西方的理論模式和批評方法。這就爲熟悉西方學術規範和話語方式的學者、批評家提供了廣闊的用武之地。他們介入這一領域，在塑造現代漢語文論理性精神的同時，也確立起了自身文化身份的學院派特徵。

正是由於有了一大批比較純粹的學院派學者和批評家，才使得這一時期的現代漢語文論出現了一系列可以彪炳史冊的拳頭產品，如梁實秋的《浪漫的與古典的》（新月書店，一九二七）、聞一多的《唐詩雜論》、《詩與批評》①、朱自清的《詩言志辨》（開明書店，一九四七）②、梁宗岱的《詩與真》（商務印書館，一九三五）、郭紹虞的《中國文學批評史（上冊）》（商務印書館，一九三四）、朱光潛的《文藝心理學》（開明書店，一九三六）、《詩論》（重慶國民圖書出版社，一九四三）、李長之的《魯迅批判》（北新書局，一九三六）等。與魯迅、胡適一代的學術研究相比，這些學者的成就並不

① 聞氏生前並未出版這樣兩部書，開明書店一九四八年八月出版《聞一多全集》時，由朱自清建議編爲該書的丙集和丁集，其中絕大多數文章寫於二十年代。

② 在《詩言志辨·序》（一九四四年十二月十六—十八日）中，朱自清說：「《詩言志》篇跟《比興》篇是抗戰前寫的……《詩教》篇跟《正變》篇是近兩年中寫的。」（《朱自清古典文學論文集》（上），上海：上海古籍出版社，一九八一年七月，第一九一頁。）

表現在但開風氣的拓荒性上，而是表現在建立具體規範的精細耕作上，大致說來，前者破多於立，後者則立得更加牢實。

我們說上述這些學者、批評家以自身的經歷和學術成就確立起了比較純粹的學院身份，但這並不意味著他們完全固守於大學校園之中。實際上，他們中有不少人，在把學術當作職業的同時，仍把文學創作和批評當作副業，比如，朱自清在作於一九二八年二月上旬的《那裏走》一文中就曾講過這樣的話：

> 「胡適之先生在《我的歧路》裏說，『哲學是我的職業，文學是我的娛樂』；我想套著他的調子說：『國學是我的職業，文學是我的娛樂』。」①

在教書育人的同時，或長期爲報刊專欄寫稿，或主編、編輯某一刊物，比如，聞一多任北京藝術專科學校教務長時，與徐志摩等在《晨報》上創辦《詩鐫》，作南京國立第四中山大學外文系主任時，參與編輯《新月》月刊；梁宗岱任南開大學英文系教授時，主編天津《大公報·詩特刊》；朱光潛在北大外語系任教時，兼作《文學雜誌》主編，朱自清列名編委②。

---

①《朱自清全集》第四卷，南京：江蘇教育出版社，一九九〇年十二月，第二四三頁。

② 朱光潛在《敬悼朱佩弦先生》一文中說，《文學雜誌》「名義上雖是由我主編，實際上朱自清和沈從文、楊金輔、馮君培諸人撐持的力量最多。」（《朱光潛全集》第九卷，合肥：安徽教育出版社，一九八七年版，第四八七頁。）

這種狀況，我們可以視之爲以學院身份爲本位，以民間身份爲補充，將二者結合起來，以學術的眼光和標準去進行文學批評。這一點在「新月派」和「京派」的學者、批評家中，表現得比較鮮明。在此，我們不妨看看《文學雜誌》創刊時，經過討論後確立的三條原則中的頭兩條：「除創作外要有論文」，「每期要有幾篇書評」。對此，我們同意高恒文在《京派文人：學院派的風采》一書中所作的分析：「第一條體現了『京派』把創作與理論並重的思想，特別是在『京派』看來，中國現代文學的理論建設，最爲薄弱，當前的文學思想十分混亂。『京派』意欲宣導一種『嚴肅的口味和純正的態度』的文學觀……第二條除了鼓勵嚴肅的創作和推薦優秀作品的意圖之外，還表明『京派』意欲通過嚴肅、具體的作品分析，提倡一種嚴肅的文學批評，把批評落實到對具體的作品分析之上，反對不注意文學藝術性的思想批評，乃至對作家的政治批評和人身攻擊。」①就《文學雜誌》的實際情況來看，論文和書評的篇幅占了五分之二，抗戰全面爆發前共出四期，發表的論文有一一篇，作者有朱光潛、葉公超、周作人、梁實秋、王了一、郭紹虞、陸志韋、錢鐘書、朱東潤、炯之等，從中，我們不難看出《文學雜誌》的「學院派」特徵，正如有論者指出的那樣：「《文學雜誌》的根苗就是北平這座古城，而動脈則系於北大，每一篇文章下面的署名，都象徵著一個文藝復興的朕兆。」②

比較而言，五四時期，由於現代中國的學術規範尚未正式建立起來，加之陳獨秀、胡適、魯迅、錢

---

① 高恒文《京派文人：學院派的風采》，上海：上海教育出版社，二〇〇〇年十二月，第二〇一頁。

② 商金林《朱光潛與中國現代文學》，合肥：安徽教育出版社，一九九五年十二月，第一一三頁。

玄同、劉半農等人的學院身份還不夠純粹，從而導致現代漢語文論話語方式的隨意性特徵，又由於，五四一代太過於看重文學的社會功利性，使得文論話語方式呈現出鮮明的情緒化傾向，其結果自然是話語文本的感性特色勝過理性精神。二三十年代，聞一多、朱光潛等人由於具有相對純粹的學院身份，加之整個中國學術界已經基本建立現代學術規範①，在進行文學研究和批評時，非常注重話語方式的學術性和規範性，話語文本的理性化傾向自然就越來越突出。

（三）

現代漢語文論話語主體中，也有一批人，以翻譯、編輯、自由撰稿等爲主要的謀生手段和生存方式。由於作爲大眾傳媒方式的報刊的出現是在近現代，②編輯、自由撰稿人也就成爲古代社會中並不存在的嶄新文化身份。儘管直到清末，傳統「官報」（又稱「邸報」與「京報」）仍然十分流行，③但中國

---

① 陳平原在《中國現代學術之建立》（北京：北京大學出版社，一九九八年二月）一書中指出：「一九二七年以後的中國學術界，新的學術範式已經確立，基本學科及重要命題已經勘定，本世紀影響深遠的眾多大學者也已登場。」（第八頁。）

② 戈公振在《中國報紙進化之概觀》一文中指出：「搜集社會發生之事件，以一定時期印行者，自西曆一六一五年起，創於德國之政府報（Frankfurter Journal），而踵行於歐美各國。」參見張靜廬輯注《中國現代出版史料·丁編》（上卷），北京：中華書局，一九五九年十一月，第一〇頁。

③ 徐松榮在《維新派與近代報刊》（太原：山西古籍出版社，一九九八年二月）一書中指出：「清末十年，官報迅速發展，前後共有一〇六種問世，是官報的全盛時期。」（第一二頁。）

現代報刊的原初形態，可以說完全是西方報刊的投影，從一八一五年，英國傳教士馬禮遜創辦第一份中文報紙起，早期中國報刊基本上是由外國人創辦的，直到一八九五年甲午戰爭前，外國人在中國辦的報刊，「占同期報刊總數的九十五%」①，其模式自然也是完全西方化的，內容不再是發佈朝廷命令、官場消息，而是宣傳西方宗教文化、報導新聞時事、發表政治評論等，當然也登載格物致知、文化研究、文藝創作等方面的內容。十九世紀末、二十世紀初，隨著中國人主持、接管外國報刊以及中國人自辦報刊的增多，現代知識份子中出現一批人，專以翻譯、編輯、自由撰稿爲職業，可以說，他們既是向國人介紹西學的先驅，也是最早接受西方民主與科學精神洗禮的開明之士，中國文化與學術從他們身上初步完成了從廟堂到「民間」的轉換，這批知識份子也因此塑造了自己的「民間」文化身份。

就現代漢語文論話語主體而言，較早具有「民間」身份的除了創辦《青年雜誌》的陳獨秀，以及《新青年》的編委李大釗、胡適、錢玄同、高一涵、沈尹默等人之外，要數茅盾、鄭振鐸、傅東華等。正如不是純粹的學院派人物一樣，陳、李、胡、錢諸人也不是純粹的辦報人和編輯者，但茅、鄭、傅等，卻可以說是相對純粹的報刊編輯和職業作家。

從一九一六年北大預科譯學館畢業到一九二六年辭職，整整十年時間，茅盾寄身於商務印書館編譯所，不僅譯介了眾多西文論著，寫出了大量文學評論與研究方面的文章，更主要的貢獻是改造了以鴛鴦

① 參見徐松榮《維新派與近代報刊》，第十二頁。

蝴蝶派爲支撐的舊式《小說月報》，使之成爲文學研究會的主要刊物，「實現了中國最大的商業出版機構的大型刊物，和當時最有實力的文學社團的結合。它標誌著新文學運動從一般文化運動中的獨立，也預示了文化中心由北京而上海的轉移。」①雖然從二〇年代起，茅盾就積極參與社會活動，並且於一九二〇年春就加入了上海的共產主義小組，一大過後，成爲最早的五三名中共黨員之一，但「四一二」事變使他的政治理想化爲泡影，他只好在文學創作和批評領域去尋找慰藉，直到抗戰全面爆發，茅盾基本上以賣文爲生。即便參加了一系列的政治活動，但其參與的方式也仍以報業爲主，比如，一九二六年初，在廣州接替毛澤東主編《政治週報》，一九二七年春夏，在武漢，相繼接編和主編《漢口民國日報》等。抗日戰爭期間，他再次投身建立抗日民族統一戰線的政治活動，其主要的貢獻也是在廣州創辦和主編《文藝陣地》與《立報》副刊《言林》，以及撰寫大量文藝雜論性質的文章。②

從一九二三年接替茅盾主編《小說月報》的鄭振鐸，在進入商務印書館之前，就曾擔任《時事新報》的副刊《學燈》編輯和《文學旬刊》的主編，進入商務印書館編譯所之後，他很快就接替李石岑任《學燈》主編。他擔任《小說月報》主編的時間最長，超過了茅盾、葉聖陶、徐調孚三人的總和，與此同時，他還主編「文學研究會叢書」、「文學研究會通俗戲劇叢書」以及文學研究會會刊《星海》等。雖然，在商務印書館編譯所期間，他曾經作過復旦大學、中國公學的兼職教授，一九三一年九月，脫離商務印

---

① 楊義主筆，中井政喜、張中良合著《中國新文學圖志》（上），北京：人民文學出版社，一九九六年八月，第一四二頁。

② 本段論述參考了萬樹玉《茅盾年譜》，杭州：浙江文藝出版社，一九八六年十月版。

書館之後，他擔任燕京大學和清華大學的合聘教授，一九三五年又舉家南遷，擔任上海暨南大學文學院院長兼中國語文學系主任、教授，但這些似乎都不及同期創辦並主編《文學》、《文學季刊》以及《世界文庫》等，對塑造他的文化身份所發揮的巨大作用，或者說，二三十年代的鄭振鐸主要是以「民間」而不是以「學院」身份活躍于現代文壇和學術界的。抗戰結束後，他還主編過《民主》週刊、《聯合晚報．文學週刊》，尤其是在四〇年代後期，他還主編了「日本投降後，上海方面出的唯一大型文藝刊物，也是中國當時唯一的大型刊物」①《文藝復興》及其專輯《中國文學研究號》（上、中、下）。②

傅東華（一八九三—一九七一），也是現代文壇比較活躍的翻譯家、學者和著名的編輯家。他於一九一二年南洋公學畢業後，考取中華書局編譯員，二三十年代曾斷斷續續任教於北京高等師範學校、復旦大學和上海暨南大學。正是憑藉外國語言文學的功力，他翻譯了不少文學理論著作，其中包括亞裏斯多德的《詩學》（一九二六，商務印書館）、美國琉威松（L.Lewisiohn）等著《近世文學批評》（一九二八，商務印書館）、美國卡爾佛登（V.F.Calverton）著《文學之社會學的批判》（一九三〇，華通書局）、法國洛裏哀的《比較文學史》（一九三一，商務印書館）、美國韓德（T.W.Hunt）著《文學概論》（一九三五，商務印書館）等，③在當時就產生了較大的影響。另外，他在現代文學史上引人注目的業

① 李健吾《關於〈文藝復興〉》，載《新文學史料》，一九八二年第三期。
② 此段論述主要參見陳福康編著《鄭振鐸年譜》，北京：書目文獻出版社，一九八八年三月版。
③ 參見北京圖書館編《民國時期總書目．文學理論．世界文學．中國文學卷》，北京：書目文獻出版社，一九九二年十一月版。

績是協助鄭振鐸主編和獨立主編《文學》月刊①，主編生活書店的「創作文庫」，與鄭振鐸聯合主編《文學》月刊一周年紀念特輯《我與文學》和二周年紀念特刊《文學百題》等。抗戰期間，曾編輯《救亡日報》、《孤島閒話》等。或許正是有這樣的文化身份，建國後他被任命爲中華書局《辭海》編輯所編審，並與巴金共同主編《收穫》。

此外，象鬱達夫、葉靈鳳、林語堂、趙家璧、蔣光慈、李小峰、孫伏園、沈從文、徐志摩、巴金、靳以、施蟄存等一大批擅長編輯的作家、理論家，要麼沒有高校任教的經歷，要麼即使曾經寄身學院，但也無法遮蔽他們作爲職業作家、著名報刊編輯者這樣一種突出的「民間」文化身份。

在二十世紀初期，當主流文化與意識形態都還暫時空缺的時候，相對來說，知識份子的言說方式也是多樣化的。就文學領域來看，由於創作模式、批評原則都還沒有強制性的統一標準，作家、理論家們可以進行多方位的探索。僅就文論而言，具有「民間」文化身份的話語主體，又比具有「學院」身份者，更少一層束縛，在進行文學批評時，可以不太顧忌邏輯性、規範性和體系性，往往是隨心所欲、縱意而談。這是形成話語方式的隨意性、個人性特徵，以及話語文本的談型、感性等類型的重要原因。

---

①《文學》月刊，一九三三年七月創刊於上海，一九三七年十一月停刊，第一卷署文學社編，第二至四卷署鄭振鐸、傅東華編，第五至六卷署傅東華編，第七至九卷二期署王統照編，第九卷三、四期署傅東華編。

(四)

在對二三十年代現代漢語文論話語主體的文化身份的描述中，我們已經發現，沒有純粹的學院身份，也沒有完全的民間身份，他們或從學院走向民間，或從民間跨入學院，或身在學院心在民間，或紮根民間而嚮往學院。而且，對他們而言，在兩種身份之間可以毫無困難地進行自由轉換。究其原因，我們首先想到的可能是，他們既有可以勝任高校教授的豐富學識，又有敏感的社會、政治意識，和以天下爲己任的責任感，以督促他們投身於啓蒙、救亡的文化宣傳與鬥爭之中。但是，還有一點尚需作進一步的分析，那就是促成他們實現身份轉換的橋樑——報刊和出版社，即我們所謂的「廣場」。

新文學初期階段，有不少刊物，在宣言或發刊詞中，都不約而同地被比作「園地」、「田園」或「花園」。比如，鄭振鐸在《〈文學旬刊〉改革宣言》的結尾處指出：

> 「本刊正如一個小小的公開園地，誰願意進來種植幾株花草，我們都是開著大門歡迎的。」①

郭沫若以詩歌《我們的花園》作爲《創造季刊》的發刊詞；鬱達夫作《〈創造日〉宣言》也說：

①《中國新文學大系·史料·索引》，第八〇頁。

「我們這一欄是世界人類共有的田園，無論何人，只須有真誠的精神和美善的心意，都可以自由來開墾。」①

在《〈創造月刊〉發刊詞》（一九二六年二月二十一日）中，鬱達夫仍然聲稱：

「創造社的脫離各資本家的淫威而獨立，本月刊為大家公開的園地等等可以不必再說，想早已為諸君所察及」②。

周作人在一九二二年一月二十二日的《晨報副鐫》上開闢「自己的園地」專欄，並且還於一九二三年和一九二六年出版過兩本《自己的園地》③。在與專欄同題的首篇文章中，周作人說：

「所謂自己的園地，本來是範圍很寬，並不限定於某一種：種果蔬也罷，種藥材也罷——種

---

① 《中國新文學大系·史料·索引》第一〇五頁。
② 《中國新文學大系·史料·索引》，第八〇頁。
③ 前者稱晨報社版，後者稱北新版，篇目並不相同。參見《中國新文學大系·史料·索引》，第二七七—二七八頁。

薔薇地丁也罷，只要本了他個人的自覺，在他認定的不論大小的地面上，盡了力量去耕種，便都是盡了他的天職了。」①

將文藝刊物叫作「園地」，雖然聲稱可以自由進入，但實際上各個「園地」都屬於某一群體、集團或者流派，門戶界限仍然很分明。然而，大大小小的各式「園地」卻組成了一個巨大的文藝「廣場」。反過來說，所謂「廣場」也就是放大了的「園地」。各個團體在自己的園地裏進行話語活動，卻又互相關聯、指涉甚至彼此針鋒相對，不過有時也會到對方或別家園地進行活動。正是有了巨大的話語廣場，抱持不同話語觀念、運用不同話語方式的主體，才有了自由進行話語交流的場所。而文論觀念就在這種不斷的話語言說中，變得越來越豐富，話語主體也由此在研究與批評等多個領域獲得展示自己學識與才華的機會。這自然有利於他們在「民間」與「學院」之間自由往來，頻頻轉換文化身份。②

西人來華辦報，「其目的不外傳教與通商二者，以厲行殖民政策而已。」③「戊戌政變後，有志之

---

① 《周作人早期散文選》，上海：上海文藝出版社，一九八四年四月，第二七一頁。

② 一八九八年，清政府開辦京師大學堂時，就將原設的官書局與譯書局合併進來，一九〇一年，派張百熙爲京師大學堂管理大臣時，又附設編譯局，任李希聖爲編局總纂，嚴複爲譯局總纂，一九〇二年，又設編書處，編纂小學各級教科書。由此，我們也能看出，學院與書局、報館之間的共生關係。同時，這也爲現代知識份子在學院與民間之間的自由往來提供了契機。

③ 戈公振《中國報紙進化之概觀》，張靜廬輯注《中國現代出版史料·丁編》（上卷），北京：中華書局，一九五九年十一月，第十一頁。

士，既絕望於朝廷，乃舉其積慮，訴之民衆。有以介紹學藝爲己任者，有以改良政治爲目標者，於是一般對於報紙，不僅單純的商情觀念，而漸有活潑的政治與藝術思想。」①辛亥革命之後，「自好者流，翻然覺悟，改向本身努力，以求經濟之獨立，然商業色彩太濃，漸失指導輿論之精神，是其病也。」②這就是說，一九一〇年以後，中國的大多數報刊、出版社，主要是商業行爲，也可以褒揚性地稱之爲「文化的商務」。由於受到西方報業的影響，加之近現代中國社會與文化大轉型的需要，十九世紀末，一批民族實業家開始投資報紙③、印書館、出版社，到一九〇六年，已經辦成商務印書館、文明書局、文益書局等二十多家民營的出版社，使得「出版業的重心已由教會和官書局移到民營的出版業了」④。辛亥革命之後，又相繼崛起中華書局、世界書局等兩大出版巨頭，幾乎與商務印書館鼎足而三。到二〇年代末，一大批出版機構如雨後春筍般蓬勃發展起來。既然屬於商業行爲，報館、書局之間就會存在激烈的競爭，這就督促投資者必須想辦法推出具有個性與市場效益的報刊與書籍，而組織、培育一批作家、編輯是在競爭中取勝的重要策略。隨著社會生活日趨商業化和世俗化，知識份子的地位也日漸低落，而圖書、報刊這些文化與商業相結合的傳播媒介，恰好爲他們提供了擴大自身影響、重返社會中心的最後一

① 戈公振《中國報紙進化之概觀》，張靜廬輯注《中國現代出版史料·丁編》（上卷），第一一一頁。
② 戈公振《中國報紙進化之概觀》，張靜廬輯注《中國現代出版史料·丁編》（上卷），第一一一—一一二頁。
③ 一八七三年，艾小梅創辦《昭文新報》於漢口，爲國人自資創辦報紙之始。張靜廬編制《出版大事年表（一八六二—一九一八）》，《中國近代出版史料·二編》，北京：中華書局，一九五七年十二月，第四二三頁。
④ 李澤彰《三十五年來中國之出版業（一八九七—一九三一年）》，《中國現代出版史料·丁編》（下卷），第三八五頁。

次機會。於是，自由撰稿人與職業編輯者也就與日俱增。

出版機構的增加，圖書、報刊數量的大幅度增長，對於譯介西學、改良中學以及社會批判、文化批判都大有裨益。梁啓超早在一八九六年就撰有《論報館有益於國事》，認爲：

> 「去塞求通，厥道非一，而報館其導端也。無耳目，無喉舌，是曰廢疾。今夫萬國並立，猶比鄰也，齊州以內，猶同室也。比鄰之事，而吾不知，甚乃同室所為，不相聞問，則有耳目而無耳目；上有所措置，不能喻之民，下有所苦患，不能告之君，則有喉舌而無喉舌。其有助耳目、喉舌之用，而起天下之廢疾者，則報館之為也。」①

他甚至還過分誇大報刊的作用，主張「以言論易天下」，「以語言文字開將來之世界」，用「黑色革命」（報刊文字）代替「紅色革命」（武裝鬥爭），改變社會制度。②而《新青年》、《每週評論》、《新潮》等鼓吹新文化運動的綜合性刊物的出現，更是爲仕途被阻的知識份子，開闢了以「議政」代替「參政」的新空間。

文學革命運動作爲新文化運動的重要組成部分，從一開始就打上了鮮明的政治烙印，但由於文學革

---

① 李華興、吳嘉勳編《梁啓超選集》，上海：上海人民出版社，一九八四年十一月，第二三頁。

② 參見徐松榮《維新派與近代報刊》，第二二五頁。

命的發起者，大多是深受西學洗禮且學有專長的人物，他們很快就將革命的口號轉變成實實在在的行動，或創作、或研究、或批評，相互配合，齊頭並進，在話語論戰、合謀與狂歡中，以摧枯拉朽之勢迅速瓦解了舊文學的正統和主流地位。隨著新文學的節節勝利，他們對報刊的重要作用的認識也越來越深刻，比如，對《新青年》在新文化和新文學史上的地位與作用，郭沫若在《文學革命之回顧》（一九三〇）一文中曾指出：

「文學革命的泉水經過一段長久的伏流時期，在五四運動（一九一九）的前後才突然爆發了出來，成了一個劃時期的運動。主持這個運動的機關，誰也知道是《新青年》，主持《新青年》的人，誰也知道是陳獨秀。」①

胡適在為上海亞東圖書館一九三六年重印《新青年》所寫的「題詞」中也說：

「《新青年》是中國文學史和思想史上劃分一個時代的刊物。最近二十年中的文學運動和思想改革，差不多都是從這個刊物出發的。」②

---

① 《中國新文學大系一九二七—一九三七·文學理論集一》，上海：上海文藝出版社，一九八七年十二月，第二三〇頁。

② 轉引自耿雲志《胡適與〈新青年〉》，《胡適研究叢刊》第二輯，北京：中國青年出版社，一九九六年十二月，第一三頁。

當新文化運動陣營發生分裂後，陳獨秀、李大釗、胡適、魯迅、周作人等都在各自奮鬥的領域創辦或扶持了一批新的刊物。這些刊物的出現，一方面拓寬和加深了對舊文化、舊文學的打擊面與打擊力度，另一方面也劃分出若干新的陣營和派別，爲重新搶佔話語空間和瓜分話語權力而積蓄著力量。所以，到了二十世紀二三十年代，眾多文藝刊物或園地，組成了一個規模巨大的文藝廣場，爲眾多文論話語主體提供了廣闊的言說空間，正是在不斷的言說中，現代漢語文論逐漸形成與傳統文論大相徑庭的話語方式與話語文本。

第二章　話語方式的分析

一、格西到格中

在描述近現代漢語文論話語機制的轉換時，我們已經習慣于將王國維設置成古代（包括近代）漢語文論向現代漢語文論轉換這一臨界點上的關鍵人物。這種設置的一個重要的「事實」依據就是：王國維第一次比較成功地運用西方的哲學與美學思想，對中國文學作品進行了大別於傳統的闡釋與評價，而且，王國維的闡釋路徑與言說方式，被後來者視爲一種行之有效的文論話語加以模仿與改進，並逐步被推衍成一股聲勢浩大、在今日看來似乎功過參半的話語方式，即所謂的「以西格中」。不過，我們也應該認識到，這種事實在很大程度上是爲了完成一種歷史敘述，被有意地「找尋」出來的。當然，筆者無意在此對王國維文論話語的評價進行翻案，只想找尋另一種事實，並試圖以此爲依據，對近現代文論話語機制的轉換作出「以中格西」到「以西格中」這樣一種更具動態性的描述。通過這種描述，我們會發現在所謂的「以西格中」之前，曾經出現過較大規模的「以中格西」的文論話語方式，而且，從文學批評、文學史（包括文學批評史）以及文學理論等幾個層面來看①，「以西格中」話語方式的成熟與普及是在二十世紀的二三十年代，與五四前後一批新型學者「駁上啓下」的文論話語實踐密切相關。王國維正是或者說只是這種話語實踐的先行者之一，我們不能因爲他的光亮而無視其他話語實踐者的存在，更不能因爲他的話語方式的巨大影響力，而回避對近現代漢語文論話語機制的轉換作出別樣的描述。

（一）

近現代漢語文論話語的轉換，是近現代中國社會、文化轉型的有機組成部分。促成漢語文論話語近現代轉換的關鍵人物，往往就是近現代中國社會、文化轉型的推進者，加之這種轉型是中西文化急劇衝突與融合的結果，因此，描述近現代漢語文論話語的轉換機制，還得從中國歷史上第一代真正能夠學貫中西的人講起。

近代中國的思想界，是以非常複雜的心態面對中國與西方之間的「學戰」的。清末民初，中學在競爭中徹底失敗，也就意味著，「中體西用」這一曾經被晚清幾代士大夫用來應對西學的策略，已經完全

① 韋勒克、沃倫曾指出：「在文學『本體』的研究範圍內，對文學理論、文學批評和文學史三者加以區別顯然是最重要的……最好還是將『文學理論』看成是對文學的原理、文學的範疇和判斷標準等類問題的研究，並且將研究具體的文學藝術作品看成『文學批評』（其批評方法基本上是靜態的）或看成『文學史』。」（參見韋勒克、沃倫《文學理論》，北京：三聯書店一九八四年版，第三一頁。）

失去了效用。於是，年輕一代的「知識份子社群」開始惟「西」是趨，老一輩的「士」階層卻不甘中學的凋敝與敗落，試圖拼將殘年以保存國粹。而處於新老之間的一批過渡型的「早期知識份子」，在理智上認同西學，在情感上卻依戀中學，因此，他們自覺或不自覺地擔當了調和西學與中學的任務。①這批早期知識份子的代表人物有梁啓超、嚴複、林紓等人。他們兼通中西的學術修養，既是他們得以完成溝通中學與西學這一任務的前提，也是他們抱持調和心態的原因。正因爲如此，他們才既大力鼓吹引進西方文學思想，又以中國固有的文學觀念與話語方式對這些外來思想作出闡釋，從而開啓了近現代交替之際「以中格西」這一漢語文論的思維與言說方式。

梁啓超以詩、文、小說三界革命的主張震動清末文壇，加速了近現代文學的轉換歷程。②三界革命的主張，主要是受日本文學和以日本爲仲介的歐美文學創作與觀念啓示的結果，但不可否認的是，梁啓

---

① 此處關於「士」、「早期知識份子」以及「知識份子社群」等術語及其文化身份的內涵，請參看羅志田《新的崇拜：西潮衝擊下近代中國思想權勢的轉移》、《近代中國社會權勢的轉移：知識份子的邊緣化與邊緣知識份子的興起》等文章，均見《權勢的轉移：近代中國的思想、社會與學術》，武漢：湖北人民出版社，一九九九年七月。

② 梁啓超在《夏威夷遊記》（舊題《汗浸錄》，又名《半九十錄》）（一八九九）中第一次明確提出詩界革命與文界革命的口號：「……吾雖不能詩，惟將竭力輸入歐洲之精神思想，以供來者之詩料可乎？要之支那非有詩界革命，則詩運殆將絕。」「其（按：指日本政論家德富蘇峰）文雄放雋快，善以歐西文思入日本文，實爲文界別開一生面者，餘甚愛之。中國若有文界革命，亦當不可不起點於是也。」在《小說與群治之關係》（一九〇二）一文中提出「小說界革命」的號召：「今日欲改良群治，必自小說界革命始；欲新民，必自新小說始。」參見《梁啓超全集》，北京：北京出版社，一九九九年七月，第一二一九、一二三〇、八八六頁。

超仍然是以傳統士人的心態將文學視爲新國、新民、改良社會的工具，以中國現實社會獨立、富強的政治需求爲準則去選擇、引入外來文學思想，仍舊是在「文以載道」、文能「資治體、助名教」等功利性文學觀念的範圍內把握與言說文學的特徵。單就這一層面而言，應該說是文學觀念上的「以中格西」。不過，這裏我們更爲關心的是，梁啓超表達自己文學主張的話語方式。

梁啓超講，他「雖不能詩，然嘗好論詩」①。他論詩主要涉及兩大方面，一是「詩界革命」論，二是「並世之詩」評。這兩個方面是互相聯繫著的：詩界革命的目的是爲了創作出理想的詩，對當世之詩的評價是爲找尋實現這一理想的具體途徑。他認爲理想的詩應該具備這樣三個條件，即所謂「三長」：「第一要新意境，第二要新語句，而又須以古人之風格入之」②。在他看來，黃遵憲的《軍歌》（包括《出軍歌》、《軍中歌》、《旋軍歌》三組共二十四首）以及長沙志士唾[illegible]的《滅種吟》（十二首）等詩作，或者「精神之雄壯活潑沉渾深遠不必論，即文藻亦二千年所未有，詩界革命之能事至斯而極矣」，或者「以樂府體，熔鑄進化學家言，而每章皆有寄託，真詩界革命之雄也」。③而夏曾佑、譚嗣同等人的「新學之詩」，雖「經子生澀語、佛典語、歐洲語雜用，頗錯落可喜，然已不備詩家之資格」、「漸

---

① 《汗漫錄》，《梁啓超全集》，第一二二九頁。

② 《汗漫錄》，《梁啓超全集》，第一二二九頁。在《飲冰室詩話》中，他又將「三長」合併爲兩個方面，即「以舊風格含新意境」。

③ 《飲冰室詩話》，舒蕪點校，北京：人民文學出版社，一九五九年四月版，第四三頁、九二頁。

成七字句語錄，不甚肖詩矣」。①不難看出，梁啓超論詩仍然用的是中國傳統文論的話語方式，「意境」、「風格」、「寄託」、「精神」、「文藻」以及「雄壯」、「沉渾」、「深遠」等傳統文論常用的術語仍是其文論話語的關鍵字。

梁啓超非常崇拜日本政論家德富蘇峰，認爲他的文章「雄放雋快，善以歐西文思入日本文，實爲文界別開一生面者」，並指出：「中國若有文界革命，亦當不可不起點於是也。」②而且，梁啓超還仿照德富蘇峰的「歐文直譯體」創造出自己的「新文體」。他在文界革命方面雖沒有多少正面理論建樹，但卻以創作實踐造成了巨大的影響。

一九〇二年十一月，梁啓超在日本橫濱主持出版《新小說》雜誌，並且在創刊號上發表《論小說與群治之關係》，這篇文章向來被稱爲「小說界革命」的宣言書。它在《譯印政治小說序》（一八九八年）的基礎上，進一步從小說藝術感染力的角度，論證了中國小說界革命的必要性。雖然，梁啓超受日本明治維新時期文學創作經驗的啓發，極力拔高小說的作用與地位，而且文章的風格也屬於比較典型的「新文體」，但就具體表述而言，仍然運用了傳統文論的話語方式。比如，用「熏」、「浸」、「刺」、「提」四個單音節詞去概括小說具有的四種感染力，就與兩千多年前的孔子在《論語．陽貨》中用「興」、「觀」、「群」、「怨」去概括《詩》之作用的話語方式非常相似。在對小說的四種感染力做具體闡述

① 《汗漫錄》，《梁啓超全集》，第一二二九頁。
② 《汗漫錄》，《梁啓超全集》，第一二三〇頁。

時，梁啓超放棄了「新文體」所具備的現代推論型話語方式，仍然以運用傳統的直觀、比喻型話語方式爲主，比如，他這樣寫到：

「熏也者，如入雲煙中而為其所烘，如近墨朱處而為其所染」，「浸也者，入而與之俱化者也」，「刺也者，能入於一剎那頃，忽起異感而不能自製者也」，「提之力，自內而脫之使出，實佛法之最上乘也」。①

桐城派古文的嫡系傳人嚴複，用高雅的古文體翻譯了大量西方哲學、社會學名著，將進化論、自由主義等近代思想引進了中國。他在《天演論（手稿）・譯例》中確定了這樣三條翻譯的原則：

「原書引喻多取西洋古書，事理相當，則以中國古書故事代之，為用本同，凡以求達而已。書中所指作家古人多西臘、羅馬時宗工碩學，談西學者當知人論世者也，故特略為解釋。有作者所持公理已為中國古人先發者，謹就簡陋所知，列為後案，以備參考。」②

---

① 參見郭紹虞主編《中國歷代文論選》（第四冊），上海：上海古籍出版社，一九八〇年十一月，第二〇七—二一一頁。

② 《嚴複集》，北京：中華書局，一九八六年版，第一四一三頁。

很明顯，這是一種以中書、中事、中理去比附、闡釋西書、西事、西理的翻譯方式。吳汝倫當時就發現了這種方式的不足，所以他一方面在《天演論・序》中公開地讚揚說：「今赫胥黎氏之道……嚴子一文之，而其書乃駸駸與晚周諸子相上下」，另一方面卻在致嚴複的信中委婉地批評到：「顧蒙意尚有不能盡無私疑者，以謂執事若自爲一書，則可縱意馳騁；若以譯赫氏之書爲名，則篇中所引古書古事，皆宜以元書所稱西方者爲當，似不必改用中國人語。」①而到了新文化運動時期，傅斯年就對此予以毫不留情的批評：

「嚴幾道翻譯西洋書用子書的筆法，策論的筆法，八股的筆法……替外國學者穿中國學究衣服，真可謂是把我之短，補人之長。」②

嚴複引入的西方思想無疑是先進的，但他以中國古代的文體、筆法、觀念等作爲引入的方式，則不僅顯出他思想認識上的保守與落後，而且還影響了傾向西方、信奉進化論的年輕一代，使他們在接受西方先進思想的同時，也相當程度地認同了嚴複以中格西的翻譯與表述方式。

---

①《嚴複集》，北京：中華書局，一九八六年版，第一三一八、一五六〇頁。序作於一八九八年夏，信寫於一八九七年三月。

②傅斯年《怎樣做白話文》（一九一八年十二月），《中國新文學大系・建設理論集》，第二二七頁。

如果說嚴複的影響遍及整個思想界的話，林紓的小說翻譯與序跋文字的影響則集中在文學創作與文學理論領域。林紓不僅以正宗古文翻譯了大量西方小說，而且還對其中不少作品發表了自己的看法。那些長長短短的序跋及評論文字，主要是宣講林紓自己期望所譯之書「有益於今日之社會」①的良苦用心。而涉及到對西方小說的具體評價時，林紓幾乎總是以爛熟于心的左馬班韓及桐城義法相比附，比如，在《〈黑奴籲天錄〉例言》中，他這樣說：

「是書開場、伏脈、接筍、結穴，處處均得古文家義法。可知中西文法，有不同而同者。譯者就其原文，易以華語，所冀有志西學者，勿遽貶西書，謂其文境不如中國也。」②

在《〈撒克遜劫後英雄略〉序》中，他也說：

「紓不通西文，然每聽述者敘傳中事，往往於伏線、接筍、變調、過脈處，大類吾古文家言。」③

---

①《〈鬼山狼俠傳〉序》，林薇選注《林紓選集·文詩詞卷》，成都：四川人民出版社，一九八八年七月，第一八一頁。
②陳平原、夏曉虹編《二十世紀中國小說理論資料》（第一卷），北京：北京大學出版社，一九九七年二月，第四三頁。
③《〈撒克遜劫後英雄略〉序》，《林紓選集·文詩詞卷》，第二一八頁。

被傳統文化與文學深深浸漬的林紓，評價西方小說時，所操持的自然是純粹的傳統話語方式，這不僅是說諸如樞紐、關竅、雅俗、文心等等術語屢屢被他所用，更主要的還在於他比較嫻熟地運用了直觀感悟式的言說方式。請看他這樣評價狄更斯的《孝女耐兒傳》（今譯爲《老古玩店》）：

「從未有刻畫世井卑污齷齪之事，至於二三十萬言之多，不重複，不支屬，如張明鏡於空際，收納五蟲萬怪，物物皆涵滌清光而出，見者如憑闌之觀魚鱉蝦蟹焉；則迭更斯蓋以至清之靈府，敘至濁之社會，令我增無數閱歷，生無窮感喟矣。」①

再看他評狄更斯的《塊肉餘生述》（今譯爲《大衛．科波菲爾》）：

「此書伏脈至細，一語必寓微旨，一事必種遠因，手寫是間，而全局應有之人，逐處湧現，隨地關合……綜言之，如善弈之著子，偶然一下，不知後來鹹得其用，此所以成為國手也。」「且前後關鎖，起伏照應，涓滴不漏，言哀則讀者哀，言喜則讀者喜，至令譯者啼笑間作，竟為著者作傀儡之絲矣。」②

---

①《〈孝女耐兒傳〉序》，《林紓選集．文詩詞卷》，第一九七頁。

②《〈塊肉餘生述〉二題》，《林紓選集．文詩詞卷》，第二〇〇、二〇二頁。

這樣生動形象、注重主觀感受的鑒賞性文字，與我國古代小說評點的話語風格是一脈相承的。在此讓我們抄引金聖歎《第五才子書〈水滸傳〉評點》中的一段來作爲比照：

「文章家有過枝接葉處，每每不得與前後大篇，一樣出色。然其敍事潔淨，用筆明雅，亦殊未可忽也。譬諸遊山者遊過一山，又問一山，當斯之時，不無借徑于小橋曲岸，淺水準沙；然而前山未遠，魂魄方收，後山又來，耳目又費，則雖中間少有不稱然正文不致遂敗人意。又況其一橋一岸，一水一沙，乃殊非七十回後一望荒屯絕徼之比。想複晚涼新浴，豆花棚下，搖蕉扇，說曲折，與複不淺也。」①

除了上述幾部在文化思想界影響巨大的論著之外，我們還可以舉出影響相對微小，但所操持的文論話語方式具有「以中格西」特點的批評著作。比如，南社著名學者胡懷琛（寄塵，一八八六—一九三八）曾著有專論「東瀛歐西之詩」和「吾國人詩紀海外事」的《海天詩話》，詩話一開篇就將「歐西之詩」納入「設思措詞，別是一境」②這種傳統文論話語方式之中。而且，直到二十世紀二〇年代，在介紹外

①《金聖歎評點才子全集》第三卷《第五才子書〈水滸傳〉評點》，北京：光明日報出版社，一九九七年八月，第五九五頁。

②參見王運熙、顧易生主編，黃霖著《中國文學批評通史·近代卷》，上海：上海古籍出版社，一九九六年十二月，第四八二頁。

國文學時，有學者仍然運用「以中格西」的話語方式。比如，上海商務印書館一九二三年一月出版的楊袁昌英著《法蘭西文學》一書就是這樣，全書將法國文學納入「詩詞、戲曲、散文」這種中國古代文體的框架中進行敍述，而且這本小書還多次再版，並被作爲商務影響巨大的「百科小叢書」之一，一九四四年八月重慶商務印書館又一次出版，可見這種敍述模式的旺盛生命力。但到一九四六年三月，上海商務將它作爲「復興叢書」再次出版時，則改換成「詩歌、戲劇、小說與散文」這種西式文體框架了。①由此，我們也可以透視出，傳統與西方兩種文論話語方式強弱易勢的最終完成，大約是在二十世紀的三四十年代。

現在，讓我們還是先回到中國傳統文論中的評點話語方式。這種以恰切、形象的比喻融合評點者的藝術感受，並逗引出朦朧、含混的文學思想與認識的話語方式，在我國小說評點以及詩話、詞話中，被反復的運用，從而在話語形式層面形成比較穩定的傳統，以至於當西方文學觀念開始進入我國時，得風氣之先的梁啓超、嚴複、林紓等人，也只能用傳統話語方式去框套、言說這些西式觀念。這種以中格西的話語方式，確實在很大程度上誤解、誤讀了西方的文學思想，但在過渡時期，它又起到了讓外來思想能夠迅速被本土文化認可與接納的促進作用。這種現象，不僅出現在文論領域，我國哲學、史學、邏輯學、語言學、民族學、宗教學等人文社會科學在近現代化過程中都曾發生過。

① 一九四六年滬版署名袁昌英，與楊袁昌英爲同一人，參見《民國時期總書目·外國文學卷》，第一一〇頁。

（二）

當然，上述梁、嚴、林諸人畢竟對西學有過直接的感受或間接的瞭解，因此，在他們的文論話語中，也存在「以西格中」的現象。這種現象主要表現於觀念層面，但形式層面也時有發生。比如，梁啓超一九〇一年十二月一日在《清議報》上發表《煙士披裏純》一文，其中就有用 **Inspiration**（靈感）來剖析中國古文之「法」的內容：

> 「彼尋常人刻畫英雄之行狀，下種種呆板之評論者，恰如冬烘學究之批評古文，以自家之胸臆，立一定之準繩，一若韓柳諸大家做文，皆有定規，若者為雙關法，若者為單提法，若者為抑揚頓挫法，若者為波瀾擒縱法，自識者視之，安有不噴飯者耶？彼古人豈嘗執筆學為如此之文哉？其氣充乎其中，而溢乎其貌，動乎其言，見乎其文，而不自知也。曰惟『煙士披裏純』之故。」①

此外，在《論小說與群治之關係》中，梁啓超還將小說分爲「理想派」與「寫實派」兩大類，這可

---

① 《梁啓超哲學思想論文選》，葛懋春、蔣俊編選，北京：北京大學出版社，一九八四年四月，第七一頁。雖然梁氏此文的題目及主要觀點均來自日本德富蘇峰，但所舉例證卻是中國化了的。參見夏小虹《覺世與傳世——梁啓超的文學道路》，上海：上海人民出版社，第二五九—二六〇頁。

以說是借用西方浪漫主義與現實主義思想來論述小說的創作方法問題。而梁啓超作於二〇年代初的幾部論述中國古代詩歌的作品，《中國之美文及其歷史》、《中國韻文裏頭所表現的情感》、《屈原研究》、《陶淵明》、《情聖杜甫》等，不僅在觀念上棄置早年的「文學救國」論，轉而高揚「情感中心」說，使傳統文論中的緣情觀念從言志、載道的主潮中徹底地掙脫出來，而且在話語方式上也具有比較鮮明的以西格中的特徵。這兩方面表現都比較充分的是《中國韻文裏頭所表現的情感》（一九二二），在全部十四講中，梁啓超「自覺用表情法分類以研究舊文學」①，除創造性地概括出「奔迸」、「回蕩」、「蘊藉」等表情法之外，還系統地梳理了我國古代韻文裏「象徵派」、尤其是「浪漫派」和「寫實派」的表情法。

隨著對西方文學與文論的瞭解的日趨深入，以及模仿西式之作的增多，傳統文論話語的言說能力也日漸衰退，於是在文學批評或者說文學研究領域，「以西格西」甚至「以西格中」的話語方式也就越來越普遍。而王國維的《紅樓夢評論》（一九〇四）、《人間詞話》（一九〇八—一九〇九）以及《宋元戲曲史》（一九一三）等則是較早有意識運用西方文學、美學與哲學思想闡釋中國古代文學作品的重要論著。而且在《論近年之學術界》（一九〇五）、《論新學語之輸入》（一九〇五）、《國學叢刊·序》（一九一一）等文章中，他明確主張：破除中外之見，反對中學與西學之爭，要能動而不是受動地對待

① 陳引馳編《梁啓超學術論著集·文學卷》，上海：華東師範大學出版社，一九九八年十一月，第一七一頁。

西學，以實現中西二學之化合。並就輸入新思想與輸入新名詞的關係發表了獨特的見解：「言語者，思想之代表也，故新思想之輸入，即新言語輸入之意味也。」①有這種觀念，他才會充分認識到嚴復「以中格西」話語方式的不足，對嚴複輸入新思想時造語不當之處進行批評：「又西洋之新名，往往喜以不適當之古語表之，如譯Space（空間）爲『宇』、Time（時間）爲『宙』是已……以『宇宙』表Space time，是舉其部分而遺其全體（自概念上論）也。以外類此者，不可勝舉。」②

幾乎與此同時，魯迅、周作人也開始譯介域外小說，並且有意識地運用「直譯」方法，以抵禦梁啓超、林琴南等人的「意譯」風氣。魯迅在《域外小說集》（一九〇九）的《序言》和《略例》中表述了他們的翻譯觀：「《域外小說集》爲書，詞致樸訥，不足方近世名人譯本。特收錄至審慎，迻譯亦期弗失文情。」「人地名悉如原音，不加省節者，緣音譯本以代殊域之言，留其同想；任情刪易，即爲不誠。故甯拂戾時人，迻徙具足耳。」③很顯然，這種翻譯觀念有利於改變此前譯界「手治文章而心儀功利」④的矛盾狀況，使文學翻譯沿著「文學」的軌道前進，並還域外文學以本來面目。但我們也不能據此認定周氏兄弟是純粹的「文學」翻譯論者，他們之所以提倡「直譯」，也有類似王國維引入新學語以便引入

① 傅傑編校《王國維論學集》，北京：中國社會科學出版社，一九九七年六月，第三八七頁。
② 傅傑編校《王國維論學集》，北京：中國社會科學出版社，一九九七年六月，第三八七頁。
③ 《魯迅全集》第十卷，第一五五、一五七頁。
④ 周作人《論文章之意義暨其使命及中國近時論文之失》，楊揚編《周作人批評文集》，珠海：珠海出版社，一九九八年十月，第二六頁。

新思想的想法，魯迅在《〈域外小說集〉序言》中滿懷信心地說：「異域文術新宗，自此始入華土」，「中國譯界，亦由是無遲莫之感矣。」①具有上述對待外國文學的思想，並不意味著當時的周氏兄弟在評價、闡釋外國文學時，就一定會採用域外的批評話語。在此，我們不妨對比魯迅一九〇九年和一九二一年，兩次介紹俄國作家安特列夫（一八七一——一九一九）時所用的兩種不同話語方式：

「安特來夫生於一千八百七十一年。初作《默》一篇，遂有名，為俄國當世文人之著者。其文神秘幽深，自成一家。所作小品甚多，長篇有《赤咲》一卷，記俄日戰爭事，列國競傳譯之。」②

「安特列夫的創作裏，又都含著嚴肅的現實性以及深刻和纖細，使象徵印象主義與寫實主義相調和。俄國作家中，沒有一個人能夠如他的創作一般，消融了內面世界與外面表現之差，而現出靈肉一致的境地。他的著作是雖然很有象徵印象氣息，而仍然不失其現實性的。」③

前者以文言體敘述，論及風格的關鍵字「神秘幽深，自成一家」，是感性化的術語，顯得籠統、模

---

① 《魯迅全集》第十卷，第一五五頁。

② 《〈域外小說集〉雜識》，《魯迅全集》第十卷，第一五九頁。

③ 《〈黯澹的煙靄裏〉譯者附記》，《魯迅全集》第十卷，第一八五頁。

糊，仍然屬於傳統文論話語方式；後者則幾乎是清一色西方文論術語的推衍，將安特來夫創作風格的多層面性充分、明晰地揭示了出來。十餘年的時間，發生的變化是如此之大。

西式話語在中國文學批評領域的熟練運用，是在二十世紀二〇年代的初中期。隨著西方現實主義、浪漫主義、象徵主義甚至於現代主義等各種文論話語紛紛搶灘我國文藝思想領域，以文學研究會的周作人、沈雁冰和創造社的成仿吾、鬱達夫等人爲主要代表的中國文學批評界，不僅在批評話語的內容層面徹底向西方傾斜，在話語的形式層面也開始全盤西化。就拿沈雁冰來說，他作於一九二〇—一九二七年的文藝評論（不包括外國文學評介）方面的文章，除少數幾篇以外，都收入《茅盾文藝雜論集》的第一部分，翻看這些文章，我們會發現，中國古代文藝批評的術語已基本隱退，取而代之的是「內容」、「形式」、「結構」、「情節」、「表現」、「敍述」、「抒情」等西方文論術語，不僅如此，在這部分的五十一篇文章中，不計重複一共出現了五十多種「主義」，①其中絕大部分今日仍然流行於文學、哲學、政治、歷史等學科的話語領域，少數幾種，如「無治主義」、「狙擊主義」、「假美主義」等一時生造的術語，則早已失去了生命力。這種「主義」彌漫的批評風氣，在當時是一種普遍現象，而且也引起了批評界人士的思考。梁實秋在《現代中國文學之浪漫的趨勢》（一九二七）一文的結尾處寫到：

「中國文學本不該用西洋文學上的主義來衡量，但是，對現今中國文學則可，因為現今中國

---

① 參見《茅盾文藝雜論集》（上集），上海：上海文藝出版社，一九八一年六月，第三—二五八頁。

> 的新文學就是外國式的文學。以外國文學批評的方法衡量外國式的中國文學，在理論上似乎也是可通的。」①

這段話是爲他自己辯護的，但放大了看，也可以說是從一個角度、一定程度地揭示出了，現代漢語文學批評的話語方式轉向西方的歷史必然性。

當然，我們也應該看到，文論話語方式的轉換，在文學史（包括文學批評史）和文學理論領域，比在文學批評領域要遲緩一些。這除了史的意識與理論建構不具備批評的時效性、靈活性之外，還與中國古代缺乏文學史和文學理論著作及其話語方式有關。

學科意義上的「文學史」、「文學批評史」的術語與觀念都是從國外引進的。林傳甲、黃摩西尤其是曾毅、謝無量等人撰寫的幾部最早的中國文學史，都經日本這一仲介間接受到西方文學觀念的影響。從曾毅《中國文學史》的石門蟄叟序和自序可知，曾氏在作此文學史時，正在日本，而且自認爲此書是國人自著文學史的創始之作；從該書凡例第一條：「本篇體制，劃分四期敘述，而以緒論總其端，蓋本自東籍也。此種編纂法，現今各國歷史多從之」，可以看出，此書結構受到現代史學方法的影響，而這種影響直接來自日本，間接則來自西方。②謝無量《中國大文學史》第一章探討「文學之定義」，分爲

① 徐靜波編《梁實秋批評文集》，珠海：珠海出版社，一九九八年十月，第五一頁。

② 參見曾毅《中國文學史》，上海：泰東圖書局，一九一五年九月初版，一九二四年十一月第六版。

四小節，依次是：中國古來文學之定義、外國學者論文學之定義、文學研究法、文學分類，其中「外國學者論文學之定義」一節，涉及柏拉圖、亞裏斯多德、黑格爾、西塞羅、白魯克（Stepfrors Brooke）、亞羅德（Thomas Arnold）、龐科士（Pancoast）等人關於文學的見解。①不過，就總體而言，他們的著作仍然以中國古代從陸機、劉勰直到章太炎的雜文學觀念為核心思想，比如，曾毅《中國文學史》凡例第六條就指出：

「本篇以詩文為主，經學史學詞曲小說為從，並述與文學有密切關係之文典文評之類」②。

這種運用「以中爲主兼顧西方的文學觀」去言說中國文學史的話語機制，直到三〇年代的「胡雲翼、譚正璧、趙景深等人反對雜駁的傳統文學，提倡純文學，強調文學的表情達意功能」，並以這種「基本上已經是『全盤西化』了」的文學觀念③，編撰出一系列中國文學史時，才獲得根本性的轉變。

由中國人自己編撰的最早的中國文學批評史著作出現於一九二七年二月，在經過十來年的新文化運動洗禮以後，這類著作受到西方文學觀念的影響應該是理所當然的，比如，陳鐘凡在《中國文學批評史》

---

① 參見謝無量《中國大文學史》，上海：中華書局，一九一八年十月發行，一九三〇年二月第十八版。
② 參見曾毅《中國文學史》，上海：泰東圖書局，一九一五年九月初版，一九二四年十一月第六版。
③ 魏崇新、王同坤《觀念的演進——二十世紀中國文學史觀》，北京：西苑出版社，二〇〇〇年三月，第三六頁。

的第一章討論文學義界時，就引述了法國「佛尼 Vinet」和英國「埃諾德 Matthew Arnold」以及美國「亨德 Taevdore W. Hunt」等人有關文學的看法，並將這些遠西學說與華夏義界相比較，獲得一個匯通中西的文學新定義：

「文學者，抒寫人類之想像，感情，思想，整之以辭藻，聲律，使讀者感其興趣洋溢之作品也。」①

但陳鐘凡的《中國文學批評史》（一九二七）、郭紹虞的《中國文學批評史》（上冊，一九三四）、羅根澤的《中國文學批評史》（第一冊，一九三四）等專著的主體架構仍然深受傳統史學思想與史著體例的影響，雖然具體論述顯出比較清晰的邏輯性，但由於以梳理中國古代文學批評的發生、發展為主要內容，從而決定了它們的話語方式主要仍然是傳統的。

不過，值得注意的是，同樣是一九二七年，上海商務印書館出版了鄭振鐸編、共收論文六七篇的《中國文學研究》（小說月報第一七卷號外）一書。編者鄭振鐸在《研究中國文學的新途徑》一文中，明確提出運用「歸納的考察」和「進化的觀念」兩種新方法去研究中國文學，所收文章基本上都程度不同地

① 陳鐘凡《中國文學批評史》，上海：中華書局印行，一九二七年二月，第六頁。

採用了新的觀念。其中有兩篇專論文學批評的論文：《文學批評家劉彥和評傳》（梁繩禕）和《文學批評家李笠翁》（胡夢華），二者都打破了傳統詩文評的直觀、鑒賞模式，尤其是第二篇，運用比較詩學的方法，將笠翁曲評的主要內容「按照戲劇原則，由結構（plot），個性描寫（characterization），題材（subject-matter），文詞（diction），音律（metre），諧語（joke）一件一件的講來」①，因此，論者所用的話語也就具有非常鮮明的西方色彩，可以說是以西方戲劇學話語成功地言說出了中國的曲學思想。

到了一九三九年六月，上海合作出版社出版的朱維之著《中國文藝思想史略》，該書完全採用西方文藝思想的概念與術語描述自西周到民國的文藝思想，包括序論、北方現實思潮的發達、南方浪漫思潮的發達、南北思潮的合流、佛教思潮的勃興、社會問題和復古運動、唯美主義的高潮、民族意識的抬頭、古典主義、浪漫主義、現實主義等十一章。此書由合作出版社一九三六年八月再版，開明書店一九四六年十二月、一九四八年五月、一九四九年三月又出三版，應該說產生了較大的影響，對中國文學批評史話語機制轉換的完成起到了推波助瀾的作用。但由於中國古代文學批評史學科的特殊範圍與內容，決定了其話語方式不可能從整體上與傳統文論話語截然剝離開來。這也是時至今日學術界對古代文學批評史的編撰模式，以及傳統文論話語如何實現現代轉換等問題，仍然存在巨大分歧的一個重要原因。

我們還應考察「文學概論」這類著作的話語方式的演變情況，因爲對文學的本質、類型、研究方法

---

① 鄭振鐸編《中國文學研究》（下），上海：上海書店一九八一年十一月據商務印書館一九二七年版複印。

以及與其他學科的關係等問題的認識與表述，必然對文學批評與文學研究產生非常巨大的影響，這種影響不僅表現在觀念、方法層面，還反映在話語形式層面。

據《民國時期總書目·文學理論·世界文學·中國文學卷》所收錄的書目情況看，從一九二一年十月倫達如依據日本大田善男的同名著作編著的《文學概論》起，到一九三七年六月以群譯蘇聯維諾格拉多夫的《新文學教程》止，不計再版，共有五十一種之多，除去七種譯著和內容基本相同的少數幾種之外，由中國學者自己編撰的「文學概論」類專著不少於四十種。①從數量上看，我們不得不承認這十多年是整個二十世紀編撰文學概論著作最為活躍的時期。但就思想內容上看，從一開始就受到日本文學概論著作的影響，而日本又深受西方的影響，加之全世界的文學具有包括本質特徵在內的很多共同性，這就使得日本、中國等東方國家的文學概論類著作，很容易在話語的觀念層面上認同與借鑒西方國家的同類著作，而且在話語的形式層面也很快地向西方轉變。不過，這種轉變的完成也經歷了一個過程，只是相對文學批評與文學史而言，是一個短時期的過程。

概括地說，四十來部文學概論著作，具有中國古代文論、西方文論以及馬克思主義文論三種話語模式，而且這三種模式是歷時性地先後出現於這些著作中的，其中古代文論話語模式具有過渡性質，很快就被西方文論話語模式所取代，而馬克思主義文論話語模式雖然出現於三〇年代初，但在文學概論中佔

① 參見北京圖書館編《民國時期總書目·文學理論·世界文學·中國文學卷》，北京：書目文獻出版社，一九九二年十一月，第一二一一七頁。

據主導甚至壟斷地位，卻是在五〇年代以後。

具體地說，商務印書館一九二五年十月出版的馬宗霍著《文學概論》，可以說從話語觀念到話語形式都是以中國古代文論爲主的。該著分緒論、外論、本論、附論讀書之門徑四篇，緒論篇分四章，其中第一章「文學之界說」，所稱引的內容主要有《易》以及孔子、許慎、鄭樵、梁元帝、阮元等人的言論，但又專列「西人論文」一小部分，涉及柏拉圖、黑格爾、安諾爾德等十余家的文學觀；第三章「文學之特質」從可以慰人、可以觀人、可以感人等三方面予以論述；第四章「文學之功能」，則概括出載道、明理、昭實、匡時、垂久等五個方面。①通觀全書，可以看出，它是一部中西文論話語混雜、但又以中國文論話語爲主的《文學概論》著作。

以西方文論話語方式爲主體編撰的文學概論類著作則比較普遍，鬱達夫的《文學概說》（商務印書館，一九二七年八月）、田漢的《文學概論》（中華書局，一九二七年十一月）、曹白川的《文學概論》（商務印書館，一九三一年五月）、趙景深的《文學概論》（世界書局，一九三二年二月）、孫俍工的《文學概論》（廣益書局，一九三三年三月）以及老舍先生一九三〇—一九三四年在齊魯大學文學院任教時編寫的《文學概論講義》（一九八四年六月由北京出版社首次公開出版）等等都屬於這一類型。比如，趙景深的《文學概論》從內容的設置到材料的選擇、觀點的引證都是西方化了的。該書除序言外，

---

① 參見馬宗霍《文學概論》，上海：商務印書館，一九二五年十月初版。

分十四章論述文學的定義、特質、分類、起源以及文學與想像、情感、思想、個性、語言、鑒賞、時代、國民性、道德之間的關係。所引用的材料，幾乎涉及從古代到二十世紀二〇年代中後期西方各國包括俄國在內的所有重要人物的重要著作。在論及文學的定義時，著者考察了一系列西方理論家的觀點之後，指出：

> 「文學是為了要寫點什麼，因而把作者自己的想像通過了感情，用藝術方法寫成的文字。」①

很顯然，這是一個西化了的文學定義。

馬克思主義文論思想與話語方式，在關於「革命文學」的論爭中曾有過較大規模的翻譯與介紹，出版過兩套叢書，即一九二八年的「文藝理論小叢書」和一九二九年的「科學的藝術論叢書」，其中魯迅翻譯的日本片上伸著《現代新興文學的諸問題》、盧那察爾斯基著《藝術論》、《文藝與批評》、普列漢諾夫著《藝術論》以及馮雪峰翻譯的普列漢諾夫著《藝術與社會生活》等，是這兩套叢書中比較有影響的著作。在譯介的推動下，中國學者按照馬克思主義文論話語模式編著的文學概論著作也逐步豐富起來，其中比較典型的是顧鳳城著《新興文學概論》（光華書局，一九三〇年八月初版）。該著分上、中、

---

① 趙景深《文學概論》，上海：世界書局，一九三二年二月初版，第九頁。

下三篇，依次論述「什麼是普羅列塔利亞文學」、「普羅列塔利亞文學的內容與形式」、「普羅列塔利亞文學批評的基準」。上篇第一章論述文學的本質時，將「文學的階級性」作爲考察的一個方面，第二章題爲「文學與唯物史觀」，由社會的基礎與上層建築、社會心理與意識形態、文學與意識形態三部分構成。①據此簡單介紹，我們已經可以看出這部《新興文學概論》從話語觀念到話語形式，都完全馬克思主義化了。當然，馬克思主義文論模式也是西方文論話語方式的一種。

（三）

經由以上描述，我們可以發現，近現代漢語文論話語的確經歷了從「以中格西」到「以西格中」的機制轉換，而且這一轉換基本上是和近現代中國文化的發展歷程同步發生的。隨著這一機制轉換的完成，古代漢語文論話語觀念逐漸失落、話語方式日益枯萎，取而代之的是西方文論話語觀念與話語方式在現代漢語文論話語中的寄生與流行。換句話說就是，中式文論話語由強到弱，西式文論話語由弱到強，正是這種強弱易勢局面的出現，使得現代漢語文論話語走上了追趕與模擬西方文論話語的不歸之路！直到幾代學人在這條道路上摸爬滾打之後，漢語文論界才深刻地認識到，一百多年來，我們不僅沒能建立起一套與古代漢語文論一脈相承的話語觀念，就連話語方式也幾乎完全西方化了，從而在文學批評與研究

---

① 參見顧鳳城《新興文學概論》，上海：光華書局，一九三〇年八月初版。

中，出現一種異常尷尬的局面，我們不僅用現代漢語言說著別人的觀念，更主要的是，我們的言說方式也被徹底改變了。現代漢語只不過是現代漢語文論的一付軀殼而已，現代漢語文論的血肉和靈魂都被西方文論所置換。

不過，在扼腕歎息之後，我們稍作冷靜思考，也不得不承認，以中格西到以西格中話語機制的轉換是有其必然性的。一般說來，從經濟強弱與文化強弱之關係的角度可以對此作出解釋，但這畢竟只是一個視角，除此之外，還須從文化交流的一般規律、教育體制的變革、古代漢語文論發展的內在規律等多方面進行分析。

中國文化發展史上出現過兩次大規模的中外文化交流，一次是開始於漢代的印度佛教文化的傳入和最終被中國文化所融合，另一次就是近現代以來西學與中學之間的「學戰」，和西學以不可阻擋之勢將中學排擠到邊緣而佔據現代中國文化的中心地位。顯然，這是兩次起因、心態和結果都很不相同的文化交流，但是，這兩次文化交流，在初始階段都存在一種共同的闡釋策略或者說話語方式，即前一次的「格義」和後一次的「以中格西」。①而且，隨著交流的深入，又都揚棄了這種初期的以本位文化闡釋外來文化的話語方式，恢復到「以佛釋佛」和「以西格西」的本真話語方式。辜鴻銘在將儒家經典翻譯成英

---

① 湯用彤《論「格義」——最早一種融合印度佛教和中國思想的方法》一文中指出：「格義」是「用原本中國的觀念對比[外來]佛教的觀念、讓弟子們以熟習的中國[固有的]概念去達到充分理解[外來]印度的學說[的一種方法]。」載《理學・佛學・玄學》，北京：北京大學出版社，一九九一年二月，第二八三頁。

文的過程中，也「努力引用西方著名作家和思想家如歌德、卡萊爾、愛默生、莎士比亞等人的話來注釋有關經文，用以顯示儒家文明的價值。」①他英譯的《論語》就直接加上這樣一個副標題：「一本引用歌德和其他西方作家的話來注解的新的特別翻譯」。由此看來，在文化交流中，有意識的話語方式的轉換是一種規律性的現象。只不過，在佛教傳入的時期，中國的儒、道本土文化尚具有非常強盛的生命力，從而有效地抵抗和包容了佛教文化思想，直到經歷了漫長的排佛與汲佛的過程之後，才形成了儒表佛裏的宋明理學。而在近現代以來，由於中國古代文化的生命力已經瀕於枯竭，才會感到外來文化的勢力過於強大，無法阻擋，而西方文化也確實未經太多強硬的抵抗就在近現代中國取得了主流地位。在如此短時期內，完成兩種異質文化的強弱易勢，必然會出現武斷與粗暴現象。這就爲更深層次也是更爲細膩與具體的文化交融帶來更加難以克服的障礙。

隨著科舉制度的廢除以及新式教育體制的建立，尤其是大批留學生學成回國後投身中學、大學教育，爲新設置的各種課程編寫、翻譯新的講義，甚至直接使用西文原版教材，如此一來，傳統學術只好淡出話語舞臺的中心，西方學術觀念與話語機制則在大規模的薪火相傳中迅速擴展開來，深深紮根於話語主體的知識結構與言說方式之中。

文論的特徵與演變是和整體文化的特徵與演變密切關聯著的。在中國古代文化失去生命力的同時，

① 馬祖毅《中國翻譯史》（上卷），武漢：湖北教育出版社，一九九九年九月，第七八九頁。

古代文論話語的言說能力也逐漸衰弱，而且這種衰弱早在詩話、詞話等文學批評樣式趨於完善之時，就已經開始了，因爲曲話尤其是小說評點，僅僅是對詩話、詞話的推衍而已，並未發展出一套適合明清戲劇與小說文體的批評樣式與話語方式。換句話說，中國古代文論早已形成一種內部迴圈的話語機制，對於從民間誕生發展並成熟起來的新型文學樣式，已經產生拒斥態度，其解讀的能力與效果是非常有限的。這種「以中格中」尚顯力不從心的話語方式，一旦面對文體特徵更爲不同的西方文學，其「以中格西」的能力與結果必然更加不如人意。對此，學界很快就有比較清醒的認識，並迅速採用「以西格西」的話語方式，這一闡釋策略的轉換應該說是有其合理性的。但是，正是由於中國古代文論「以中格中」能力的不足，爲西方文論話語進入中國古代文學闡釋領域留下了較爲寬闊的道路與空間，「以西格中」的話語方式也就順理成章地出現並站穩腳跟。

近現代漢語文論，就這樣完成了由「以中格西」到「以西格中」的話語機制的轉換。這一轉換過程，既意味著「走近」西方文論，更意味著與傳統文論話語發生「精神分裂」。設若上世紀三〇年代沒有發生那場民族救亡戰爭，這一走近西方的進程會更加激烈，其結果就有可能是「走進」了西方。因爲，救亡戰爭激起了國人抵抗外來文化的本能，於是轉而宣導民族化道路，短時期內遏制了西方化的趨勢。不過，六〇年代以後實行的閉關鎖國政策，雖然有效地將一切外來文化拒之門外，但也在文化的「熵」效應中比較徹底地「耗散」了傳統文化中的優良因素，使全民精神一片空白，這又爲八〇年代以來新一輪的西方化掃清了障礙。近現代交替時期發生的漢語文論話語機制的轉換，也因此在世紀末獲得鞏固與完善。於是，「文論失語症」的呼聲讓學界不寒而慄，新世紀建立現代漢語文論體系的任務，比上個世紀更加艱巨。

二、二元與多元①

隨著漢語文論話語由古代、近代到現代的發展與演變，話語方式還經歷了從二元互補到二元對立、由多元分解到多元共建的轉化歷程。追尋這一轉化的軌跡，我們同樣可以說明，現代漢語文論話語方式的發展與成型，是一個疏離傳統走向西方的過程。

（一）

任何理論科學，無論是哲學、詩學、邏輯、倫理等社會科學，還是數學、化學、物理等自然科學，都有一套自己的話語，而且，這套話語不可能總是處於靜止狀態，它必然要向前演繹與發展。誠然，通過不斷賦予單一話語單位以新的內涵，可以一定程度地維持全套話語的發展機制，但是，更普遍也是更

---

① 本節所謂「元」與純粹哲學意義上的「本原」有所區別，具有「元素」、「方面」等內涵。

具影響力的方法，是通過建立一些二元或多元關係的話語單位，依據它們之間存在的種種區別與關聯，達成二元或多元互動關係，促使話語觀念在二元或多元互動機制中獲得承傳與更新。由於話語觀念的發展與演變，同時也意味著話語方式的發展與演變，因此，我們可以說，任何理論科學的話語方式都離不開二元和多元這樣兩種類型。

中國古代文論和西方文論都曾經建立過一系列二元或多元關係的文論範疇，如西方有史與詩、美與醜、形式與內容、再現與表現、主體與客體、素樸與感傷、現象與本質、唯物與唯心、日神與酒神、語言與言語、隱喻與轉喻等二元關係以及柏拉圖的人的性格三等級、亞理斯多德的摹仿事物的三種方式、聖托馬斯·阿奎那的美的三因素、新古典主義的三一律、泰納的文學藝術產生的三要素、黑格爾的藝術三類型、英伽登的文學四層次等多元關係的文論範疇；中國古代則有意與象、風與骨、形與神、情與境、虛與實、一與多、繁與簡、奇與正、複與變、巧與拙、哀與樂、陰與陽、剛與柔、有與無、動與靜、濃與淡、枯與膏、生與熟等二元關係以及言象意、事理情、興觀群怨、才膽識力、三格、三境、三准、三本、四得、五理、六義、六觀、八征等多元關係的文論範疇。

中西批評家與理論家通過不斷言說與推演以上這些基本話語單位，不僅逐步建構起了中國古代和西方各自內涵豐富的文論體系，而且還逐漸形成了中西文論頗不相同的二元與多元話語方式。眾所周知，現代漢語文論是中國古代與西方文論碰撞與對話的結果，因此，爲了對現代漢語文論話語轉向西方的發展趨勢具有比較直觀的認識與相對深刻的理解，我們有必要對中國古代文論與西方文論在二元與多元話語方式上存在的區別予以細緻的描述與對比。

文論的話語方式及其特徵，無疑是與文論賴以產生並且存在於其中的整個文化、尤其是思維方式的特徵密切相關的。不可否認，中西文化具有諸多相似之處，但二者畢竟是異質性文化，其相異之處才是各自的本質所在。學者們普遍認爲，中西文化最初也是最大的區別在於，中國文化主張「天人合一」，西方文化則強調「主客二分」。不過，天人之別與主客之分也顯示出存在于中西文化源頭之處的相似一面：都運用了樸素的辯證思維方式。但是，如果進一步分析，我們又會發現，中西文化的辯證思維是很不相同的。中國文化建立天人二元關係或者說對天與人作出區分的目的，是爲了促使二者發生融合，找尋二者得以互相補充甚至轉化的根本契機，是以「善」或者「求善」的倫理心態去看待二者之關係，所以，儘管「天」與「人」的具體內涵在儒家、道家那裏不盡相同，但強調二者的和諧、融洽與統一卻是基本相同的，希望通過改善與大自然的關係實現內聖外王或物我無間的社會與人生理想。西方文化建立主客二元關係的目的，是爲了突出認識主體與認識對象，或者說人與大自然之間的對立與衝突，是從「真」或者「求真」的功利立場去處理二者之差別，以期望通過對大自然客觀規律的認識，達到征服與駕馭大自然的目的。

除此以外，中西思維方式還存在這樣一種顯著的區別，即，中國古代注重綜合，西方則偏重於分析。運用綜合思維方式，能夠概括事物的共同之處，但也易於淡化甚至模糊事物的差異性；運用分析思維方式，有利於發現事物的區別所在，但這種發現卻必須以認識事物的共同性爲前提。因此，對共同性已經得到確認的多元事物，中國古代往往不能進一步挖掘潛藏於其差異性中的合力效應，使得多元事物在分散、並列的關係中，逐步喪失共同的指向性，從而未能建構起具有強烈邏輯力量與理性精神的核心觀念和話語體系。而擅長分析的西方，在辨明多元事物之細微差別的同時，也能充分認識到它們之間的共同性與向心力，並以對多元事物差異性的把握爲基礎，條分縷析地建構起核心觀念甚至宏大話語體系。

文學是以「美」或「審美」的態度去詮釋主客或天人關係的，文論則是對這種詮釋方式的提煉與概括，這一點在東方和西方都是如此。但由於上述文化與思維方式的差異，中國古代與西方文論中二元與多元話語方式也存在巨大的區別：西方主要在二元對立和多元共建的方式中展開文論對話與理論建設，而中國古代主要在二元互補和多元分解的方式下推衍文論觀念。下麵我們來進一步說明這種區別。

（二）

先看中、西方二元話語方式的不同。在前面列舉的一系列具有二元關係的文論話語基本單位中，中國古代的「虛」與「實」，西方的「內容」與「形式」，可以說是各自話語體系中比較典型的例證。

從字面上理解，「虛」具有大丘、星名、地名、姓氏名等意義，不過，最常用、最主要的意思是「無」或「空」，而「實」的首要意義則是「富」、「滿」、「誠」等。虛、實應該屬於矛盾、對立的關係，《康熙字典》注解「實」字時就引述了《增韻》（南宋毛晃《增修互注禮部韻略》之簡稱）「充也，虛之對也」以及《易本義》「乾一而實，坤二而虛」的話。但是，中國古代文論，在將這對二元關係納入自己的話語體系時，並不以「虛實對立」關係作爲根本基點，而是以「虛實相生」關係作爲言說機制，以此展開對文學創作的分析與評價。以虛實關係評詩文詞曲等文學創作以及繪畫與書法的言論，自唐以後特別豐富，幾乎所有著名的文藝理論家都曾運用這對具有二元關係的基本話語單位。

這裏，我們先抄錄幾段歷代以「虛實」評論文學創作的有代表性的話。宋代李塗在《文章精義》中這樣比較莊子與司馬遷的文章：

「莊子文章善用虛，以其虛而虛天下之實；太史公文字善用實，以其實而實天下之虛。」

明代焦竑在《詩名物疏序》中指出：

「詩有實有虛，虛者其宗趣也，實者其名物也」。

屠隆在《與友人論詩文》中這樣辨析李、杜詩之虛實：

「李杜品格誠有辨矣，顧詩有虛有實，有實有虛，有虛虛，有實實，有虛而實，有實而虛，並行錯出，何可端倪。乃右實而左虛，而謂李杜優劣，在虛實之辨，何與?且杜若《秋興》諸篇，托意深遠，《畫馬行》諸什，神情橫逸，直將播弄三才，鼓鑄群品，安在其萬景皆實？而李如《古風》數十首，感時托物，慷慨沉著，安在其萬景皆虛？」

王驥德《曲律．雜論》中說：

「劇戲之道，出之貴實，而用之貴虛。《明珠》、《浣紗》、《紅拂》、《玉合》，以實而用實者也；《還魂》、《二夢》，以虛而用實者也。以實而用實也易，以虛而用實也難。」

再看清人金聖歎《貫華堂第五才子書水滸傳》第二十六回總批：

「張青述魯達被毒，下忽然又撰出一個頭陀來，此文章家虛實相間之法也……須知文到入妙處，純是虛中有實，實中有虛，耿綰激射，正複不定，斷非一語所得盡贊耳。」

諸聯《紅樓評夢》指出：

「凡稗官小說，於人之名字、居處、年歲、履歷，無不鑿鑿記出，其究歸於子虛烏有。是書半屬含糊，以彼實者之皆虛，知此虛者之必實。」

沈祥龍《論詞隨筆》對「過變」作如下論述：

「詞換頭處謂之過變，須詞意斷而仍續，合而仍分，前虛而後實，前實而後虛。過變乃虛實轉捩處。」①

上引關於詩文詞曲小說等各式文體的論述，具體觀點是否恰當，我們姑且不管，但有一點我們卻必須承認，那就是，這些論述都是將文學作品中的虛寫與實寫、真實與虛構、虛景與實景等本來具有鮮明矛盾對立關係的創作原則，納入變通與互補的框架之中予以分析，從而總結出「虛實相生」這一寄寓于中國文學作品中非常寶貴的創作經驗。此外，對情景交融、陰陽互補、剛柔相濟、動靜相生、形神俱妙、疏密相間、大巧若拙、淡蘊於濃以及雅俗、奇正、生熟、一多等眾多文論範疇的提煉與詮釋，都與此相似。而更爲重要的是，憑藉這種提煉與詮釋，文論家們鍛煉了二元互補的思維與言說能力，文論話語本身也就沿著二元互補的方式獲得了分析與評價文學實踐的強大生命力。歷代理論家對文學創作中的虛

---

① 以上引文均采自徐中玉主編《中國古代文藝理論專題資料叢刊・藝術辯證法編》（北京：中國社會科學出版社，一九九三年十月版）一書的第七部分。

實、情景、陰陽、剛柔等一系列二元關係孜孜不倦地辨析與言說，使得這種二元互補的話語方式能夠貫通中國古代文論的黃金時代，形成頗具影響力的文論話語方式。

當然，這並不意味著中國古代文論根本忽視文學創作中的二元對立現象，實際上，就虛實關係而言，中國古代文論家也常常考慮到其對立的一面，並且明顯表現出貶實揚虛的理論傾向。比如，宋代劉克莊在《跋真仁夫詩卷》中寫到：

「繁濃不如簡淡，直肆不如微婉，重而濁不如輕而清，實而晦不如虛而明，不易之論也。」

范晞文在《對床夜語》卷二中說：

「『四虛』序雲：不以虛而虛，而以實為虛，化景物為情思，從首至尾，自然如行雲流水，此其難也。否則偏於枯瘠，流於輕俗，而不足采矣。」

明代謝榛《四溟詩話》卷一有如此評價：

「貫休曰：『庭花濛濛水冷冷，小兒啼索樹上鶯。』景實而無趣。太白曰：『燕山雪花大如席，片片吹落軒轅台。』景虛而有味。」

清代袁枚《續詩品・空行》這樣寫到：

「鐘厚必啞，耳塞必聾。萬古不壞，其唯虛空。詩人之筆，列子之風。離之逾遠，即之彌工。儀神黜貌，借西摇東。不階尺水，斯名應龍。」①

西方文論從古希臘就開始探討內容與形式這對二元範疇的關係。這種探討首先表現在柏拉圖和亞裏斯多德有所區別的兩種摹仿論中，柏拉圖認爲文藝作品不能摹寫真實世界的內在本質，只能抄襲其外在形態，這就使文藝作品的形式與內容處於矛盾對立的關係之中。亞裏斯多德關於內容與形式的看法，雖然受到柏拉圖的影響，但更主要的則是置根於他自己的「四因」說，即一切事物的成因不外乎四種：質料因、形式因、動力因、目的因。在解釋具體事物的產生時，他又將動力因和目的因都歸結爲形式的作用，從而又把一切事物視爲由「形式」和「質料」構成，或者說事物的成因在於賦予質料以形式，顯然，形式與質料之間存在著內在聯繫；形式體現了事物的動力和目的，所以在亞氏看來，它是積極的、能動

① 以上引文均采自徐中玉主編《中國古代文藝理論專題資料叢刊・藝術辯證法編》（北京：中國社會科學出版社，一九九三年十月版）一書的第七部分。

的因素，而質料尚未體現某種形式，因而是消極的、被動的因素；不僅如此，亞裏斯多德還進一步提出而且相信「純形式」與「純質料」，最終又割斷了形式與質料二者之間的內在聯繫。文學作品的形成也是如此，藝術家摹仿自然，也就是賦予自然以文藝的形式，自然是質料因，屬於文藝作品的內容範疇。

不難看出，柏拉圖、亞裏斯多德的摹仿理論，將內容與形式這對二元範疇割裂開來，強調的是它們的對立關係。由於柏氏與亞氏在西方學術思想史上的權威地位，他們的文藝觀念以及話語方式，產生了相當深刻與長久的影響。但經過康得、席勒頗具辯證色彩的一系列觀點，尤其是黑格爾關於「美是理念的感性顯現」的著名論述之後，別林斯基、馬克思、恩格斯以及其他馬克思主義文藝理論家，才轉而強調二者的統一以及形式對內容的依存，比如，別林斯基「在無數場合都強調過內容與形式的統一以及形式對內容的依存」①，不象中國，從孔子開始就注重文與質二者間的統一關係，所謂「文質彬彬」就是這種關係的理想形態。

（三）

我們再來看中、西文論多元話語方式的區別。前文已經指出，中國古代和西方都不乏多元關係的文論範疇。但是，與中國古代文論二元話語方式主要依循二元雙方的向心力和互補性特徵向前演進不同，

---

① 朱光潛《西方美學史》，北京：人民文學出版社，一九七九年十一月第二版，第五五〇頁。

中國古代文論多元話語方式雖不排斥多元各方之間的內在聯繫，但更主要的是在多元的相互比照中形成潛在的文論對話，因爲對話的潛在性特徵，所以很難建構以多元爲基礎的核心話語觀念。因此，我們似乎可以說，在中國古代文論體系中，由多元話語確立的多元各方，具有較爲明顯的獨立性，多元之間的關係也因此以並列爲主；多元話語方式也只得順應這種趨勢來維繫文論話語多元關係的存在與發展，很難進一步將多元的指向歸結到某一核心觀念，更不用說經過層層遞進最後建立起宏大的文論話語體系。

舉例來說，中國古代從《易經．系辭》就開始討論言——象——意三者的關係，後經《莊子》特別是王弼的論述與發揮，在魏晉時期形成頗具影響的言意之辨，給後世詩歌的創作實踐和理論闡釋以重要啓示。但無論是《易經．系辭》中引孔子所謂的「書不盡言，言不盡意，聖人立象以盡意……」，還是《莊子．外物篇》所說「言者所以在意，得意而忘言」以及王弼提出的「得意在忘象，得象在忘言」，都沒有將言、象、意三者作爲一個整體納入更具統攝力的核心範疇中，而是分解成言與意、意與象、象與言等多對範疇，儘管這樣一來也能拓展出不少新的話語空間。再作進一步的考察，我們還會發現，這些兩相組合的範疇並不具備本節前面論述的那種既對立更互補的二元關係，這裏注重的只是單向作用，如言不盡意、立象盡意、得象在忘言等，都不可能做逆向性的推演。《易經》、《莊子》、王弼的這種哲學話語的建構與演進方式，必然會影響到後世的文學理論話語方式。在此之後的文學理論中，分散與集中探討言、象、意三者關係的地方並不少，但大多各有側重，或詳細分辨言與意，形成古代文論中線索明晰的言意觀①，或具體考察象與意，創建獨特的意象理論，而通盤考慮三者之關係的論述卻非常少見。

對於這樣的話語方式，我們姑且稱之爲「多元分解」型文論話語方式。不過，我們不要誤會，以爲中國古代文論具有較強的分析能力，實際上，這種多元分解話語方式，正好說明瞭中國古代文論缺乏足夠的邏輯分析能力，對於超過二元的多元關係進行總體分析，往往顯得力不從心，只好退回到從類似二元範疇或者單一範疇的角度進行分解性描述。就是這樣的描述，也太多感性和詩意的成分，雖然空靈、飄逸，但卻隨意、模糊，讓人不易把捉，屬於審美性文論話語方式，與西方論理性文論話語方式的嚴謹、清晰判然有別。除劉勰《文心雕龍》、葉燮《原詩》、李漁《閒情偶寄·詞曲部》等著作提出了一系列多元範疇並對其關係予以論述之外，中國古代文論對其他具備多元關係的基本話語單位的論述，大都與對言象意三者關係的探討相似，主要也是運用多元分解的話語方式。

西方文論在對待二元關係的話語觀念時，強調的是二元之間的對立與區別，但是，在確立多元關係的話語單位時，西方文論在明確區分各元特徵的前提之下，更注重多元的共同指向，利用它們的合力作用，將某一核心文論觀念言說得非常全面與清晰。據此，我們可以說，這樣的話語方式，其目的雖然在於建構統攝多元的話語範疇甚至更加宏大的話語體系，但它在運用歸納思維的同時，卻沒有放棄分析或演繹思維，而是以對多元各方的分析爲基礎的歸納與整合，是一種分析與綜合相結合的話語方式。比如，

① 韻味、興趣、神韻、境界等學說都包含著豐富的言意觀念的思想，如韻外之致、言外之意、言有盡而意無窮、不著一字，盡得風流等等。

新古典主義的「三一律」理論就是這樣建構起來的。卡斯特爾維屈羅在《亞裏斯多德〈詩學〉的詮釋》中制訂了最初版本的「三一律」，受亞氏《詩學》中關於動作或情節整一思想的影響，卡氏加以發揮，提出悲劇中情節（行動）、地點、時間必須保持各自的一致性：

「悲劇應當以這樣的事件為主題：它是在一個極其有限的地點範圍之內和極其有限的時間範圍之內發生的，就是說，這個地點和時間就是表演這個事件的演員們所佔用的表演地點和時間；它不可在別的地點和時間之內發生。」①

布瓦洛《詩的藝術》完成了新古典主義三一律的定稿本：

但是我們，對理性要服從它的規範，
我們要求藝術地佈置著劇情發展；
要用一地、一天內完成的一個故事，
從開頭直到末尾維持著舞臺充實。②

① 伍蠡甫主編《西方文論選》（上卷），上海：上海譯文出版社，一九七九年版，第一九四頁。

② 伍蠡甫主編《西方文論選》（上卷），上海：上海譯文出版社，一九七九年版，第二九七頁。

雖然，在布瓦洛之後，有不少理論家對三一律給予了批評或修訂①，但其影響都趕不上布氏版本。

上述卡斯特爾維屈羅與布瓦洛關於三一律的觀點雖然存在著差異，但他們提出戲劇應嚴格遵守時間、地點、情節的統一，都有自己的理論歸屬或依據：卡氏是從舞臺條件和觀眾心理出發，提出三一律，其目的是爲了營造真實的舞臺氛圍，博得觀眾的信任，實現奇妙的表演效果：「在一個極其有限的時間和極其有限的地點之內完成的主人公的巨大幸運轉變，比起在一個較長時間和不同而範圍較大的地點內完成的幸運轉變來，它要奇妙得多。」②布瓦洛提出的三一律，不僅受到賀拉斯「合式」說的影響，而且更是笛卡爾理性主義哲學思想在文學理論中的具體反映，因此，他的三一律是明確指向並服從詩藝中的理性原則的。在《詩的藝術》的開頭，他就不容置辯地指出：

> 不管寫什麼主題，或莊嚴或詼諧，
> 都要情理和音韻，永遠互相配合，
> 二者似乎是仇敵，卻並非不能相容；
> 音韻不過是奴隸，其職責只是服從。
> ……

---

① 比如，詹森就曾駁斥過新古典主義批評家們關於莎士比亞戲劇違反三一律的觀點。

② 《西方文論選》（上），第一九五頁。

在理性的控制下韻不難低頭聽命，
韻不能束縛理性，理性得韻而豐盈。
……
因此，首先須愛理性：願你的一切文章
永遠只憑著理性獲得價值和光芒。①

由此看來，三一律的三個方面是作爲一個整體，爲建構某一更加重要的文論思想服務的。對於這樣的話語方式，我們暫且稱之爲「多元共建」型文論話語方式，以便與中國古代「多元分解」型文論話語方式相區別。此外，西方文論中其他多元關係的確立，比如說，黑格爾關於藝術的三種類型、英加登關於文學作品的四個層次的論述，都與此相似，主要運用多元共建的話語方式。

（四）

由於文學革命論的巨大影響，現代漢語文論一開始就堅決抵制古代漢語文論，但作爲一種新生力量，現代漢語文論又不得不有所依附，於是，它轉而親近西方的文學理論。加之當時文學界、教育界、思想

---

① 《西方文論選》（上），第二八九—二九〇頁。

界的激進派代表人物，在語言文字上大都弘揚白話、拒斥文言，並且產生了巨大的理論效應和實踐結果。現代漢語文論的話語方式，也就逐漸顯得與古代漢語文論的話語方式大相徑庭。具體說來，就是將詩性與感性言說轉換成了文性與理性言說。單就現代漢語文論的二元與多元話語方式而言，其「二元對立」與「多元共建」的特徵是非常鮮明的。

我們先看二元對立的文論話語方式。實際上，王國維在作於二十世紀初的《人間詞話》中，已經開始運用具有二元對立特徵的話語方式，比如，關於造境與寫境、理想與寫實、理想家與寫實家、有我之境與無我之境、優美與宏壯、客觀之詩人與主觀之詩人、學人之詞與詞人之詞、隔與不隔、入乎其內與出乎其外等一系列區分，可以說《人間詞話》主要就是在這些二元區分中逐步展開的。不過，我們必須承認，王國維主要還是以感性或詩性的文字對這些區分進行解說的，而且，他所確立起來的這些具有二元關係的基本話語單位，在以對立方式展開時，大多又很快回到二元互補或二元轉化的傳統方式上。也就是說，王國維在剛剛建立起二元對立話語方式之後，馬上又解構了這種話語方式，回到具有中庸或折衷特色的傳統話語機制所允許的範圍之內。比如，他這樣寫到：

> 「有造境，有寫境，此理想與寫實二派之所由分。然二者頗難分別，因大詩人所造之境必合乎自然，所寫之境亦必鄰於理想故也。」「自然中之物，互相關係，互相限制。然其寫之于文學及美術中也，必遺其關係、限制之處。故雖寫實家，亦理想家也。又雖如何虛構之境，其材料必

求之于自然，而其構造亦必從自然之法律。故其理想家亦寫實家也。」

這種話語方式，顯然與中國古代老莊哲學、禪宗語錄中「隨立隨掃」的言說方式具有一脈相通之處。而下面這段話，雖以二元對立的方式開始，但隨即回落於二元互補的框架之內：

「詩人對宇宙人生，須入乎其內，又須出乎其外。入乎其內，故能寫之；出乎其外，故能觀之。入乎其內，故有生氣；出乎其外，故有高致。」

如果說，上述王國維的二元話語方式，因處於近現代過渡時期，尚與古代漢語文化和文論話語存在著密切聯繫的話，那麼，到了文學革命的高潮時期，現代漢語文論開始確立自己的歷史地位時，其二元與多元話語方式，也隨之發生了可以說是顛覆性的巨大變化，即疏離傳統，走向西方。

胡適、陳獨秀是「文學革命」論的首倡者，在他們的幾篇宣言性文章中，已經可以看出二元對立和多元共建的話語方式。胡適作於一九一六年十月的《寄陳獨秀》一文說：「年來思慮觀察所得，以爲今日言文學革命，須從八事入手。」進而將所列八事中的前五事稱爲「形式上之革命」，後三事稱爲「精神上之革命」。這種形式與精神的二分法，在當時比較通行，①相當於形式與內容的區別。在《文學改良芻議》中，胡適既對文學改良的八個方面分別作了具體分析，又將它們視為一個整體，明確指出：「此八事皆文學上根本問題，一一有研究之價值。」②陳獨秀在《文學革命論》中提出了著名的「革命軍三大主義」，即：「推倒雕琢的阿諛的貴族文學，建設平易的抒情的國民文學」、「推倒陳腐的鋪張的古典文學，建設新鮮的立誠的寫實文學」、「推倒迂晦的艱澀的山林文學，建設明瞭的通俗的社會文學」，三大主義是一組具有多元關係的基本話語，它們共同構成了陳獨秀的文學革命論，而單個主義的內部，又分別是具有二元對立關係的兩種文學。在《〈新青年〉罪案之答辯書》（一九一九）中，這種二元對立的思維方式也表現得非常鮮明：

> 「要擁護那德先生，便不得不反對孔教，禮法，貞節，舊倫理，舊政治；要擁護那賽先生，便不得不反對舊藝術，舊宗教；要擁護德先生又要擁護賽先生，便不得不反對國粹和舊文學。」

因此，我們可以說，陳獨秀在建構自己的文論主張時，同時運用了二元對立與多元共建兩種話語方

---

① 梁啓超在一九〇二年發表的《飲冰室詩話》中就曾寫到：「過渡時代，必有革命。然革命者，當革其精神，非革其形式。」劉半農《我之文學改良觀》（一九一七）中也是將形式與精神對舉；鬱達夫《藝術與家園》中也說：「藝術所追求的是形式和精神上的美。」

② 《中國新文學大系·建設理論集》，第四三頁。

式。此外，胡適完成於一九二七年的《白話文學史》，提出了著名的「雙線文學史觀」：

「一條是那模仿的，沿襲的，沒有生氣的古文文學，一條是那自然的，活潑潑的，表現人生的白話文學。」①

這種將豐富複雜的中國文學發展史，簡化為「一個由民間興起的生動的活文學，和一個僵化了的死文學，雙線平行發展」②的歷史的做法，明顯地是二元對立思維方式的結果，而整部《白話文學史》，就是關於古文文學傳統的衰亡史和白話文學的興旺史。由此可見，在新文學運動的高潮已經過去的二十世紀二〇年代中後期，胡適仍然運用二元對立的話語方式，去建構自己的文學理論。

除了陳獨秀、胡適以外，還有相當多的現代漢語文學批評家、理論家，在各自的文論著作中，運用二元與多元話語方式，而且，與陳、胡二人一樣，他們的話語方式也背離了傳統而轉向了西方。比如，茅盾《自然主義與中國現代小說》（一九二二年七月）一文的第一部分，在推論方式和話語運用上都體現了二元對立的特徵：以「內容與形式或思想與結構」這種二元對立關係為準則，將中國現代小說分為新舊兩派，而「現代的新派小說在技術方面和思想方面都和舊派小說立於正相反對的地位，尤其是對於

① 胡適《白話文學史》，上海：上海古籍出版社，一九九九年十二月版，第一四頁。
② 《胡適口述自傳》，北京：華文出版社，一九九二年版，第二八九—二九〇頁。

文學所抱的態度」。①又如，梁實秋《現代中國文學之浪漫的趨勢》一文，以「古典的」與「浪漫的」這樣兩個相互對立的文學類別爲前提，用「古典的」作標準來評價現代中國文學之浪漫的趨勢，顯然，這也是二元對立的話語方式，而下面這斷話，更是充分展示了梁氏二元對立話語的演繹方式：

「古典主義者最尊貴人的頭；浪漫主義者最貴重人的心。頭是理性的機關，裏面藏著智慧；心是情感的泉源，裏麵包著熱血。古典主義者說：『我思想，所以我是。』浪漫主義者說：『我感覺，所以我是。』古典主義者說：『我憑著最高的理性，可以達到真實的境界。』浪漫主義者說：『我有美妙的靈魂，可以超越一切。』按照人的常態，換句話說，按照古典主義者的理想，理性是應該占最高的位置。但是，浪漫主義者最反對者就是常態，他們在心血沸騰的時候，如醉如夢，憑者感情的力量，想像到九霄雲外，理性完全失去了統馭的力量。據浪漫主義者自己講，這便是『詩狂』、『靈感』，或是『忘我的境界』。浪漫主義者覺得無情感便無文學，並且那情感還必須要自由活動。他們還以為如其理性從大門進來，文學就要從視窗飛出去。」②

隨著現代漢語文學批評的深入與發展，二元對立話語方式被運用於文學論爭之中，而且被機械化、

① 《茅盾文藝雜論集》（上），上海：上海文藝出版社，一九八一年六月，第九〇頁，著重號爲引者加。
② 徐靜波編《梁實秋批評文集》，珠海：珠海出版社，一九九八年十月，第三九頁。

教條化，給現代漢語文學與文論的發展造成了不良影響。比如，周揚在論「第三種文學」的時候，曾主張「非無產階級文學即資產階級文學」，在論「國防文學」的時候，仍基本抱持非「國防文學」即「漢奸文學」的見解。①持類似思維方式與話語方式的人，在當時不在少數，雖然遭到一些批判，但並未從思想根源上予以深刻的檢討，以至於這種趨勢愈演愈烈，最終造成無可挽回的損失。

與二元對立話語方式主要表現於現代漢語文學批評中有所不同，現代漢語文論中的多元話語方式主要反映在文學理論著作當中，而這些理論性著作，或直接從西方翻譯而來，或受到西方同類著作的巨大影響，因此其多元共建的話語特徵就顯得非常突出。比如，二十世紀二、三十年代出現的一大批文學史、文學概論類著作，幾乎都要探討文學的本質問題，其中不少都從多元視角入手。比如，黃人在《中國文學史》（一九〇四）中，就以「知、情、意」三者之關係論「真、善、美」的關係以及文學的特質：

> 「美為構成文學的最要素，文學而不美，猶無靈魂之肉體，蓋真為智所司，善為意所司，而美則屬於感情，故文學之實體可謂之感情云」，「人生有三大目的：曰真、曰善、曰美……文學則屬於美之一部分。然三者皆互有關係……遠乎真者，其文學必頗……反乎善者，其文學亦褻。」②

---

① 參見呂克玉（即馮雪峰）《對於文學運動幾個問題的意見》，《作家》第一卷第六期，一九三六年九月十五日。

② 參見《觀念的演進》第四五—四六頁。

夏丏尊在《文藝論 ABC》（一九二八）中，也從「知、情、意」的區分出發論述文藝的本質。又如老舍《文學概論講義》（一九三〇—一九三四）也以三元方式言說文學的特質：

「感情與美是文藝的一對翅膀，想像是使它們飛起來的那點能力……感情，美，想像，（結構，處置，表現）是文學的三個特質。」①

再者，這些著作在論及文學的要素時，不少都採用了來自西方的四要素說，比如，馬仲殊、顧仞千合編的《中學生文學》（一九三六）就是從思想、感情、想像、形式四個方面論述文學要素的②；容肇祖在《中國文學史大綱》中也指出文學有四大要素，即情緒、想像、思想、形式③。趙景深著《文學概論講話》（一九三三）的第一講，在討論「文學的定義」時，採用了五要素說：文字、思想、情感、想像、藝術。④上述這些例證，絕不能僅僅視爲是一個分類標準或者是論述角度的問題，它們實質上意味著現代漢語文論話語方式的轉變，即由多元分解轉換成爲多元共建的話語方式，從而比較清晰地將文學的本質和結構言說出來，這是古代漢語文論所未能取得的成就。

---

① 舒舍予《文學概論講義》，北京：北京出版社，一九八四年六月，第五四頁。
② 參見馬仲殊、顧仞千合編《中學生文學》上篇第一章與第三章，上海：中華書局，一九三〇年六月。
③ 參見容肇祖《中國文學史大綱》，上海：開明書店，一九三九年三月第二版。
④ 參見趙景深《文學概論講話》第一講，上海：北新書局，一九三三年三月初版。

小說研究應該是現代漢語文論在文體研究方面取得突破性成就的一個方面，隨著對西洋小說的大量翻譯和模仿，小說研究也面臨全新的挑戰。通過實踐，研究者們很快發現，擅長感悟與鑒賞的傳統小說評點方式，根本無力回應這一挑戰。①於是，研究者們只好「以其人之道還治其人之身」，借用西方小說研究的觀念與方法，分析漢譯西洋小說和現代漢語小說。顯然，由於話語觀念與話語方式之間的密切聯繫，這種借用，並不僅僅局限於觀念層次，它必然會同時借用西方小說研究的話語方式。這些話語方式當然包括二元對立與多元共建，就後者而言，關於小說元素（或要素）的論述，就是比較典型的例證。比如，瞿世英在《小說的研究》（中篇）中首先明確指出：「一篇小說，無論是長篇短篇，有三種元素是必備的。這三種元素便是人物，佈局和安置。」接著依次分論這三個方面，最後重新歸結到小說的三要素，並點明這篇文章「只求得一大意，說明這三者之關係而已。」②又比如，茅盾在專著《小說研究ABC》（一九二八）的「凡例」第二條中指出：「在技術的理論方面，近代批評家有主以（一）結構（二）人物（三）環境（四）動機（五）情緒（六）作風等六者爲要素的；然比較普通的說法，單以結構，人物，環境，三者爲止。」而且用三章的篇幅對這三要素進行了比較細緻的分析。③

通過對現代漢語文論話語中的二元和多元話語方式的簡單描述與分析，我們發現，話語方式的根本

---

① 這也是文論話語方式從以中格西轉換到以西格西、以西格中的一個重要原因。

② 瞿世英《小說的研究》（中篇），《小說月報》第十三卷第八號，一九二二年八月。

③ 參見玄珠《小說研究ABC》，上海：世界書局，一九二八年八月出版。

轉換，給現代漢語文論造成的巨大影響，是難以想像的。對於這些影響的性質，我們也難以予以比較明確的判定。比如，二元對立話語方式，雖然能夠使二元雙方在衝突與鬥爭中，不斷向前演進，使現代漢語文論相當程度地克服了古代文論執兩用中的思維與言說機制，能夠使文論範疇的內涵獲得充分的發展；但是，這種話語方式，也容易扼殺二元雙方可能存在的補充與轉化的諸種生機與活力，從而拋棄了中國傳統文論二元互補話語方式的辯證因素。二十世紀末，學術界對新文化運動中出現的激進思潮的反思，很大程度上，也是對二元對立思維方式和言說方式的解剖與批判，並試圖以此實現對二元對立話語方式的超越。

(五)

現代中國文化經由漸變與突變兩種方式的演進，其整體的文化模式和具體的文化基因已經與古代中國文化存在著天壤之別。早在一九二三年，聞一多在《〈女神〉之時代精神》一文中，就曾用非常簡潔的兩句話概括出二十世紀的主要特徵：「二十世紀是個動的世紀」，「二十世紀是個反抗的世紀」。顯然，這樣的時代主題與田園農耕文化的靜謐、溫和形成了巨大反差。時代精神不同，它賴以形成和繼續培育的思維與言說方式，也會很不相同。躁動與反抗的時代，需要的思維方式主要地再也不會是中庸與調和，表達時代精神所運用的話語方式主要也不再是以舒緩與詩性爲主要特徵。中國文化現代化的歷程，是逐步遠離傳統、趨向西方的歷程。這就要求現代中國文化的載體——現代漢語，在語法形態、構詞方式，尤其是在言說機制上，必須具有與西方語言相似的特徵。事實上，現代漢語除了在語法、詞法等方面和古代漢語有明顯區別之外，在言說方式上更是與古代漢語相去甚遠：邏輯性特徵、理性化趨勢已經成爲雕塑現代漢語精神風貌不可或缺的重要因素！在這樣的時代氛圍和語言特性的鼓動與制約下，疏離傳統、走近西方，已經成爲現代漢語文論的話語觀念與話語方式不可阻擋的發展趨勢，而我們所分析的二元及多元話語方式的轉換，就是這種發展趨勢的具體表現之一。

三、論辯與合謀

（一）

一九一七年，胡適之、陳獨秀、錢玄同等人標榜「文學革命」①、提倡白話文，由此拉開中國新文學運動的帷幕。作爲先驅者，他們祭起「革命」的大纛，雖有利於宣傳「主義」、聚集新軍、發佈將令，

① 雖然胡適那篇開山性質的文章名爲《文學改良芻議》（《新青年》第二卷第五號，一九一七年一月一日），但據胡適《逼上梁山》自述，早在一九一五年夏天，他和一幫在美國留學的中國朋友已經閒談出了「文學革命」的思想和口號，至一九一六年的三四月間，胡適又將「文學革命」具體化爲八個方面，發表時題爲《文學改良芻議》，是因爲受到在美國的朋友的反對，膽子變小了的緣故。

但也終於招致強敵的攻擊。於是，新、舊兩大陣容之間爆發了中國文學史上空前的、大規模的激烈論戰與辯駁。

即使在經過歷史敘述的多次沉澱之後，這場圍繞「白話」與「文言」展開的文學論戰仍足以讓我們驚心動魄。作爲論戰的挑起者，胡適事後有「逼上梁山」之感，陳獨秀一開始就聲稱：「甘冒全國學究之敵」，「願拖四十二生的大砲」爲中國文學界豪傑之士的前驅！①舊派中心人物林紓，甚至企圖借用文學之外的力量來懲治文學革新論者。到了一九三五年，鄭振鐸在編選《中國新文學大系．文學論爭集》時，仍不由得感歎：「那些『五四』人物」，「在那樣的黑暗的環境裏，由寂寞的呼號，到猛烈的迫害的到來，幾乎無時無刻不在興奮與苦鬥之中生活著。他們的言論和主張，是一步步的隨了反對者的突起而更爲進步，更加堅定；他們紮硬寨，打死戰，一點也不肯表示退讓。他們是不妥協的！」②而面對「文學革命」的大旗，那些舊文人們「始而默然若無睹，繼而鄙夷若不屑與辯，終而卻不能不憤怒而詛咒著了」③。

今日看來，這場論戰不僅僅給我們留下了大量的文本與豐富的文學觀念，更重要、也更值得我們深刻反思的是，經由這次論爭凝結成的思維與言說方式，在以後的文學論爭中，被頑強地承傳甚至被肆意

---

① 參看胡適《逼上梁山》（一九三三年十二月）、陳獨秀《文學革命論》（《新青年》第二卷第六號，一九一七年二月一日），均收入《中國新文學大系·建設理論集》，上海良友圖書印刷公司，一九三五年十月。

② 鄭振鐸《中國新文學大系·文學論爭集·導言》，第一頁。

③ 鄭振鐸《中國新文學大系·文學論爭集·導言》，第五頁。

地推衍，使之成爲整個二十世紀漢語文論至關重要的話語方式①。在此，我們姑且稱之爲「論辯話語方式」。

與古代漢語文論話語相比較，現代漢語文論的論辯式話語具有這樣三個特徵，即對話性、針對性、極端性。

所謂「對話性」，這裏是指現代文學論爭及時與開放的書面交流特徵。比如，一九一九年三月十八日，林紓在北京《公言報》上發表《答大學堂校長蔡鶴卿太史書》，公開責難以北京大學爲據點的新派人物「覆孔孟，鏟倫常」、「盡廢古書，行用土語爲文字」，蔡元培在當天就寫出了《致〈公言報〉函並答林君琴南函》，給予有力的駁斥，並公開發表於三月二十一日出版的《北京大學日刊》（第三三八號）上。林紓不甘服輸，又在三月二十四日的《公言報》上發表《林琴南再答蔡鶴卿書》，聲稱：「拼我殘年，極力衛道，必使反舌無聲，瘈犬不吠然後已。」隨即，京、津、滬等地的不少報刊，如《新潮》、《每週評論》、《晨報》、《益世報》、《申報》、《新申報》等，紛紛作出反應，加入論爭，在不到半個月的

---

① 劉炎生著《中國現代文學論爭史》（廣州：廣東人民出版社，一九九九年十二月）一書，評述了一九一七—一九四九年間大大小小的文學論爭多達八十餘次，僅一九一七—一九三七年間就有六十多次。正如該書前言所說：「由於中西文化的碰撞，新舊文學思想的較量，各種文學思潮的影響，不同派別作家的對立，以及政治鬥爭的波及等原因，導致了中國現代文學發展過程中出現了諸多的文學論爭。其次數之多，程度之激烈，內容之豐富，實爲世界文學發展史上所罕見。」

時間內，以林紓向各報館寫信承認自己罵人的錯誤而結束了論戰。①林紓也因此被學界普遍視爲舊派的領袖人物，蔡元培的回信則「很快成爲這位校長堅持學術自由的象徵」②。類似這種短兵相接的論辯與論戰，在整個現代漢語文學與文論的發展歷程中，可謂數不勝數。只要對魯迅、郭沫若、茅盾、周揚等幾位大師的文集稍作考察，我們就會對二十世紀文學批評與思想領域裏的歷次鬥爭及其激烈程度有一個大致的認識。比如，從一九二一年下半年至一九二三年上半年，異軍突起的創造社以文學研究會爲突破口，在文壇挑起了一系列的論戰，「他們幾乎『打』遍了新文壇，而且尤以名人爲對手」，從而「殺開了一條血路」，使得「中國現代文學三十年的運動、論爭、社團史以及文壇的是是非非、恩恩怨怨，都能由此尋出緣由」。③

或許，我們會認爲，作爲「論辯」，其及時性與公開性自不待言，不過，我們必須認識到，中國古代雖然並不缺少文學論爭與辯駁，但卻不具備上述對話性質的論辯式文論話語。究其原因，主要有如下兩個方面。第一，古文不長於說理。對此，我們還是先看發生在「五四」運動前夕的一次爭論：胡先驌

---

① 參見樑柱《蔡元培與北京大學》，銀川：寧夏人民出版社，一九八三年四月，第一八一—一九一頁；王楓《五四前後的林紓》，《中國現代文學研究叢刊》，二〇〇〇年第一期。

② [美]魏定熙著，金安平、張毅譯，《北京大學與中國政治文化（一八九八—一九二〇）》，北京：北京大學出版社，一九九八年五月，第二三二頁。

③ 參見劉納《「打架」，「殺開了一條血路」——重評創造社「異軍蒼頭突起」》，《中國現代文學研究叢刊》，二〇〇〇年第二期。

在發表於一九一九年初的《中國文學改良論》（上）中，溫和地提出古文不僅能作詩、填詞，而且說理也宜的觀點，但卻引出新派少壯人物羅家倫的強力批駁，羅氏提出了古文不能說理的兩條論據，一是宋明諸儒說理論道皆用語錄體的白話文，二是「曾國藩也說，『古文無所往而不宜，惟不宜於說理』」。①的確，中興桐城派的古文大師曾國藩曾直言不諱地指出：「古文無施不可，但不宜說理。」②古文不長於說理，使得中國古代除了先秦言文一致時期出現的《莊子》、《孟子》以外，較少精闢透徹、汪洋恣肆的論辯文，文論、詩話、詞話、曲話、小說評點等文學批評也不具備論辯話語方式。第二，傳媒的局限性。十九世紀末、二十世紀初，中國乃至世界主要的傳播媒介是報紙和雜誌，其特徵是快捷性、公開性與社會性。雖然「中國早期報刊可以追溯到先秦的春秋時期」③，始于唐代的「官報」（又稱邸報、朝報等）直到清末還呈上升趨勢，而且有專門的製作、發行管道和較快的發行速度，但它們只關心皇室起居、朝庭法令和官場消息，不會登載文學作品，對文人之間的筆墨官司也毫無興趣，更不會包容官場之外的「社會聲音」。因此，無論在內容、形式，還是作用上，官報都不同於近現代意義上的報刊。處於古代傳媒社會中的文人，進行書面交鋒，一開始幾乎都屬於私人或者小集團性質，只有在相當一段時間之後，他們的文集才會被刊刻公佈於世，因此根本無法保證論爭的及時性與公開性，也就無從培育和運

---

① 羅家倫《駁胡先驌君的中國文學改良論》，《新潮》第一卷第五期，一九一九年五月一日。

② 曾國藩《複吳南屏書》，轉引自陳子展《中國近代文學之變遷、最近三十年中國文學史》，上海：上海古籍出版社，二〇〇〇年十二月，第一九六頁。

③ 徐松榮《維新派與近代報刊》，太原：山西古籍出版社，一九九八年二月，第九頁。

用具有對話性特徵的論辯式文論話語。比如，漢代關於如何評價屈原作品的論爭，從劉安、司馬遷到揚雄、班固再到王逸，經歷了肯定、否定、再肯定三個階段，①綿延近三百年，肯定與否定論者沒有機會直接對話與辯駁。

所謂「針對性」，既指論辯雙方觀點、立場的針鋒相對，也指論辯態度的嚴肅認真。不難看出，針對性是與對話性緊密相關的。應該說，現代漢語文論歷次論爭的觀點與立場都具有強烈的針對性。比如，據胡適概括，文學革命時期的理論建設是圍繞「活的文學」（「文學工具的革新」）、「人的文學」（「文學內容的革新」）兩個中心問題展開的②，這當然隱含著與「死的文學」、「非人的文學」之間的對立和衝突。此後關於革命文學、兩個口號的論爭以及對新月派、民族主義文藝運動、自由人、第三種人等的批判性論戰都具有突出的針對性。同樣，歷次論爭的雙方都以非常嚴肅的態度投入論戰，有時還發展成火藥味很濃的人身攻擊。相比之下，古代文學論爭的針對性要薄弱得多，即使激烈如明代前七子中的李夢陽、何景明之間的論爭，也只是在復古旗幟之下的方法之爭，論爭雙方的根本立場是相同的，而且，這場論爭之所以發生和升級，文學之外的因素似乎起了更爲決定性的作用。③

① 曹順慶《兩漢文論概說》，《兩漢文論譯注》，北京：北京出版社，一九八八年三月。
② 參見胡適《中國新文學大系·建設理論集·導言》。
③ 郭紹虞《中國文學批評史》指出：「大抵空同不免太好強不同以爲同，於是時有盛氣淩人之處。李何之氣類雖同，然在空同看來，尤未能引爲真實同志。所以先《贈景明書》，論其詩弊，勸其改步，卻不料招到反響，引出了何景明的《與李空同論詩書》。這在法西斯式的詩壇主盟，哪能容此情形。於是一駁之不足則再駁之，直至景明不復答辯而後已。」上海：上海古籍出版社，一九七八年十二月，第三四九頁。

古代文學論爭與現代文學論爭具有強弱不同的針對性的原因，主要在於古代中國與現代中國賦予文學的使命有所不同，或者說古代文人與現代知識份子對待文學創作的態度有所不同。雖然曹丕曾委以文學「經國之大業」的重任和給予它「不朽之盛事」的贊許，但屬於「立言」範圍內的文學創作，在儒家的整個思想疆域裏，最好的處境也只能獲得「三不朽」中「最下」者的地位，最壞則有可能被視爲是「壯夫不爲」的「雕蟲」小技。由此導致古代文人，主要以遊戲而非嚴肅的心態去進行文學論爭，這樣的論爭當然會缺乏針鋒相對的觀點與嚴肅認真的辯風。現代中國社會，「啓蒙」與「救亡」成爲時代的兩大主題，現代文學的誕生正是這兩大主題合理展開的必然結果，現代知識份子中的傑出人物，從一開始就自覺地將文學革命與思想啓蒙結合了起來，而且還使之成爲一種傳統，被後繼者所承接與發揚。有這樣的思想認識爲指導，現代文人在進行文學論爭時，就會抱持嚴肅的態度，圍繞某一主題與論敵展開針鋒相對、毫不妥協的論戰。爲了使某種思想或某些觀點得到深入討論，他們甚至於不惜自扮論敵，比如，一九一八年三月出版的《新青年》第四卷第三號，刊登由錢玄同託名王敬軒寫給《新青年》編者的一封信，題爲《文學革命之反響》，並由劉半農作《復王敬軒書》，予以公開的駁斥，演出了一場「苦肉計」，其目的「便是要把舊文人們的許多見解歸納在一起，而給以痛痛快快的致命的一擊的」①。從稍後的反應來看，確實起到了一定的成效。

① 鄭振鐸《中國新文學大系·文學論爭集·導言》，第六頁。

所謂「極端性」，是指論爭中思維與言說所顯出的片面與偏激特徵。今日看來，五四新文化運動，從一開始就顯出明顯的與傳統決裂的激進傾向。作爲這一運動重要組成部分的新文學運動，也深深地打上了激進的時代烙印。由於文學革命初期階段的論爭，主要是圍繞「語言」這一文學工具展開的，因此，不少傑出的新派人物，在論爭中都發表過關于文言與漢字的異常偏激的觀點。比如，胡適有「死文字」、「死文學」觀，陳獨秀「以白話爲文學正宗之說，其是非甚明，必不容反對者有討論之餘地，必以吾輩所主張者爲絕對之是，而不容他人之匡正也。」①錢玄同曾「大膽宣言道：欲使中國不亡，欲使中國民族爲二十世紀文明之民族，必以廢孔學，滅道教爲根本解決，而廢記載孔門學說及道教妖言之漢文，尤爲根本解決之根本解決。」②並且將中國舊戲貶爲「『百獸率舞』的怪相」，借友人的話聲稱「要中國的真戲，非把中國現在的戲館全數封閉不可」。③傅斯年在認定「文字的作用僅僅是器具，器具之外更沒有絲毫作用」的前提下，對漢字做爲美術物而形成的獨特藝術形式——書法——也給予了徹底的否定：「誰不是一攤黑墨弄到白紙上，有什麼意義？使人生什麼印象？什麼是判斷他的美惡的標準？任憑那些『神品』『妙品』的等級，『龍驤』『虎視』的比喻，『飛青麗白』的形容，還不是些怪秘的感想，不可理喻的嗜好，逐臭嗜痂的事體嗎？所以主張書法和研究書法的人，都是吃飽飯，沒事幹，閒扯淡。」

---

① 陳獨秀《答胡適之》，《中國新文學大系·建設理論集》，第五六頁。
② 錢玄同《中國今後之文字問題》，《新青年》第四卷第四號，一九一八年四月一五日。
③ 參見《新青年》第五卷第二期劉半農、錢玄同《今之所謂「評劇家」》，以及《新青年》第五卷第「隨感錄」欄目中錢玄同的短文。

①魯迅後來也講過，他「總要上下四方尋求，得到一種最黑、最黑、最黑的咒文，先來詛咒一切反對白話，妨害白話者。」②一九二七年十月至一九三〇年初，圍繞文學的階級性問題，魯迅在與梁實秋的多次交鋒中所發表的一系列論文，撇開觀點不論，僅就語詞的選擇與言說的方式來看，也顯出比較明顯的偏激性。在關於革命文學的論爭中，創造社諸君對魯迅的批判也多半屬於偏激之論，有人還專在魯迅的「態度、氣量與年紀」上作文章。

中國古代，推崇謙讓、貶斥爭鬥，《春秋穀梁傳》於定西元年指出：「古之人重請。何重乎請？人之所以爲人者，讓也。請道去讓也，則是舍其所以爲人也。是以重之。」孟子也曾慨歎「予豈好辯哉，予不得已也」（《孟子・滕文公下》）。詩文作家更是特別看重個體的人格修養與作品格高下之間的因果聯繫，由此形成源遠流長的「文德論」，再加上中國古代儒道兩家都崇尚「中庸之道」③，在文藝創作與批評的思維中，形成了一種比較強勁的中庸機制，一旦創作傾向與理論思維有走向極端的趨勢，這種「唯務折衷」的中庸機制就會進行調節和幹預，使得中國的學術思想主要以「執兩用中」的方式向前發展，缺乏「否定之否定」的邏輯理性精神。這就決定了古代文人在進行文學論爭時，大多溫文爾雅，

---

① 傅斯年《漢語改用拼音文字之初步談》，《新潮》第一卷第三期，一九一九年三月一日。

② 魯迅《二十四孝圖》（一九二六年五月十日），原載《莽原》半月刊，後收入《朝花夕拾》（一九二八年九月）。

③ 馮友蘭在《中國哲學簡史》中指出：「中庸之道儒家的人贊成，道家的人也一樣贊成。『毋太過』歷來是兩家的格言。因爲照兩家所說，不及比太過好，不做比做得過多好。因爲太過和做得過多，就有適得其反的危險。」北京：北京大學出版社，一九九六年九月第二版，第一七頁。

難得惡語相加，也少有偏激之論。就是前述關於屈原作品的評價問題，在經過漢代肯定、否定再肯定三個階段之後，仍然被劉勰在《文心雕龍．辯騷》中，納入了「同於風雅」、「異乎經典」，「雖取鎔經意，亦自鑄偉辭」這樣的折衷之論中。

至此，我們已經可以看出，現代漢語文論的論辯式話語所具有的對話性、針對性與極端性特徵，在相當程度上是對傳統文論話語的獨白性、閒適性與中庸性特徵的消解。這種消解，既暴露了古代漢語文論與新的時代、新的文學之間所存在的抵觸與矛盾現象，也從一個角度顯示出古代漢語文論被現代漢語文論所取代的歷史必然性。

（二）

既然現代漢語文論的論辯話語方式所具有的三方面特徵，都是古代漢語文論所欠缺的，那麼它們又是如何形成的呢？

要回答這一問題，首先應該從現代漢語與古代漢語的差異性入手。與古代漢語相比，現代漢語至少具有如下兩方面的突出特徵，一是語法的嚴密性與系統性，二是辭彙的口語化與民間化。用胡適對「白話」之「白」的解釋來說，前者相當於「清白」、「明白」的「白」，後者相當於「說白」和「土白」

的「白」。①前者增強了現代漢語的邏輯力量，使它有利於說理，後者使現代漢語的書面表達與口語表達趨於一致，有利於展開直接對話與論爭。這兩種現象，加強了現代文學論爭的論辯性特徵，有利於現代漢語文論論辯話語方式的形成。

但這還不是論辯式文論話語形成的根本原因，畢竟，現代文學革命之發生是西方近現代文化、俄國革命、日本明治維新等多種外來因素與中國傳統文化的進步觀念合力作用的結果，現代漢語最終成爲新文學、新文化的載體，也與新文學、新文化論者所具備的外國語言、文學與文化視野，即今日所謂的「他者眼光」密切相關。要使異域文學與文化在本國發生影響，以及使新派人物具備「他者眼光」，最直接也是最好的途徑就是翻譯與介紹。因爲「外域思想只有被翻譯成本國語言文字，也就是說，本國的語言文字中已有辭彙可以表達新的思想、新的概念，這種新思想新概念才真正化爲我們自己的東西，爲我們所吸收，所運用。」②

有意思的是，十九世紀末二十世紀初，產生最大影響的兩位翻譯家，林紓與嚴復，都是清末桐城派古文大師吳汝倫的門生。林紓用古文譯出了西方的長篇小說，嚴複用古文譯出了西方的學術著作，分別爲中國古文的最後輝煌作出了自己的貢獻。但是，兩人的翻譯，作爲「文學事件」所具有的更加重要的啓迪，卻是在超越文字層面的思想領域，那就是在爲國人拓展出一片與傳統大相徑庭的異域文化境地的

---

① 參見胡適《答錢玄同》（一九一七年十一月二十日），《中國新文學大系·建設理論集》。

② 王克非《關於翻譯的哲學思考》，許鈞主編《翻譯思考錄》，武漢：湖北教育出版社，一九九八年十一月，第五〇四頁。

同時，使中國現代思想與學術的先驅者們充分認識到，「翻譯」不僅能夠提供新的思想，其本身就是一種豐富的思想資源。落實到本節所分析的論辯文論話語，我們首先應該以梁啓超、章士釗先後創立的「新文體」和「邏輯文體」爲仲介，去追溯異域文學思想與文體風格帶給中國現代文學論爭的啓示與影響。

陳平原《中國現代學術之建立》一書，在討論學術范式的更新時，確定了一種論述思路，即「戊戌生根、五四開花」，並明確指出，這種論述策略有強調戊戌與五四兩代學人的學術「共謀」的目的。①王德威也曾指出：「重審現代中國文學的來龍去脈，我們應重識晚清時期的重要，及其先於甚或超過五四的開創性。」②的確，從議論文的角度，我們同樣可以說，晚清梁啓超的「新文體」、章士釗的「邏輯文體」是五四文學革命中議論文體的開路先鋒。

戊戌變法失敗之後，梁啓超寓居日本橫濱，先後創辦《清議報》、《新民從報》等多種報刊，發表大量文章，贏得「輿論界之驕子」的美譽。他的報刊政論文，「既不似晚漢、魏、晉文，又不似桐城派文，也不似八股文，乃是這些文體的變種，另成他的所謂『新文體』。」③二十來年以後，梁啓超在《清代學術概論》一書中，仍對這時期的「新文體」津津樂道：

---

① 參見陳平原《中國現代學術之建立》，北京：北京大學出版社，一九九八年二月，第二—八頁。
② 王德威《被壓抑的現代性——沒有晚清，何來「五四」？》，《想像中國的方法：歷史·小說·敍事》，北京：三聯書店，一九九八年九月，第三頁。
③ 陳子展《中國近代文學之變遷·最近三十年中國文學史》，上海：上海古籍出版社，二〇〇〇年十二月，第二〇五頁。

「至是自解放，務為平易暢達，時雜以俚語韻語及外國語法，縱筆所至不檢束，學者竟效之，號新文體。老輩則痛恨，詆為野狐。然其文條理明晰，筆鋒常帶情感，對於讀者，別有一種魔力焉。」①

不過，我們還應該看到，梁啓超之所以能夠在各種古文文體的基礎上另創新文體，很大程度上取決於他不僅具有放眼世界的全球意識，還能將流亡日本以及考察歐美近現代政治、文化的親身感受與認識，落實到創辦報刊、撰寫政論文的實踐活動之中。換句話說，「新文體」的產生很大程度上得力於西方及日本文化的啓示，尤其是源自西方的報刊文體的直接影響。

章士釗於一九〇三年擔任《蘇報》主筆，《蘇報》案之後參與創辦《民國日日創》，一九一二年九月在上海主編《獨立週報》，一九一四年五月在日本東京與陳獨秀、穀鐘秀創辦《甲寅》雜誌，前後十餘年間發表大量政論文，並與梁啓超和一般談政治的人進行論難，因行文簡潔、層次分明、論理充足，他的這些文章被稱爲「邏輯文體」或「甲寅體」。對於章士釗的「邏輯文體」的精密性特徵及其中外文學淵源，胡適給予了這樣的分析：「章士釗曾著有一部中國文法書，又曾研究論理學；他的文章的長處在於文法謹嚴，論理充足。他從桐城派出來，又受了嚴複的影響不少；他又很崇拜他家太炎，大概也逃

① 梁啓超《清代學術概論》，上海：上海古籍出版社，一九九八年一月，第八五—八六頁。

不了他的影響。他的文章有章炳麟的謹嚴與修飾，而沒有他的古僻；條理可比梁啓超，而沒有他的堆砌。他的文章與嚴複最接近；但他自己能譯西洋政論家法理學家的書，故不須模仿嚴複。」①此外，章士釗曾於一九〇七年由日本轉赴英國愛丁堡大學和甲巴甸大學研讀法律達四年之久，而且在此期間還熱衷於閱讀政治方面的著述，受到邏輯嚴謹的法律文本和當時歐洲政論文體的影響，這對於促成他的獨特文風也起到了至關重要的作用。

正是由於有「西學東漸」的文化氛圍，加上梁啓超、章士釗等人的不懈努力，謹嚴的漢語論辯文才日趨成熟，並給予當時開始論政、後來成爲新文化與新文學開路先鋒的李大釗、陳獨秀、高一涵、易白沙等人以深刻影響。

另外，我們都知道，一九〇三年至一九〇七年維新派與革命派之間進行了規模巨大的報刊論戰。雖然雙方只是同一階級的兩個政治派別，但由於關涉維新與改良的不同政見，雙方態度非常激烈，觀點也不乏偏激之處。加上這次論戰持續數年，波及大陸、日本、港澳、南洋、美洲等地包括《新民叢報》、《民報》、《蘇報》等在內的數十家報刊，其影響不僅僅在於促進了中國近現代民主革命的進程，而且還讓一大批處於近現代轉型期的知識份子，有機會在新的傳媒上演練並掌握論辯話語方式，使他們在稍後的新文化、新文學論戰中得以被派上用場，在與守舊派的話語權力爭奪戰中，以嫻熟的論辯技巧獲得

① 薑義華主編《胡適學術文集·新文學運動》，北京：中華書局，一九九三年九月，第一三〇頁。

節節勝利。而就在新文化運動的醞釀、爆發與第一次高潮期間，中國文化界也發生了規模較大而且影響深遠的三次著名論戰，即問題與主義論戰（一九一九—一九二〇）、中西文化論戰（一九一五—一九二六）、科學與玄學論戰（一九二三），胡適、藍公武、李大釗、陳獨秀、蔣夢麟、杜亞泉、章士釗、梁啓超、梁漱明、張東蓀、傅斯年、吳稚暉、張君勱、丁文江等思想文化界的重要人物都參加了進來，使得這幾場論戰更具有典範性質，將對話性、針對性甚至極端性等特徵發揮得淋漓盡致，無疑會對文論領域的論爭產生潛移默化的甚至直接性的影響與啓示。

最後，我們還需指出，隨著現代漢語文學批評與理論的日益展開與深入，作爲現代漢語文論的重要話語方式，論辯式話語逐漸被鑄造成一把典型的文論雙刃劍！一方面，它以銳利的劍鋒刺向新文學運動的敵對勢力，爲現代漢語文學和現代漢語文論的發生與發展作出了不可磨滅的貢獻，另一方面，它也以同樣甚至更加銳利的劍鋒砍向新文學陣容的同志者和同盟軍，使現代漢語文學和現代漢語文論在成長過程中付出了較爲慘重的代價。這也是今日我們在運用這一話語方式時，必須進行深刻反思的地方，要讓論辯話語方式在當代文論體系的建構中發揮破舊立新的建設性功用，避免其不必要的毀壞性效應。

（三）

下面我們來描述與分析合謀話語方式。爲了實現某種文論目的，文論話語主體有時策劃、實施預謀性的話語活動，這種活動呈現出的話語方式，會與其他話語方式有所不同，我們暫且稱之爲合謀話語方式。在現代漢語文論發展的頭二十年中，至少出現過兩次著名的文論預謀事件，一次是一九一八年《新青年》的「王敬軒」事件，另一次是一九三六—一九三七年天津《大公報》「文藝」副刊對曹禺《日出》進行的「集體批評」事件。當然，除了這兩次預謀活動所表現出的合謀話語方式的兩種不同形態之外，我們還能發掘出其他相對隱蔽的形態。這裏，我們先來看「王敬軒」事件。

王敬軒的出臺有其特殊的文論歷史背景。新文學運動的發起者們，在舉起文學革命的大旗之後，「始終不曾遇到過一個有力的敵人們。他們『目桐城爲謬種，選學爲妖孽』。而所謂『桐城，選學』也者卻始終置之不理。因之，有許多見解他們便不能發揮盡致。舊文人們的反抗言論既然竟是寂寂無聞，他們便好像是盡在空中揮拳，不能不有寂寞之感。」①爲了打破這種寂寂無聞的尷尬局面，也爲了驅走「不特沒有人來贊同，並且也還沒有人來反對」②的寂寞，《新青年》社策劃、實施了著名的「王敬軒」事件。文學革命發起者之一錢玄同，化名王敬軒模仿舊文人的口吻，給《新青年》「諸君子」寫了一封題爲《文學革命之反響》的書信，刊登在《新青年》第四卷第三期上，同期還登載了劉複（劉半農）以《新青年》記者身份所寫的《複王敬軒書》。王敬軒在信中，指責《新青年》同人「提倡新學」、「排斥孔子」、「大倡文學革命之論」爲「狂吠之談」，「以白話行文且用種種奇形怪狀之鉤挑以代圈點」、「以西文嵌入華文之中」爲「工於媚外」，歷數白話文學的種種可鄙、可笑之處。劉半農的回信則以嬉笑怒

---

①《中國新文學大系·文學論爭集·導言》，第六頁。

②魯迅《吶喊·自序》，《魯迅全集》，第一卷，第四一九頁。

罵的方式，痛快淋漓地批駁了王敬軒的種種滑稽、荒唐的謬論。這次預謀事件取得了巨大的成功，使得舊文人們從「始而漠然若無睹，繼而鄙夷若不屑與辯，終而卻不能不憤怒而詛咒著了。」①魯迅後來更是直接稱讚這次表演是一場「大仗」，因爲「那是十多年前，單是提倡新式標點，就會有一大群人『若喪考妣』，恨不得『食肉寢皮』的時候，所以的確是『大仗』。」②

王敬軒事件之所以能夠使不知情者信以爲真，積極參與論戰，關鍵在於這兩封信成功地運用了合謀話語方式。這主要表現在如下三個方面。第一，策劃者將王敬軒這位舊文人放在被動挨打的處境中。這樣作，不僅可以使支援新文學者獲得巨大鼓舞，從而積極投入批駁王敬軒的戰鬥之中，更主要地是爲了以此激怒新文學運動的反對者，迫使他們進行回擊，以便徹底打敗他們，進一步推進文學革命運動。第二，錢玄同模仿的舊文人王敬軒顯得維妙維肖。同大多數新文學運動的發起者一樣，錢玄同也是從舊營壘中衝殺出來的人物，因此他不僅舊學功底很深厚，而且熟知舊文人對新文學的心態與觀念。所以，他模仿的王敬軒，不僅對《新青年》的指責深得舊文人們的認可，而且其既要保持文雅風度，又忍不住使用粗俗言辭的兩難處境，更是暴露了舊式文人對新文學既怕且恨的真實心態。加上有被魯迅稱爲「跳出鴛蝴派，罵倒王敬軒」的劉半農的配合，自然能夠使這場演出取得以假亂真的良好效果。第三，細節的真實可信。《新青年》從一九一八年一月第四卷第一期開始完全使用白話，劉半農的回信自然應該是白

① 《中國新文學大系‧文學論爭集‧導言》，第五頁。
② 魯迅《憶劉半農君》，《魯迅全集》第六卷，第七一頁。

話文，但舊文人王敬軒的書信卻只能用文言；王敬軒的書信不僅在形式上十分考究，就是標點和日期，也分別用的是舊式的句讀和干支。

在這次預謀的文論事件中，隱身在王敬軒之後的錢玄同成功地操縱著這場真做的假戲，傀儡王敬軒在前臺表演，錢氏在後面借機言說出了舊文人的許多見解，而且還以其逼真的口吻與心態，賺得包括林紓在內的封建文人醜態百出。或許正是從這個意義上，我們可以將王敬軒事件呈現出的文論話語類型，叫做合謀話語方式中的「雙簧戲」。

一九三六年十二月二十七日和一九三七年一月一日，天津《大公報》「文藝」副刊相繼對曹禺新作《日出》進行了較大規模的「集體批評」，二月二十八日，又登載曹禺答辯性質的長文《我怎樣寫〈日出〉》。這次事件的策劃與組織者是蕭乾，他是曹禺當時的朋友，曹禺在《我怎樣寫〈日出〉》中稱他是「一位好心的編輯」。參與批評的有謝迪克（H.E.Shadick，燕京大學西洋文學系主任）、李廣田、楊剛、陳藍、李心影、王朔、茅盾、孟實、聖陶、沈從文、巴金、靳以、黎烈文、荒煤、李蕤等。在批評文章中，他們既正面肯定了《日出》的成功之處，也對不足的地方給予了不留情面的批評，還就如何修改提出了的建議。①至於實施這次批評行動的目的，蕭乾在寫於一九七八年十月的回憶文章《魚餌·論

① 比如，謝迪克在《一個異邦人的意見》中，首先肯定《日出》在他「所見到的現代中國戲劇中是最有力的一部」，但也指出了不足：「它的主要的缺憾是結構的欠統一」，「即使將這幕（第三幕——引者）刪去，讀者也還不容易找到一個清楚的結構」，「結構之外，還有一個缺憾，那就是行文的見贅。」

壇・陣地——記〈大公報・文藝〉，一九三五—一九三九》中，有如下一番交待：「這個劇本問世後，我想通過它把評論搞得『立體化』一些……我用三個整版做了一次試驗。頭兩次是『集體批評』，也即是請文藝界新老作家對它各抒己見，最後一期是作者的自我剖析。當時除了爲加深讀者對劇本的理解之外，我還有一個意圖：想用這種方式提倡一下『超捧場，超攻訐』，『不阿諛，不中傷』，心平氣和，與人爲善的批評。」①不過，這次事件並不是這樣簡單，如下兩個方面還需引起我們的重視。

《日出》是曹禺繼《雷雨》之後的又一部劇作，它連載于靳以、巴金主編的《文季月刊》一九三六年六月（創刊號）至九月，隨即于同年十一月又作爲巴金主編的「文學叢刊」第三集、《曹禺戲劇集》第二種，由上海文化生活出版社推出單行本。這些都不足爲奇，值得注意的是曹禺爲單行本所寫的《跋》，就是那篇三個月之後公開發表的《我怎樣寫〈日出〉》。這就意味著，早在一九三六年十一月之前，蕭乾就完成了「集體批評」的組稿工作，還讓曹禺針對這些文章寫出了答辯長文。但蕭乾並未立即刊登這些文章，而是選在新舊交替之際的十二月二十七日和一月一日。重要日子，當然應該登載重頭文章，果然，元旦這天發表的是茅盾、孟實（朱光潛）、聖陶（葉聖陶）、沈從文、巴金、靳以、黎烈文、荒煤（陳荒煤）、李蕤等著名人物的文章。曹禺的長文又推遲了一個多月。這顯然是很有計劃、也很聰明的推進方式，它既可以在反復刺激中，加深讀者的印象、引起文藝界的關注，又能從表面上給曹禺提供寫

① 蕭乾《魚餌・論壇・陣地——記〈大公報・文藝〉，一九三五—一九三九》，《新文學史料》第二輯，一九七九年二月，第一四二頁。

作答辯長文的時間，給局外人以真實感。難道說蕭乾的苦心經營，僅僅如他所說是爲了進行一次「超捧場、超攻訐」的批評試驗嗎？實際上，通過上面的描述，我們已經看出，這本身就是一次成功的捧場，它以獨特的方式擴大了《日出》的影響。更何況，這裏或許還有一層蕭乾不便明說、我們也只好妄加推測的目的。

一九三六年九月，是「新記公司」接管《大公報》十周年的時期。爲了紀念這一事件，公司於七月分決定頒發文藝獎金和科學獎金，文藝獎金的負責人就是蕭乾。評委會由楊振聲、朱自清、朱光潛、葉聖陶、巴金、靳以、李健吾、林徽因、沈從文、淩叔華等人組成。據蕭乾回憶：「由於成員分散，這個裁判委員會並沒開過會，意見是由我來溝通協調的。」①一九三七年五月，評獎結果公佈，《日出》與蘆焚的小說《穀》、何其芳的散文《畫夢錄》均分文藝獎金。評委中有五人直接參與過對《日出》的集體批評，楊振聲是沈從文的老師，沈從文又是蕭乾的老師。顯然，蕭乾在評獎活動中，發揮了至關重要的作用。他策劃的集體批評，很難說沒有爲《日出》獲獎作宣傳與鼓吹的目的。

作爲另一位知情者，曹禺撰寫的《日出·跋》或者說《我怎樣寫〈日出〉》，是這次預謀事件中最重要的文本，也是我們分析這次合謀話語方式的重要突破口。曹禺聲稱「這篇文章談不到什麼『答辯』，我願虛心地領受著關心我的前輩給我的教益。在這裏我只是申述我寫《日出》的情感上的造因和安排材

① 蕭乾《魚餌·論壇·陣地——記〈大公報·文藝〉，一九三五—一九三九》，《新文學史料》第二輯，一九七九年二月，第一四五頁。

料的方法以及寫《日出》時所遇到的事實上的困難。」①從年齡和輩分上講，曹禺扮成受教育者，將前輩的指點與評騖看成一樁值得慶倖的事，是不足爲奇的，但從全文來看，所謂感到慶倖、願意領受教益，只不過是以退爲進的話語策略，其目的是爲了將自己所受的委屈順理成章地展示出來。於是，曹禺詳細地描述了自己創作《日出》時的艱辛與痛苦。沒想到劇本發表之後，還招致不被理解的批評，特別是有人主張刪掉第三幕，在曹禺看來，這種「一味憑信自己的主見，不肯多體貼作者執筆時的苦心，便率爾刪除，確實是殘忍的。」於是，他又具體地描繪了爲了這幕戲所遭受的「折磨、傷害以至於侮辱」：三九天在荒涼的貧民區等候乞丐、遭毒打差點瞎了一隻眼睛、被人散佈無稽的謠言等等。②今日看來，曹禺無疑給我們留下了一段珍貴的創作史料，但就這次預謀性質的批評事件而言，曹禺的答辯或者說「自我剖析」，應該說是恰當地運用了「苦肉計」這一話語策略。所謂的「批評」與「申述」，何嘗不是周瑜打黃蓋式的合謀，一個願打，一個願挨。

(四)

除了「雙簧戲」與「苦肉計」以外，我們還能發掘出「內台叫好」和「敵我合作」這樣兩種相對隱蔽的合謀話語方式。

---

① 《曹禺論創作》，上海：上海文藝出版社，一九八六年，第三〇頁。
② 參見《曹禺論創作》，上海：上海文藝出版社，一九八六年，第四二—四三頁。

「內台叫好」是舊式戲劇演出時，台後人員爲前臺演員喝彩的一種方式。胡先驌在《評胡適〈五十年來中國之文學〉》一文中，兩次使用這一詞語，評價胡適鼓吹新文學運動、稱讚白話文的策略與手段：「胡君此文，於敍述此五十年中我國文學之沿革，固有獨到之處……至必強詆古文，而誇張語體文，則猶其『內台叫好』之故技與『苦心』耳。」「胡君此文，仍本其『內台叫好』之手段，爲強詞奪理之宣傳。」①從胡先驌的話看來，似乎「內台叫好」是胡適慣用的手段。實際上，在此之前，胡適已經兩次「招供」自己犯了「戲臺裏喝彩」的毛病，一次是在《談新詩》（一九一九）的結尾處，他寫到：「我們徽州俗語說人自己稱讚自己的是『戲臺裏喝彩』。我這篇談新詩裏常引我自己的詩做例，也不知犯了多少次『戲臺裏喝彩』的毛病。」②另一次是在《嘗試集再版自序》（一九二〇）中，他講過一段頗爲有趣的話，不僅承認自己在評價《嘗試集》裏的詩歌時，犯了「戲臺裏喝彩」的毛病，而且還剖析了忍不住喝彩的苦心與心境：

> 「我本來想讓看戲的人自己去評判。但這四個月來，看戲的人喝的彩很有使自己難為情的：我自己覺得唱工做工都不佳的地方，他們偏要大聲喝彩；我自己覺得真正『賣力氣』的地方，卻只有三四個真正會聽戲的人叫一兩聲好！我唱我的戲，本可以不管戲臺下喝彩的是非。我只怕那

---

① 胡先驌《評胡適〈五十年來中國之文學〉》，《學衡》，一九二三年六月，第十八期。
② 《中國新文學大系·建設理論集》第三一一頁。

些亂喝彩的看官把我的壞處認做我的好處，拿去咀嚼仿做，那我就真貽害無窮，真對不住列位看官的熱心了！因此，我老著面孔，自己指出哪幾首詩是舊詩的變相，哪幾首詩是詞曲的變相，哪幾首是純粹的白話新詩，我刻詩的目的本來是要『請大家都來嘗試』。但是，我曾說過，嘗試的結果『告人此路不通行，可使腳力莫浪費。』這便是我不得不做這篇序的苦心。『戲臺裏喝彩』是很難為情的事；但是有時候，戲臺裏的人實在有忍不住喝彩的心境，請列位看官不要見笑。」①

不過，除了這兩次以外，如胡先驌所說，胡適在學術研究中也運用了「內台叫好」這一合謀話語方式。

眾所周知，胡適既是典型的文學家，也是典型的學者。但是，作爲學者的胡適，卻有其並不純粹的一面，或者說，在相當程度上，胡適的學術研究，尤其是早期階段，有爲其文學主張尋找學理依據的目的。在新文學運動中，他的《文學改良芻議》一文所提出的文學改良「八事」，激起陳獨秀的強烈反響，由此拉開了文學革命的帷幕。自此之後，胡適爲鞏固、發展自己的主張，做出了多種努力。他一方面堅持文學進化論、提倡國語的文學，另一方面，從中國文學發展史中去尋找學理上的突破。終於，經過大膽假設與小心求證，他提出了中國文學「雙線」平行發展的敍述模式：「這一個由民間興起的生動的活

① 《中國新文學大系·建設理論集》第三二一頁。

文學，和一個僵化了的死文學，雙線平行發展，這一在文學史上有其革命性的理論實是我首先宣導的；也是我個人（對研究中國文學史）的新貢獻。」①

當然，胡適「雙線文學的觀念」的提出，也有一個過程，在《藏暉室劄記》中就有關於「死文學」、「活文學」的思考；《文學改良芻議》中肯定地指出：「白話文學之爲中國文學之正宗，又爲將來文學必用之利器，可斷言也」②。更爲系統的闡釋與運用是在《五十年來中國之文學》和《白話文學史》兩部著作中。前者描述一八七二—一九二二年之間，古文學之沒落、白話文學之興起的文學發展歷程。後者雖然題爲《白話文學史》，但胡適通過「拓展『白話』的範圍」與「拉長『白話文學』的歷史」這樣「兩個補救措施」，將「白話文學史」當做「中國文學史」來寫。③這種雙線文學平行發展的敍述模式，的確給中國文學史的研究帶來了巨大影響，但胡適的具體結論，卻有很多逐步被學術史所淘汰。究其原因，仍然出在胡適將自己的文學史研究視爲替現實文學運動尋找理論依據這一學術出發點上。這種出發點，也就是胡先驌所謂的爲白話文「內台叫好」的策略與手段。就此看來，胡先驌確實是熟知胡適學術思路的新文學最爲強勁的對手之一。

看過京劇的人都知道，它的表演有很多程式化的動作，其虛擬性特徵非常突出。比如，劇中處於交

---

① 《胡適口述自傳》，華文出版社，一九九二年，第二八九—二九〇頁。
② 薑義華主編《胡適學術文集·新文學運動》，中華書局，一九九三年九月，第二八頁。
③ 參見陳平原《中國現代學術之建立》，北京：北京大學出版社，一九九八年二月，第一九九頁。

戰雙方的兩位將領，爲了在舞刀弄槍的打鬥中完成一些高難度的動作，往往相互配合與幫助，共同將表演做得更精彩。這種「敵我合作」的方式，也是文論合謀話語的一種類型。

就現代漢語文論的現實處境來看，敵我雙方的論戰的確有可能是一種生存之爭，但如果從學術發展史的角度作超功利的思考，我們似乎可以說，敵我之間的論戰，也是一種話語合謀，其結果是，敵對兩方共同搶奪、霸佔了話語言說的機會與權力，在學術史上獲得一種雙贏的局面。錢玄同提出「選學妖孽」、「桐城謬種」之後，就曾明確地意識到：「得此輩多咒駡一聲，便是價値增加一分。」①這也正是學術界爭論不斷、糾紛不止的一個隱秘動機，所謂打官司就等於打廣告。當然，這裏的分析，只是就普泛意義上的學術之爭而言，面對現代漢語文論的具體論戰，我們還得作進一步的分析。

我們已經不止一次地指出，新文學的發展史，就是不斷的文學論爭的歷史。在眾多的論爭中，絕大部分是必須的，但也有少數論戰是可以避免的。這些本可以避免的論戰之所以發生，很大程度上就是由於敵我雙方都願意進行這樣的論戰。願意論戰，就會出現相互合作的話語方式。不過，這種合作，也有自覺與不自覺的區別。比如，林紓作爲桐城派文人，在主觀上是決不會與新文化、新文學運動的發起者進行合作的，但他以正統古文筆法翻譯大量國外小說，並進行評價，從而培養了大批的「林譯小說」愛好者，無意中配合了新文學發起者們提高小說地位的主張，而且，憑藉他翻譯的小說傳遞進來的西方生

① 《新青年》第二卷六期，「通信」欄。

活方式與意識形態，也爲新文化運動的出現奠定了思想基礎。又比如，劉師培也是保守派中的重要一員，他也堅定地站在新文學的敵對立場上，但就在林紓與蔡元培進行論戰的時候，劉師培卻致書《公言報》，不承認林紓是「舊派」的代言人，結果，「正宗傳統派這樣的釜底抽薪，對林紓的實際打擊恐怕比新派的直接進攻還要更致命」①，這也無意之中配合了新派的鬥爭。

在現代漢語文論話語的論辯中，敵對雙方相對自覺的合作，也曾發生過，但由於這樣的合作具有某種心照不宣的性質，我們在此也只能作推斷性的分析。

發生在一九二二年三月至一九二四年七月之間的創造社與文學研究會的論爭，在很大程度上就具有相互配合的「嫌疑」。挑起這場論爭的是創造社的鬱達夫和郭沫若，他們二人在一九二二年五月一日出版的《創造季刊》第一期上分別發表《藝文私見》和《海外歸鴻》，將批評的矛頭直指文學研究會，從而引出茅盾的公開辯駁。自此之後，以《時事新報·文學旬刊》、《時事新報·文學週報》、《時事新報·學燈》、《創造季刊》、《小說月報》等刊物爲陣地，圍繞不斷轉換的問題，兩派你來我往，唇槍舌戰，長達兩年多時間，給人留下二十世紀二〇年代上半段的中國文壇，主要就是創造社與文研會兩派對立這樣一個模糊與膨脹了的印象。當然，通過這次論戰，雙方都一定程度地實現了文學觀念上的自我超越與相互整合，創造社由此加強了文學爲人生的功利性因素，文學研究會在仍然注重文學的現實主義傾向的同

① 羅志田《權勢轉移：近代中國的思想、社會與學術》，武漢：湖北人民出版社，一九九九年七月，第二七九頁。

時，也強調審美因素的重要性，其結果，反映在創作上，就是鄭伯奇在《中國新文學大系．小說三集．導言》中指出的那樣：「文學研究會裏面，也有帶浪漫主義色彩的作家；創造社的同人中也有不少的人發表有寫實傾向的作品。」但創造社與文研會的論戰從動機上說，卻並不純粹是文學性的，而且，兩派對文學的認識也並非完全對立，必須通過大規模、長時期的論戰才能解決。

一九二一年九月底，鬱達夫在《時事新報》上刊登了自己執筆的《純文學季刊〈創造〉出版預告》，被認爲是以挑戰姿態引起文壇注意的「宣言書」：「自文化運動發生後，我國新文藝爲一二偶像所壟斷，以致藝術之新興氣運，澌滅將盡。創造社同人奮然興起打破社會因襲，主張藝術獨立，願與天下之無名作家共興起而造成中國未來之國民文學。」這就是說，第二年開始的論爭是早有預謀的，鬱達夫、郭沫若等人把與文研會的論戰當成了擴大創造社的影響、樹立自己權威地位的話語策略。對此，郭沫若後來卻避重就輕地給予了這樣的反思與批評：「那時的無聊的對立只是在封建社會中培養成的舊式的文人相輕，更具體地說，便是『行幫』意識的表現而已。」①文學研究會成立於一九二一年初，由於其「發起的時候，有『緣起』（可以說就是宣言），有『章程』，後來各地有『分會』，有機關報似的『定期刊』（各地分會也有定期刊），又曾印過一次『會員錄』——這種種，都叫人看了就會認定它是一個有組織的文學團體，而且象要『包辦』文壇。」②實際上，「文學研究會是一個非常散漫的文學集團。文學研

---

① 郭沫若《創造十年》，《郭沫若全集．文學編》（一二），北京：人民文學出版社，一九九二年，第一四〇頁。

② 茅盾《關於「文學研究會」》（一九三三年五月），《茅盾文藝雜論集》（上），第三六三—三六四頁。

究會發起諸人，什麼『企圖』，什麼『野心』，都沒有的；對於文藝的意見，大家也不一致——並且未嘗求其一致……」①不過，換一個角度看，也可以說，文學研究會當時的實力還不足以「把持」或「包辦」文壇，與創造社論戰，正好可以將非常散漫的團體凝聚起來，而且這也是在邀請田漢、郭沫若等加入文研會沒有成功、對方又主動打上門來的前提下，必然爆發的爭奪話語權威地位的應對措施。從這個意義上說，「論戰」也是文研會此時樂於奉陪的話語策略。

再者，論戰時期，兩派代表人物的文學觀並非是截然對立的。郭沫若在發表於《時事新報．學燈》一九二三年八月四日上的《論國內的評壇及我對於創作上的態度》一文中指出：「我認定藝術和人生，只是一個晶球的兩面。只如我們的肉體與精神的關係一樣，他們是兩兩平行，絕不是互爲君主臣僕的。」同樣，「文學研究會會員中間有幾位曾熱心地提倡了『爲人生的藝術』，而且在文學研究會主編的刊物上（例如上海出版的《文學週報》）發表論文，這是事實；但這些論文，只是個人的主張，並非集團的。」②而茅盾在《〈小說月報〉改革宣言》（一九二一年一月）中指出，譯介西洋文學應該「對於爲藝術的藝術與爲人生的藝術，兩無所袒。必將忠實介紹，以爲研究之材料。」「故同人以爲寫實主義在今日尚有切實介紹之必要；而同時非寫實的文學亦應充其量輸入，以爲進一層之預備。」③既然如此，這場論

---

① 茅盾《關於「文學研究會」》（一九三三年五月），《茅盾文藝雜論集》（上），第三六四頁。
② 茅盾《關於「文學研究會」》，《茅盾文藝雜論集》（上），第三六五頁。
③ 《茅盾文藝雜論集》（上），第二〇頁。

戰，在今日看來，也就很大程度地帶有相互配合、共同擴大影響的性質。

關於「兩個口號」的論爭，是一個複雜但又簡單的事件。說其複雜，是因爲兩個口號的內涵經過較長時間的論辯與界定才逐步趨於明晰與完整，而且，兩個口號的提出各有自己的背景，由兩個口號劃分出的兩大陣營中的成員也關係複雜，論爭過程中也夾雜著一些個人恩怨和意氣用事。說其簡單，是因爲，這次論戰的雙方，儘管立場與觀點不盡相同，但要求抗戰和贊同建立抗日統一戰線的基本觀點卻是一致的，也就是說，兩個口號並不存在本質性的區別。當論爭尚在激烈進行的時候，魯迅就看清了這一點，並主張兩個口號應該並存。①但這場論爭畢竟轟轟烈烈地進行了大半年，迄於上世紀七〇年代末，已經發現有三百餘種報刊、四百八十多篇文章加入這次論爭的行列②。這在當時，無異於是左翼文藝界爲建立整個文藝界抗日民族統一戰線，而進行的一場聲勢浩大的思想動員，爲一九三六年十月底《文藝界同人爲團結禦侮與言論自由宣言》的公開發表，掃清了障礙、奠定了基礎，以「內訌」的形式成功地搶佔了當時文壇的話語權。從這個意義而言，這次論戰之所以能有這樣的收穫，也得力於論戰雙方的配合。

以上我們對合謀話語的幾種方式進行了簡略的描述與分析，實際上，除了這些之外，還存在其他方式，當然也有以拒絕的方式實現合謀的現象，比如，在「兩個口號」的論爭中，胡風發表了《人民大眾向人民要求什麼》一文，提出了「民族革命戰爭的大眾文學」這一創作口號之後，在文藝界引起了軒然

---

① 參見魯迅《答徐懋庸並關於抗日統一戰線問題》（一九三六年八月十五日），《魯迅全集》第六卷。

② 參見《「兩個口號」論爭資料選編·出版說明》，北京：人民文學出版社，一九八二年三月。

大波，但他始終未曾對論爭者答辯一字，在《密雲期風習小記》一書的「序」中，他對此作瞭解釋：「因爲當時我的主將下了命令，說沉默有時是最好的回答。而事實上，我的有些挑戰者們，確實是只想借了我的應戰去襯出他們的英雄面貌的。」①顯然，胡風採取的是拒絕合謀的策略，但正是看穿論敵的心態，不與他們合作，卻完成了與同一戰陣的「合謀」，即所謂聽將令、保持沉默。

雖然，我們描述的這些類型，都是與具體的文論事件密切聯繫著的，但它們卻不乏代表性，特別是在文論話語觀念與方式發生重大轉型的時期，新的文論試圖搶佔話語權威地位，舊的文論不甘輕易將話語霸權拱手相讓，其結果必然是，新舊話語爆發激烈的衝突與鬥爭。爲了獲取勝利，雙方都會採取一切必要的話語措施，而合謀話語就是其中比較重要的一種。在二十世紀的二三十年代，現代漢語文論憑藉合謀話語方式，取得了對古代漢語文論的鬥爭的勝利，並成功地推衍了自己的話語觀念。在五六十年代，即文化大革命的前前後後，合謀話語更是成爲批判與反批判的一種重要手段。到八九十年代，文藝界出現的一系列所謂論戰甚至訴諸法律等喜劇或鬧劇事件，不少也是運用了合謀這一話語方式。

---

①《胡風評論集》（上），北京：人民文學出版社，一九八四年三月，第三三八頁。

四、個性與族性

本節所謂的個性話語，是指充分體現了話語主體的性格特徵和文體風格的現代漢語文論話語方式。所謂族性話語，是指相當程度地消彌話語主體的個性以彰顯民族精神與風格的現代漢語文論話語方式。而群性話語，則是居於個性與族性之間，圍繞流派、刊物、文體等方式形成的團體共有的現代漢語文論話語方式。雖然，僅從字面來看，「個性」與「族性」具有二元對立特徵，但鑒於現代中國這一特殊的歷史語境，文論話語主體在個性追求與族性意識兩者之間的認同與取捨，顯得異常複雜。因此，反映話語主體複雜心態和兩難選擇的個性話語與族性話語，並不處於純粹二元對立的關係之中，個性話語必然受到族性的衝擊，族性話語也不能完全禁錮個性的顯露。兩種話語方式既對立又統一，甚至還發生轉化。而群性話語方式的存在，既增加了轉化的契機，又使這種轉化變得更加複雜和多樣。這些，我們將在具體描述中展開進一步的論述。

（一）

晚清文界革命以來，文論話語的風格已經開始發生轉化，梁啓超的文學論文就以其充沛的情感、誇飾的觀念，形成獨據個性的話語方式。梁氏但開風氣的話語方式，對五四一代批評家的文風產生了重要影響，加之外來話語的直接刺激，催生出一批具有鮮明個性的詩學文本，自然也孕育出一系列個性話語方式。

首先，寄寓於北京大學、團結在《新青年》周圍的一批教授，他們在「思想自由，相容並包」的學風之下，暢所欲言，發表各自對新文學運動的認識與感受。而《新青年》上的「隨感錄」、「通信」等欄目，就是他們展示個性話語方式的舞臺。比如，魯迅一九一八年九月至一九一九年十一月，在《新青年》上發表二七篇隨感錄，其中不少篇目涉及當時的文學問題，這些文章和魯迅的其他文藝雜文一道，構成了魯迅潑辣、犀利、個性鮮明的文論話語方式。通信欄目刊發的不少書信，也充分反映出作者的個性特徵。比如，陳獨秀的書信，往往顯出一種勇往直前、不容討論、霸氣十足的話語方式，這在精神上與他對《新青年》全體社員的要求是一致的：「我們理當大膽宣傳我們的主張，出於決斷的態度；不取鄉願的，紊亂是非的，助長惰性的，阻礙進化的，沒有自己立腳地的調和論調」①。胡適書信的話語方式，則顯出比較突出的理性精神，和溫良謙和的紳士心態。錢玄同的書信，以其偏激的觀念，形成矯枉過正的話語方式。

與《新青年》一起，成爲五四時期新文化運動另一重鎮的《新潮》，也注重話語言說方式的獨特性。

① 陳獨秀《新青年宣言》，《中國新文學大系・史料・索引》，第五五頁。

《新潮發刊旨趣書》宣稱：「本志以批評爲精神，不取乎『庸德之行庸言之謹』……同人等所以不諱譏評者，誠緣有所感動，不能自已於言。」①這種批評的精神和科學的主義、革新的文詞一道構成《新潮》的三大「原素」，②而文詞的革新，也有助於話語方式的革新，這種革新就是打破固有的傳統模式，走上符合時代新潮的個性話語方式。

五四新文化運動的高潮過去之後，新文化、新文學陣營都發生了分化。胡適開始探討「研究國故的方法」、創辦《國學季刊》；周作人談龍、談虎、退耕「自己的園地」；魯迅則逐漸變成真的猛士，在小說、雜文、學術等多方出擊的同時，還在《語絲》週刊上「任意而說，無所顧忌」③。雖然這對新文學的發展造成了負面影響，但化整爲零、各自爲陣，對於促進與完善個性話語方式，卻十分有利。周作人「無聊奈的」「亂談一陣」，④是現代漢語文論中獨特的話語方式。魯迅則在大量的雜文創作中將他的「魯迅風」發揮得淋漓盡致，而且還與周作人、林語堂等人一道，用各據特色的話語方式，塑造出所謂「《語絲》的文體」。

但是，上述這些新文學運動的先驅者們，在努力追求與保持文論話語的個性特徵的同時，仍然難以

---

① 《中國新文學大系．史料．索引》，第六〇頁。
② 參見傅斯年《新潮之回顧與前瞻》，《中國新文學大系．史料．索引》，第六二頁。
③ 參見魯迅《我和〈語絲〉的始終》，《魯迅全集》第四卷。
④ 參見周作人《〈自己的園地〉自序》、《〈談龍集〉〈談虎集〉自序》，《周作人早期散文選》，上海：上海文藝出版社，一九八四年四月。

忘懷以民族的代言人身份，去表達對文藝現狀的焦慮與批判，對民族文學未來發展方向的規範與展望。以這樣的身份和心態去批評、研究文學問題，其話語方式的個性特徵就難免要受到制約與排擠。當這種制約與排擠超過一定的限度，個性話語方式也就轉化成爲族性話語方式。

（二）

關於族性話語，我們稍後再談。這裏，我們再來看看文學史、文學理論等相對純粹的學術領域中，個性話語方式的存在狀況。

相對于文學批評話語而言，文學史、文學理論的研究，是屬於象牙塔里的學問，與社會現實之間的距離可以保持得更大一些。這就使得個性話語方式在這兩個領域獲得相對平穩的發展，但正是由於遠離了社會現實，這種話語的個性也不如批評領域來得鮮明與偏激，畢竟，學術話語是更具理性的言說方式。

實際上，新文學運動的先驅者們，大多也都是中國現代學術規範的建立者。魯迅、胡適、錢玄同、劉半農、郭沫若、茅盾等是其中的佼佼者。他們將中國古代思維方法與學術規範同西方近現代思維方式、學術觀念結合起來，在文學研究的眾多領域開創了現代學術的新局面。比他們稍晚的一代文學大師，如鄭振鐸、聞一多、朱自清、朱光潛、梁實秋、梁宗岱更是初步形成了文學研究的學院派傾向。與此同時，也出現了一批相對純正的學院派學者，如謝無量、胡寄塵、趙景深、譚正璧、胡雲翼、胡小石、劉麟生、陸侃如、馮沅君、劉大白、陳子展等文學史家，陳鐘凡、郭紹虞、羅根澤、朱東潤等文學批評史家，劉永濟、馬宗霍、錢歌川、曹百川、孫俍川、葉以群等文學理論家。上述這些學者，作爲中國現代學術的奠基人，他們的話語方式存在諸多共同之處，比如，都處在格西到格中這一話語機制轉換的過程之中，而且，從不同的角度促成或印證這種轉換。各代、各領域的學者的話語也具有相似特徵，魯迅一代學者不同程度地汲取了外來學術觀念，但仍承襲並發展了傳統小學與樸學；聞一多一代更深透也更專一地浸潤於西方話語之中，他們的話語方式也更多地接近西方，或者說，更嫻熟地運用西方話語觀念、思維方式來闡釋、解讀中國的文學現象；學院派學者們所從事的中國文學史、文學批評史研究，雖然表面上並不見多少西方術語，但這種研究的基礎——「史」的意識與觀念，卻是來自西方的比較純粹的「小歷史」觀，並非中國傳統的「大歷史」觀，而這一點則得力于與「史」的研究互爲表裏文學理論研究，衆多的文學理論類著作，都建立在純文學觀念的基礎之上，而且其內在系統的組織，也以西方文學思潮、文學現象爲依據。

儘管如此，上述學者，即使是同一類別，在各自的研究中，又體現出各不相同的文論話語方式，這與他們各自的學術立場、知識結構，乃至於性格特徵都有關係。比如，胡適、魯迅與劉半農都是新文化運動的代表性人物，而且都在中國小說史研究方面做出過突出貢獻：魯迅的《中國小說史略》打破了「中國小說自來無史」①的窒悶局面，「奠定了中國小說研究的基礎」②；胡適以《〈紅樓夢〉考證》（一

---

① 魯迅《中國小說史略．序言》，《魯迅全集》第九卷，第四頁。

② 鄭振鐸《中國新文學大系·文學論爭集·導言》，第17頁。

九二一）一文中提出的「《紅樓夢》自傳說」，爲新紅學的發展樹起了典範；劉半農以「大學教授」的身份標點俗諺、油滑小說《何典》①，點校《西遊補》，並撰寫《西游補作者董若雨傳》，擴大了這兩部小說的影響。這裏除卻學術成就高低不論，僅就話語方式而言，他們的區別是非常明顯而巨大的。

胡適在學術研究上，提倡並身體力行所謂「大膽的假設，小心的求證」這一「科學方法」，他的「《紅樓夢》自傳說」就是這種假設與求證方法的重要收穫：「我在這篇文章裏，處處想撇開一切先入的成見；處處存一個搜求證據的目的；處處尊重證據，讓證據作先導，引我到相當的結論上去。」②但正是由於胡適太過鍾情於這種「拿證據來」的考證學方法，執著於在小說情節與作者生平之間尋找聯繫，將小說看成是作者身世的投影，「儘量坐實賈府與曹家以及寶玉與雪芹之『若合符節』，有意無意間泯滅了自傳與自敍傳小說的區別」③，其結果，使得「紅學」轉變成了以考釋曹雪芹家世爲主的「曹學」。因此，我們可以說，胡適的小說學術話語趨於執著，缺少變通，在顯出個性的同時，也流露出一定的局限性。

魯迅在小說研究上用功頗多，成就很高。其《中國小說史略》一書，既汲取了古代歷史著作編撰體例與話語方式的有益養分，又借鑒了國外優秀文學史著作，如丹麥勃蘭兌斯（G.Brandes, 1842-1927）的《十九世紀歐洲文學主潮》、奧地利籟息（Reich E, 1822-1864）的《匈牙利文學史》、奧地利凱爾沛來

---

① 參見魯迅《爲半農題記〈何典〉後，作》，《魯迅全集》第三卷。

② 胡適《〈紅樓夢〉考證》，俞吾金編選《疑古與開新——胡適文選》，上海：遠東出版社，一九九五年十二月，第五二四頁。

③ 陳平原《中國現代學術之建立》，北京：北京大學出版社，一九九八年二月，第二一三頁。

斯（G.Karpeies, 1848-1909）的《猶太文學史》等①所表現出的文學史觀，從錯綜複雜的材料中清理出一條中國小說的發展線索，初步建立起中國小說史的體系。但正如陳平原所說，「魯迅並非專門學者，不管是『偷火』還是『懷舊』，都有超越具體對象的文化關懷。」②我以爲，在《中國小說史略》中，這種文化關懷的一個重要表現就是，魯迅將中國小說的發展放在具體的社會生活、政治制度、文化氛圍中加以考察和論述，比如，在描述魏晉志人小說的特徵及成因時，魯迅就是從漢末士流品評的征辟制度，佛、老相拒而實相煽的思想氛圍，以及世風崇尙掇拾舊聞、記述近事等三個方面入手進行精當分析的。這種論述以堅實的材料輯校與考辨爲前提，但將時代、環境等因素納入進來作爲論述架構的重要支撐，又比純粹清儒式的考校要深刻，而且在保證科學性的同時，加強了人文精神。這就與胡適將考證放在首位的話語方式顯出很大的不同，加上魯迅自己有翻譯、創作小說的感性經歷，其學術的理性思考更符合小說文體的審美特徵。因此，我們可以說魯迅的小說學術話語將科學性、人文性、審美性等多方面結合了起來，具有長久、旺盛的生命力。

劉半農著力推廣的兩部小說，一是清人張南莊的長篇諷刺小說《何典》（又名《十一才子書鬼話連篇錄》），一是明末清初董說的長篇神魔小說《西遊補》。前者用方言寫成，雖嫌流於油滑但帶有諷刺

---

① 從論文《摩羅詩力說》和譯作《裴多飛詩論》可知，魯迅在一九〇八年以前就熟悉勃蘭兌斯和籟息的著作，魯迅還於一九二一年翻譯過凱爾沛來斯的《小俄羅斯文學略說》。

② 王瑤主編《中國文學研究現代化進程》，北京：北京大學出版社，一九九六年十二月，第八二頁。

色彩，「在死的鬼畫符和鬼打牆中，展示了活的人間相，或者也可以說是將活的人間相，都看作了死的鬼畫符和鬼打牆。便是信口開河的地方，也常能令人彷彿有會於心，禁不住不很爲難的苦笑。」①後者既譏彈明末世風之頹壞，又寄寓宗社顛覆之痛楚，董說也因爲劉半農《西游補作者董若雨傳》而彰顯於後世。我們知道，劉半農早年著譯過大量的偵探、滑稽、哀情等通俗小說，並且致力於「中國下等小說」的搜集與研究。因此，當白話文學運動興起之後，他積極投身其中。一九二六年，他校點《何典》，也是認識到這部「善用俚言土語」的小說，「無一句不是荒荒唐唐亂說鬼，卻又無一句不是痛痛切切說人情世故。」②校點《西遊補》，撰寫長篇論文《西游補作者董若雨傳》，同樣既是基於自己的興趣，也有爲通俗文學張目的潛在動因。劉半農就是這樣將小說學術研究與現實文學鬥爭結合了起來，爲排擊封建文學及其腐朽思想做出了貢獻。與魯迅、胡適相比較，他也形成了自己獨具個性的小說學術話語方式。

（三）

面對現代漢語文論發展過程中的層層阻礙，話語主體必須結成同盟，在一定程度地保持話語個性的前提下，儘量形成群體風格乃至於族性特徵。話語主體一旦結成團體，就得比作爲個體更多地肩負著替

① 魯迅《〈何典〉題記》，《魯迅全集》第七卷，第二九六頁。
② 劉半農《重印〈何典〉序》，《劉半農研究資料》，天津：天津人民出版社，一九八五年二月，第二一二頁。

百姓發言、爲民族分憂的重任。這種數千年形成的士階層以先知覺後知、以先覺覺後覺①的社會責任感，以及齊家、治國、平天下的宏大志願，在現代知識份子身上，雖有所淡化，但仍然以自覺的「啓蒙」與「救亡」意識表現出來。提倡白話文，呼喚人的文學，主張文學爲人生，甚至高揚文學的浪漫精神等等，其個中深意或者說良苦用心，都離不開救亡與啓蒙這一中國近現代社會雙重變奏的主旋律。明白這一點，就會比較容易地發現，現代漢語文論話語中時時處處都存在著的群性與族性話語方式。

就「群性」話語方式而言，最直接的表現，就是不同的文學流派或團體，往往自覺或不自覺地表現出相似的文論話語方式。比如，文學研究會，雖然「是一個非常散漫的團體」，但仍然有一個基本的態度，即所謂「將文藝當作高興時的遊戲或失意時的消遣的時候，現在已經過時了。」②但正是這一基本的態度，決定了文研會的創作與批評的現實主義傾向。或者也可以反過來看，西方的現實主義精神，決定了文研會在創作風格與批評觀念上的基本態度。作爲團體的一分子，在機關刊物上發表自己的批評文章，就不僅要調整自己的興趣與態度，還必須規範自己的話語方式，這種現象，也類似茅盾所說的「起初是人辦文學研究會，後來是文學研究會辦人了」③。那麼，作爲一個群體，文學研究會究竟有怎樣的話語方式呢？與他們以現實主義爲批評準繩相一致，他們的話語方式最突出的特徵，就是真實與理性。

① 《孟子·萬章上》：「天之生此民也，使先知覺後知，使先覺覺後覺也。予，天民之先覺者也；予將以斯道覺斯民也。非予覺之，而誰也？」
② 參見茅盾《關於「文學研究會」》，《茅盾文藝雜論集》（上），第三六四頁。
③ 茅盾《關於「文學研究會」》，《茅盾文藝雜論集》（上），第三六七頁。

周作人對現代散文文體特徵的建構，茅盾「作家論」對社會—歷史批評方法的大規模運用，鄭振鐸關於中國文學與世界文學的系統性研究等，從不同角度反映出對真實原則、理性精神的尊重。顯然，這與創造社群體以充沛的激情、大膽的想像爲主要特徵的批評話語方式，形成了明顯的反差。此外，京派文人批評話語的學院風采、左聯文學批評話語的意識形態特徵等，都是群性話語方式的典型表現。

(四)

群性話語方式還有其他的形成機制，比如，圍繞某個刊物、某一叢書或某種文體，都可以形成某種群性話語方式。一般說來，現代文學史上的某個刊物，總是和某一文學社團密切相關的。圍繞這個刊物自然就會形成某種話語方式，即使是那些流派色彩比較淡薄的刊物也是如此。比如，一九二四年十一月問世的《語絲》，便以「要說什麼都是隨意，唯一的條件是大膽與誠意」①，形成「任意而談，無所顧忌，要催促新的產生，對於有害於新的舊物，則竭力加以排擊」②的「語絲體」。當然，《語絲》主要是一個以雜文和美文爲主的創作刊物，其中可以直接劃歸于文學批評的篇什並不多，但有很大一部分雜文，針對的是文藝界的種種現狀。象魯迅的《不是信》、《無華的薔薇》（一、二、三）以及《新的薔薇》、《並非閒話》（三）、《學界三魂》、《碰壁之後》、《碰壁之餘》、《音樂》、《辭「大義」》、《革「首領」》、

① 周作人《答伏園論「語絲的文體」》，《語絲》第五四期。

② 魯迅《我和〈語絲〉的始終》，《魯迅全集》第四卷，第一六七頁。

《「公理」之所在》等等，就是針對陳西瀅、徐志摩、章士釗等文人、政客而寫的文藝批評性質的雜文。即使是所謂集「叛徒」與「隱士」于一身的周作人、林語堂、劉半農①，也在《語絲》上發表過一系列尖銳、犀利的文藝雜文。比如，周作人有《關於三月十八日的死者》、《論並非睚眥之仇》、《〈「現代評論主角」唐有壬致《晶報》書〉書後》，林語堂有《討狗檄文》、《論罵人之難》，劉半農的《徐志摩先生的耳朵》、《罵瞎了眼的文學史家》等。正是這些戰鬥性極強的文藝批評文章，使我們也可以用「任意而談，無所顧忌」來概括《語絲》週刊文學批評話語方式的特徵。

以某一叢書形成某種群性話語方式的情況，在現代漢語文論中比較普遍。其原因主要是文論叢書種類繁多，僅二三十年代的商務印書館就出版有多種與文學理論、文學研究有關的叢書，如東方文庫、百科小叢書、萬有文庫、漢譯世界名著、文學叢書、文學研究會叢書、大學叢書、中國文化史叢書等；其他一些出版社還推出一些比較純粹的文學批評或理論類叢書，比如，上海大江書鋪有「文學理論小叢書」、「藝術理論叢書」，上海水沫書店有「科學的藝術論叢書」，現代書局有「現代文學講座叢書」，到了四〇年代，這類純粹的文論叢書更加普遍。當然，並非以上叢書都形成了各自的群性話語方式，因爲，好些叢書是將已經出現的著作編放在一起，不是先有叢書規劃，再嚴格組織書稿，以求話語方式的

① 王瑤曾指出：「『五四』以後由叛徒走向隱士的例子卻實在太多了。周作人、林語堂還不夠典型，他們在兩方面（叛徒與隱士）都不大夠格；比較典型的例子我們可以舉出劉半農，那發展的道路確實是由叛徒到隱士的。」《中國新文學史稿》，上海：上海文藝出版社，一九八二年十一月修訂重版，第一五七頁。

基本相似。但是，象「百科小叢書」、「大學叢書」以及世界書局的「ABC 叢書」，都是先有體例要求，再組織撰寫或選編的大型叢書。

「百科小叢書」是由時任商務印書館編譯所所長的王雲五策劃，一九二三年三月開始出版的，「以百科知識主要是西洋最新的學術思想爲介紹對象。每題一書，每冊數萬字，由所內專家分任執筆，深入淺出，敍述務求簡明，其性質在當時之我國尙屬創見。」①不少現代漢語文論著作和譯作，都見於這套叢書之中，在話語方式上，也都表現出簡明扼要、深入淺出的特徵。同樣，徐蔚南在《ABC 叢書發刊旨趣》（一九二八年六月二十九日，印於叢書各冊的首頁）中，指出「我們要把各種學術通俗起來，普通起來，使人人都有獲得各種學術的機會，使人人都能找到各種敍述的門徑。我們要把各種學術從知識階級的掌握中解放出來，散遍給全體民眾。ABC 叢書是通俗的大學教育，是新知識的泉源。……是講堂裏實用的教本，是學生必辦的參考書。」歸入這套叢書的文論著作很多，象夏丏尊《文藝論 ABC》、傅東華《文藝批評 ABC》、《詩歌原理 ABC》、玄珠（茅盾）《小說研究 ABC》、曹幕暉《獨幕劇 ABC》、張若穀《歌劇 ABC》、趙景深《童話學 ABC》等，它們或者是該領域奠基性的著作，或者是承上啓下的著作，而且，都能在幾萬字內將各自的論題既通俗易懂又頗具體系地論述清楚，顯示出大致相似的話語方式。

以某種文體爲基點，同樣能夠形成群性文論話語方式。比如，茅盾在二〇年代末率先創作被稱爲「作

① 王建輝《文化的商務——王雲五專題研究》，北京：商務印書館，二〇〇〇年七月，第一〇七頁。

家論」的批評文章，到三〇年代初，他一共寫了《魯迅論》、《王魯彥論》、《徐志摩論》、《廬隱論》、《冰心論》、《落花生論》、《女作家丁玲》等七篇作家論。與此同時還激起了穆木天、許傑、蘇雪林、沈從文、胡風、錢杏邨、趙景深、李長之、馬彥祥、陳君冶、夏一粟等一批作家和理論家撰寫「作家論」的興趣，上海生活書店於一九三六年四月還結集出版了一本《作家論》。雖然，參與作家論寫作的批評家，在政治立場、知識結構乃至於批評方法上，都顯出較大程度的差異，但是，這些作家論在話語方式上卻有相似之處：幾乎都運用來自西方的文學術語、觀念來解讀中國現代作家與作品，都以理性的方式敍述作家的生平與創作經歷，能夠將作家的創作看成一個動態的、發展的過程，將思想成分與藝術特色既區別、又聯繫起來進行分析，而且，由於作家論的撰寫者大多是作家，對創作的甘苦、得失有許多共同的感受，因此，他們的批評話語中，也表現了相似的、與中國古代批評相通的感性因素。

(五)

除了「救亡」與「啓蒙」這兩大貫穿中國近現代歷史的總主題之外，現代中國各個發展階段，又有自己不同的分主題，比如清末的中體西用、反帝排滿，五四時期的民主與科學，抗戰時期的愛國主義，解放戰爭時期的和平統一等。身處這些時期的大多數文學家、批評家，不僅自己受到時代氛圍的強烈薰染，而且還自覺地以廣大人民、乃至整個民族的代言人的身份，投入到演奏時代主題的行列中。首先是《新青年》、《新潮》、《每週評論》等綜合性進步刊物，以促進社會進步，樹立新時代的精神，拋棄政治、道德、經濟上陳舊、阻礙進化而且不合情理的部分爲己任。①就是《小說月報》、《創造季刊》、《洪水》、《文化批判》、《語絲》等文學刊物，雖然隸屬不同派別，但它們或者以爲人生，或者以創造新世界，或者以排擊舊物、催促新生爲辦刊目的，都程度不同地表現了參與社會、改良人生的積極意識。這就使新文學家的創作和批評具有比較突出的族性特徵。

就現代漢語文論話語而言，族性特徵也表現得比較充分。實際上，文學批評家、理論家，一旦將自己置於代大眾、替民族發言的地位，他在進行文論言說時，也就很難保持「象牙塔中」的理性思考，往往得走上「十字街頭」，周作人將象牙塔建造在十字街頭的希望，②在當時的中國是行不通的，「因爲環境並不相同，這裏是連擺『象牙之塔』的處所也已經沒有了；不久可以出現的，恐怕至多只有幾個『蝸牛廬』。」③既然不能與時代保持一定的距離，作家、批評家就應該幹預社會、幹預生活，「敢於直面慘澹的人生，敢於正視淋漓的鮮血」④，敢於進行社會批判和文化批判。檢視現代漢語文論的各種文本，最能體現社會批判、文化批判以及啓蒙民眾等族性話語要求的，主要有三種類型，即雜文型、論戰型和普及型。

---

① 參見陳獨秀《新青年宣言》，《中國新文學大系・史料・索引》，第五四—五五頁。
② 周作人曾在《語絲》第十五期上發表短文《十字街頭的塔》，他說：「別人離了象牙的塔走往十字街頭，我卻在十字街頭造起塔來住……」
③ 魯迅《二心集・序言》，《魯迅全集》第四卷，第一八九頁。
④ 魯迅《紀念劉和珍君》，《魯迅全集》，第三卷，第二七四頁。

雜文是現代漢語文學發展得最充分的一種文體，其中有相當大的部分屬於文藝性雜文。雜文最直接的現代起源可以追溯到《新青年》上的「隨感錄」，最完備的形態是魯迅的雜文。所以，考察魯迅的文藝雜文，就能感受到族性話語方式的鮮明特徵。首先是「以小見大」式的推論與聯想。魯迅在《熱風·題記》（一九二五年十一月）中說：「我在《新青年》的《隨感錄》中做些短評……除了幾條泛論之外，有的是對於扶乩，靜坐，打拳而發的；有的是對於所謂『保存國粹』而發的；有的是對於上海《時報》的諷刺畫而發的。記得當時的《新青年》是正在四面受敵之中，我所對付的不過一小部分；其他大事，則本志具在，無須我多言。」①的確，雜文主要就是針對現實生活中的瑣屑事件，它的精妙處就在於，一針見血地揭示出隱藏於小事件後面的社會與文化本質問題。所以，雜文批評的話語方式，離不開合理的邏輯推論與聯想。其次是匕首、投槍式的尖銳與鋒利。雖然，嚴酷的現實讓魯迅認識到文學是最沒有力量的人才去作的事情，但魯迅仍然將雜文視爲批判社會的武器，他扶持《語絲》、《莽原》與《挺進》等有進步傾向的刊物，是「希望中國的青年站出來，對於中國的社會，文明，都毫無忌憚地加以批評」②，而且爲了制強敵的死命，必須要做到能夠寸鐵殺人。所以立論犀利、措辭辛辣是雜文批評話語方式的又一個特色。第三是閒適性的消彌。現代雜文「原是萌芽於『文學革命』以致『思想革命』的」，它是「能

---

① 《魯迅全集》，第一卷，第二九一頁。

② 魯迅《華蓋集·題記》，《魯迅全集》第三卷，第四頁。

和讀者一同殺出一條生存的血路的東西」，①所以，它不可能是太平盛世的「小擺設」，以滿足士大夫們茶餘飯後的消閒和賞玩。儘管雜文也談風月、敘花邊，但隱藏其中的卻是談風雲、論刀式！其正話反說、冷嘲熱諷、嬉笑怒罵的言說方式是對傳統小品文閒適性、風雅性的消彌。

論戰文本，是現代漢語文論中最爲普遍的話語文本之一，除了上述論戰性雜文之外，還有多種類型，對此，我們將在下一章作具體分析。這裏我們只是想說明，這種文本也體現了鮮明的族性話語特徵。文學論戰，按理說，似乎只應該涉及文學觀念、文學趣味等純粹學理層面的問題。但由於現代中國特殊的歷史語境，以及話語主體自身未被徹底揚棄的仕宦情結，使得現代漢語文論中的論戰，遠遠超出了學理界限，進入到現實生活的廣闊天地裏。論戰所運用的話語方式，也就不僅僅是個體與個體之間的文論辯駁，而是融入了啓蒙、救亡的時代主題之中，成爲一種族性話語方式。比如，宣揚爲藝術的創造社，之所以要發動與文學研究會的論戰，除了要打破文壇被一二偶像所壟斷的局面之外，還有一重目的，即「願與天下之無名作家共興起而造成中國未來之國民文學。」②在具體論爭中，文研會當然是緊扣文學與社會、政治之間的血肉聯繫，將國家、民族的利益與文學創作、譯介的目的維繫在一起：「處中國現在這政局之下，這社會環境之內，我們有血的，但凡不曾閉了眼，聾了耳，怎能壓住我們的血不沸騰？從自

① 魯迅《小品文的危機》，《魯迅全集》第四卷，第五七六、四七七頁。
② 郁達夫《純文學季刊〈創造〉出版預告》，《鬱達夫全集》第五卷，杭州：浙江文藝出版社，一九九二年十二月，第二二頁。

已熱烈地憎惡現實的心境發出呼聲，要求『血與淚』的文學，總該是正當而且合于『自由』的事。」①創造社雖然堅決維護作家的個性和文學的藝術至上性，但他們在論辯中也沒有輕易地完全否定文學的功利性，比如，郭沫若雖然一方面指出：「假使創作家純以功利主義爲前提從事創作……他在社會上或者容易收穫一時的成功，但他的藝術（？）絕不會有永遠的生命力」，但另一方面也還得承認「個人的苦悶，社會的苦悶，全人類的苦悶，都是血淚的源泉，三者可以說是一根直線的三個分段，由個人的苦悶可以反射出社會的苦悶來，可以反射出全人類的苦悶來，不必定要精赤裸裸地描寫社會的文字，然後才能算是滿紙的血淚。」②

二十世紀二〇年代初，胡適、陳獨秀圍繞北京大學學科建設問題，在學術的「提高」與「普及」兩種走向上發表了互相對立的觀點，胡適主張「惟有真提高才能真普及」③陳獨秀則將「提高與普及」同學術、教育的「貴族化」和「平民化」聯繫起來，認爲：「學術界自然不能免只有極少數人享有的部分，但這種貴族式的古董式的部分，總使得他儘量減少才好。」④實際上，白話文運動的一個目的就是便於教育的普及化，陳獨秀所謂文學革命三大主義的第一條，就是「推倒雕琢的阿諛的貴族文學，建設平易

---

① 沈雁冰《介紹外國文學作品的目的》（一九二二年八月），《茅盾文藝雜論集》（上），上海：上海文藝出版社，一九八一年六月，第一〇四頁。本文是針對郭沫若《論文學的研究與介紹》而發。

② 郭沫若《論國內的評壇及我對於創作上的態度》，《時事新報・學燈》，一九二二年八月四日。

③ 胡頌平《胡適之先生年譜長編初稿》（二），臺灣聯經出版事業公司，一九八四年五月，第四一八頁。

④ 《陳獨秀文章選編》（中），北京：三聯書店，一九八四年六月，第六九頁。

的抒情的國民文學」。爲了啓蒙民眾，現代文學批評家、理論家做了巨大的普及文學知識的努力。一部分人編寫了通俗易懂的文論著作，比如，前舉「小百科叢書」、「ABC叢書」中的一系列基礎性讀物，開明書店的「開明青年叢書」、中華書局的「常識叢書」、「初中學生文庫」也是類似的普及性叢書，其中都有一定數量的文論著作；一部分人創辦適合中學生閱讀的刊物，有步驟地進行文學教育與普及工作，葉聖陶、朱自清、夏丏尊等人在這方面的貢獻尤其突出：夏氏、葉氏曾較長時間編輯《中學生》月刊，葉氏一九二四年即寫成《作文論》，由商務印書館納入「百科小叢書」出版，從組織、文體、敍述、議論、抒情、描寫、修詞等各個方面，對法度與技術、思想構成的徑路、情感凝集的訓練等作文的具體問題進行了分析，一九三七年著成《文章例話》，具體評析二十多篇文章或片斷，並與夏丏尊、朱自清分別合作編寫過一系列中學生讀物。朱自清還特別爲「中等以上的教育」編寫了一部白話通俗讀物《經典常談》，葉聖陶稱其爲「是一些古書的切實而淺明的白話文導言」①。王瑤曾指出：「他雖然是有成就的專門學者，但並不鄙視學術的普及工作。他不只注意到學術的高度和深度，更注意到爲一般人所能接受的廣度。他作《經典常談》，和葉聖陶先生合著《精讀指導舉隅》和《略讀指導舉隅》，目的都是爲了普及的。」②魯迅也非常重視學術與教育的普及問題，他極力提倡木刻、版畫、連環畫，認爲這些有利於大眾的美術教育，一九三四年，他在《門外文談》中講過這樣一段話：

---

① 葉聖陶《讀〈經典常談〉》，《葉聖陶語文教育論集》(上)，北京：教育科學出版社，一九八〇年八月，第四九頁。
② 王瑤《念朱自清先生》，《中國現代文學史論集》，北京：北京大學出版社，一九九八年一月，第三八二頁。

「說起大眾來，界限寬泛得很，其中包括著各式各樣的人，但即使『目不識丁』的文盲，由我看來，其實也並不如讀書人所推想的那麼愚蠢。他們是要知識，要新的知識，要學習，能攝取的。當然，如果滿口新語法，新名詞，他們是什麼也不懂；但逐漸的檢必要的灌輸進去，他們卻會接受；那消化的力量，也許還賽過成見更多的讀書人。」①

類似上述這批學者、批評家，在普及性的文論著述中，相當程度地淡化了自己的學術個性，將文論話語定格在大眾、通俗、淺顯的層次上，增強了文學觀念以及文論話語方式的族性特徵。

（六）

在漫長的中國歷史上，有兩個時期對於塑造我們的民族精神和個人品格發揮了至關重要的作用，一個是「魏晉」，另一個則是「五四」。魯迅、宗白華曾經指出，魏晉時代促成了「人」、「文」甚至「自然」的覺醒。不少親身經歷新文化運動的人，在回憶與評價「五四」時，都不約而同地強調「個人」或「個性」的覺醒。比如，郁達夫曾明確指出：「五四運動的最大的成功，第一要算『個人』的發現。從

①《魯迅全集》，第六卷，第一〇一－一〇二頁。

前的人，是爲君而存在，爲道而存在，爲父母而存在的，現在的人才曉得爲自我而存在了。」①茅盾從文學創作的角度概括得更具體：「人的發現，即發展個性，即個人主義，成爲『五四』期新文學運動的主要目標；當時的文藝批評和創作都是有意識的或下意識的向著這個目標……在新興資產階級的意識形態對封建思想開始鬥爭的『五四』期而言，個人主義成爲文藝創作的主要態度和過程，正是理所當然。而『五四』新文學運動的歷史的意義，亦即在此。」②但是，五四時期「個人」的覺醒或者說「個人」的發現，絕不可能一蹴而就，它首先得突破晚清時期濃厚的「群性」與「族性」意識。

鴉片戰爭以後，亡國滅種的憂患意識牢牢地控制著進步知識份子的情感向度與思想趨勢。他們看待與思考任何問題，都會將民族的利益放在第一位。就文學領域而言，梁啓超除號召詩界、文界、小說界革命之外，還竭力主張譯印政治小說，其原因就在於「彼美、英、德、法、奧、意、日本各國政界之日進，則政治小說爲功最高焉」③，並且創辦《新小說》，實踐「新小說」。所有這一切的動機或目的都在於「想藉文學的感化力作手段，而達到其改良中國政治和中國社會的目的。」④自此之後，效仿、補苴、誇大樑氏主張的論文紛紜而出，比如王無生（天僇生）曾作《論小說與改良社會之關係》（一九〇七），文末明確指出：「今當四國協約之後，人人有亡國之懼，以圖存救亡爲心者，頗不一其人。夫欲

---

① 《中國新文學大系·散文二集》，上海良友圖書公司，一九三五年八月，《導言》第五頁。
② 茅盾《關於「創作」》（一九三一年九月），《茅盾文藝雜論集》（上）第二九八頁。
③ 梁啓超《譯印政治小說序》，《近代文論選》（上），北京：人民文學出版社，一九五九年九月，第一五六頁。
④ 周作人《中國新文學的源流》，上海書店一九八八年二月，據北平人文書店一九三二年九月初版影印，第九四頁。

救亡圖存，非僅恃一二才士所能爲也；必使愛國思想，普及於最大多數之國民而後可。求其能普及而收速效者，莫小說若。」①又比如，陶佑曾曾作《論文學之勢力及其關係》（一九〇七），闡述了文學對國家和社會的重要作用：「蓋文學之關係於國家，至重大且至密切，故得之則存，舍之則亡，注意則興，捐棄則廢，猗歟魔力，絕後空前，光怪陸離，亦良可畏已……文學之觸感移情，既靈且捷，綜上等中等下等之社會，而能熔冶一爐，逐漸以浸灌之，作用之宏，成功之易，舍茲文學，其誰與歸耶？」②類似的觀點還出現在陳去病、徐念慈、金松岑等人的文章中。魯迅在《摩羅詩力說》（一九〇八）中，雖然極力讚揚、呼喚「立意在反抗，指歸在動作」、「不爲順世和樂之音」的摩羅詩人，但其根本目的卻是有感於當時的中國沒有能「作至誠之聲，致吾人於善美剛健……作溫煦之聲，援吾人出於荒寒」的「精神界之戰士」。

（七）

到了「五四」新文化運動時期，得力於西方民主意識與科學精神的衝擊，人的個性才受到前所未有的重視，文學思想中也開始出現張揚個性的觀念。比如，胡適在《寄陳獨秀》（一九一六年八月二十一

---

① 《近代文論選》（上），北京：人民文學出版社，一九五九年九月，第二三五頁。

② 《近代文論選》（上），北京：人民文學出版社，一九五九年九月，第二四八—二四九頁，選編者將本文作者誤寫爲陶曾佑。

日）中就明確指出文學創作應該「不摹仿古人，語語須有個我在」①，雖然這裏主要是針對創作風格而言，但胡適將它作爲文學革命的「精神上之革命」的一個要求標舉出來，也隱含著文學創作必須表現個人真性情、真思想的希望或者說理想。陳獨秀在一九一九年十二月補寫的《新青年宣言》中，也表達出新時代、新社會應該尊重青年的個性、尊重婦女的人格和權利的主張。而且，早在一九一五年陳獨秀就認識到「解放雲者，脫離夫奴隸之羈絆，以完其自主自由之人格之謂也……蓋自認爲獨立自主之人格以上，一切操行，一切權利，一切信仰，唯有聽命各自固有之智能，斷無盲從隸屬他人之理。」②

創辦於五四時期的不少刊物，都宣稱要以自己的方式說自己的話。比如，郭沫若所作的《創造季刊》發刊詞之一《創造者》，就是一首以飽滿的激情、生華的彩筆抒寫出的「『創造者』的讚歌」：「……他在無極之先/他在感官之外/他從他的自身/創造個光明的世界……」③在《創造週報》發刊詞《創世工程之第七日》中，郭沫若更是直接喊出：「上帝，我們是不甘於這樣缺陷充滿的人生/我們是要重新創造我們的自我/我們自我創造的工程/便從你貪懶好閑的第七天上做起。」④鬱達夫在《創造日宣言》中說：「我們想以純粹的學理和嚴正的言論來批評文藝政治經濟，我們更想以唯真唯美的精神來創作文學和介

① 《胡適學術論文集．新文學運動》第一七頁。
② 陳獨秀《敬告青年》，《青年雜誌》一卷一號。
③ 《中國新文學大系．索引．史料》，第九五頁。
④ 《中國新文學大系．索引．史料》，第一〇〇頁。

紹文學。現代中國的腐敗的政治實際，與無聊的政黨偏見，是我們所不能言亦不屑言的。」①周作人在《語絲發刊詞》中也講到：「我們並不期望這於中國的生活或思想上會有什麼影響，不過姑且發表自己所要說的話，聊以消遣罷了。」②《論語》刊物的「論語社同人戒條」的第四條是「不拿別人的錢，不說他人的話（不爲任何方作有津貼的宣傳，但可作義務的宣傳，甚至反宣傳）。」第八條是「不主張公道，只談老實的私見。」③如果說，突出自我表現、張揚個性與真情，是具有浪漫主義傾向的創造社的刊物應有的精神追求的話，其他非創造社的刊物，也普遍存在這種追求，則反映出五四時期的文學家、批評家們，已經以類似集體躍進的方式突破了晚清文學觀念的族性本體意識，而走上了追求與弘揚個性的艱難之旅。在這一旅途中，作家、批評家、學者，爲了增強力量、擴大戰果，結成了大大小小的團體，並且自覺或不自覺地遵循團體的話語規範，從而形成豐富的群性話語方式，在個性與族性之間，形成一種過渡性質的緩衝地帶，但也因此一定程度地模糊了個性與族性甚至群性話語三者之間的界限。

儘管五四時期弘揚個性的呼聲很高昂、很激越，但大多數作家、理論家，並不能真正做到置民族的存亡興衰於不顧，而專事完善與展示自己的個性，更何況，提倡個性自主與自由，本身就隱含著對現實社會的不滿與抗爭，呼喚、培養具有獨立思想、鮮明性格的個人，其終極目的也是爲了民族的解放和強

---

①《中國新文學大系·索引·史料》，第一〇五頁。

②《中國新文學大系·索引·史料》，第一一二頁。

③轉引自《中國新文學圖志》（下），第四二一頁。

盛。因此，他們在如何處理個體與群體、個性與族性的關係時，深感選擇的矛盾與痛苦，不得已而採取妥協或調和的態度。比如，一九○八年的周作人對文章使命與意義的看法就反映出明顯的折衷意識，一方面，他主張「文章一科，後當別爲孤宗，不爲他物所統。又當擯儒者於門外，俾不得複煽禍言，因緣爲害」，又認爲「民聲作寄，得盡其情，既所以啓新機，亦既以存古化。以言著作，則今之所急，又有二者，曰民情之記（tolk-no-vel）與奇觚之談（marchen）是也。蓋上者可以見一國民生之情狀，而奇觚作用則關於童稚教育至多。」①正是基於這種矛盾心態和折衷意識，周作人後來才由提倡「人的文學」、「平民文學」走到耕耘「自己的園地」、寫作閒適小品的創作之路上去。魯迅雖然早年寄希望於通過尊個性、張精神達到立人進而實現立國，但在經受辛亥革命失敗的痛楚之後，他對毀壞鐵屋子般的舊中國失去了信心，但爲了「聊以慰藉那在寂寞裏賓士的猛士，使他不憚於前驅」，他情願「聽將令」開始「吶喊」，做起所謂「遵命文學」來。回國之初的胡適，曾發誓二十年不談政治，其後又主張「多研究些問題，少談些主義」，但胡適最終還是由於「提倡有心，創造無力」而走上了「歧路」。

新文學家這種個性與族性之間的矛盾意識，決定了現代漢語文論中不可能有純粹的族性或個性話語方式，因爲，以啓蒙、救亡爲主旋律的時代，必然促成族性話語的繁榮，但個體意識的覺醒，又使得個性話語倔強地生長。兩種話語的發展態勢只能通過折衷的方式才能達成一致，其結果是族性話語仍然體

① 《周作人批評文集》，第二八頁。

現出鮮明的個性特徵，個性話語嵌入了大量族性話語的因素。兩種話語既互相制約、又互相促進。五四時期胡適在「社會的不朽論」中關於「小我」與「大我」關係的分析，也從側面反映了這一點：「我這個『小我』不是獨立存在的，是和無量數小我有直接或間接的交互關係的；是和社會的全體和世界的全體都有互爲影響的關係；是和社會世界的過去和未來都有因果關係的。」①而群性話語方式，既是培育個性話語的園地，又是禁錮個性話語的圍城，既是個性話語向族性話語延伸的可靠據點，又是抵擋族性話語入侵個性話語的堅實保壘，具有微妙而複雜的特徵。

五、雜語至純語

考察現代漢語文論的話語方式，我們會發現一個非常直觀與普遍的現象，那就是在初期現代漢語文學批評、文學理論以及文學批評史等文論著述中，夾雜著相當數量的英語單詞、句子或音譯英語辭彙，當然，也有少數文章夾雜著其他西方文字或日本文字的情況，本節論述主要涉及英文。這種西方文論話語在漢語中的原文呈現、譯音呈現或原文與譯文並列呈現的方式，我們暫時稱之爲現代漢語文論的「雜

① 胡適《不朽》，俞吾金編選《疑古開新——胡適文選》，上海：遠東出版社，一九九五年十二月，第二五四頁。

語」話語方式。這種普遍性現象持續了約二十年，到二十世紀三〇年代初中期，隨著現代漢語文論話語方式的日益成型，以及眾多西方文論辭彙獲得基本一致的漢語譯文之後，這種「雜語」方式也就日漸式微，並逐步形成比較純粹的漢語話語方式。換句簡單的話說，就是現代漢語文論話語方式在其成型的過程中，經歷了由「雜語」話語方式到「純語」話語方式的演生歷程。下面我們嘗試對這一歷程進行大致的描述與分析，以期望從一個角度加深對現代漢語文論話語方式的認識與理解。

（一）

早在清末，夏曾佑、譚嗣同等人，因爲「讀了一點『格致』的書，讀了由西文譯過來的新舊約聖經，又懂得一點西洋歷史，所以他們作的詩，常常用這類的東西做詩料，倡爲『詩界革命』。」①詩界革命的重要創作成就之一，是夏、譚等人特別嗜好的所謂「新學之詩」（又稱「新詩」），梁啓超在《飲冰室詩話》中對這種詩作夾雜西語詞匯的特徵有所點評：

> 「蓋當時所謂新詩者，頗喜撏扯新名詞以自表異。……提倡之者為夏穗卿，而複生亦綦嗜之……其《金陵聽說法》雲：『綱倫慘以喀私德，法會盛于巴力門。』喀私德即 Caste 之譯音，

① 陳子展《中國近代文學之變遷·最近三十年中國文學史》，上海：上海古籍出版社，二〇〇〇年十二月，第八頁。

蓋指印度分人為等級之制也。巴力門即 Parliament 之譯音，英國議院之名也……苟非當時同學者，斷無從索解。」①

新學之詩中的這種現象，可以說是文學創作中的「雜語」方式，而且，在稍後的其他文學樣式中也曾出現過。比如，梁啓超等人的「新文體」，不僅「雜以俚語韻語及外國語法」，而且也時常雜以外國原文辭彙及譯音辭彙，前者如《新民說・第二節》、《論學術之勢力左右世界》、《樂利主義泰斗邊沁之學說》、《進化論革命者頡德之學說》、《釋革》等，後者如《煙士批裏純》。

除了詩歌、散文之外，當時的戲曲創作中也曾出現過道白中夾雜英文的現象，下面就是一個比較典型的例子：

「我個種名叫做 Turkey，我個國名叫做 Hungary，天上玉皇系我 Family，地下國王都系我嘅 Baby。今日來到呢個 Country，（作豎一指狀）堂堂欽差實在 Proudly。可笑老班 Crazy，想在老虎頭上 To Play。（作怒狀）叫我聽來好生 Angry，呸，難道我怕你 Chinese？難道我怕你 Chinese？……」②

---

① 陳引馳編《梁啓超學術論著集》（文學卷），上海：華東師範大學出版社，一九九八年十一月，第三七四頁。

② 曼殊室主人《班定遠平西域》（第三幕），《新小說》第二十期。作品中夾雜西文的現象，在郭沫若的詩歌、鬱達夫以及新感覺派的小說中顯得尤爲突出。

雖然「雜語」在這些文章中的形式比較單一，主要表現在將人名和少數專用名詞及引文的原文夾註出來，但由於夏曾佑、譚嗣同、梁啓超等是當時社會上的重要人物，而且新學之詩尤其是新文體被文界與學界競相仿效，發生過巨大影響，因此，我們可以說清末文學創作中的「雜語」現象，是現代漢語文論「雜語」話語方式的先聲。

（二）

現代漢語文論著述之中的「雜語」方式的普遍出現，自然是在新文化運動發生之後。就這些著述的作者來看，主要是留學歐美的學者，也有不少是留學日本的，他們對西學的熟悉程度並不一致，對新文化的態度甚至完全對立，但都在文章中運用「雜語」話語方式。而且，相比文學創作中的「雜語」現象，形式也開始多樣化起來，大致說來，有原文型、音譯型、漢英並列型等三種樣式。

所謂「原文型」，是指在漢語文學批評或理論文章中，不加翻譯地直接運用西語原文，這些原文除了人名、地名、書報名以及常識性的詞語之外，主要是一些文學術語，如各種文章體裁、文學思潮與流派名稱等，也有直接引用詩文章節、論文句段甚至自撰英文的地方。運用這種話語方式的文章，在文學革命初期階段的理論建設與辯論中比較常見，只要初略流覽《中國新文學大系》的《建設理論集》和《文學論爭集》，我們就會明白這一點。實際上，就在當時，錢玄同已經用王敬軒的化名在《文學革命之反響》一文中指出《新青年》上的文章，「什九嵌入西洋字句」①。

舉例來說，方孝岳曾在《新青年》三卷二號（一九一七年四月出版）上發表《我之改良文學觀》一文，被鄭振鐸收入《文學論爭集》，文章在論說中國與歐洲文學之差異時，不加翻譯地羅列出 Country song、Lyric Poem、Heroice Poem、Epic 等文學體裁，也不注明出處地將 Literature 定義爲：All literary Productions except those relating to positive science or art ,usually, confined, however,to the belles-letters.②又比如，劉半農在《新青年》三卷三號（一九一七年五月出版）上發表的《我之文學改良觀》，被胡適收入《建設理論集》，文章在討論文學之定義時，比較細緻地辨析了「文字（Language）」、「語言（Speech）」、「口語（Tongue）」、「文學（Literature）」四者之間的關係，並用英文進行了這樣的解釋與對比：「LANGUAGE is generic, denoting, in its most extended use,any mode of conveying ideas;SPEECH is the language of sounds; and TONGUE is the Anglo-Saxon term for Language, especially for Spoken Language.」而且將 Literature 的界說假定爲：「The class of writings distinguished for beauty of style, as poetry, essays, history, fictions, orbells-letters」。③

一九二〇年五月上海亞東圖書館出版的《三葉集》，是田壽昌、宗白華、郭沫若三人書信的結集，

---

① 《中國新文學大系·文學論爭集》，第二五頁。
② 參見《中國新文學大系·文學論爭集》，第一〇一一一頁。
③ 參見《中國新文學大系·建設理論集》，第六三一六四頁。

主要內容是以歌德爲中心，探討詩歌戲劇、婚姻戀愛、宇宙人生等問題，在當時「引起了青年們的興趣和社會的關注，書銷售的很快，幾次重印。」①這本集子中的每封書信，幾乎都有相當比例的英語或日語原文。作爲幾個精英知識青年之間的通信，文中夾雜大量外文，是非常自然的，但我們也應該看到這種「雜語」話語方式，在當時已經是比較普遍的現象，宗白華等三人在書信中運用這一話語方式是適合當時的社會與文化氛圍的。而《三葉集》巨大的社會影響，勢必又會一定程度地加快這種話語方式的進一步發展。果然，在隨後大規模介紹西方近現代文學創作與思潮的著述、以及不少評論當時中國的作家或作品的文章中，這種原文型「雜語」話語方式被普遍地運用。文學研究會的沈雁冰、創造社的成仿吾、馮乃超等就是這類文章的代表性作者。這種例證頗爲豐富，在此，我們就不予具體列舉。

在現代漢語文論「雜語」話語方式中，譯音型雖然所占比例不大，而且也不具備其他兩種類型的直觀性特徵，但是，不少西方文論術語的音譯，卻能夠被現代漢語文論充分接受，並被高頻率使用，從而發生較大的影響。運用這種話語方式的作者大概以留學日本者爲多，究其原因，一是由於日本比中國早一步接受近代西方文化的影響，在輸入西方學術思想的過程中，日本學者已經通過比較先於中國學者選定了恰當的名詞術語，加之日本同中國在語言文字上的密切聯繫，這些選定了的術語大多以漢字形式出現，這就給留學日本的中國學者提供了借用日譯西學術語的絕好機會，梁啓超、王國維、錢玄同等人正

---

① 宗白華《秋日談往——回憶同郭沫若、田漢青年時期的友誼》，《北京日報》，一九八〇年十月十九日。

是看到了這一點，才大力提倡直接運用日本現成的術語去譯介西方學術。在這些來自日本的術語中，有一部分是屬於音譯的西語詞匯。比如，馬宗融在《什麼是浪漫主義？》一文的開頭，就指出「浪漫」作爲「roman」的譯音，「恐怕是從日本傳來的，因爲日本語的『浪』字的發音恰恰與 ro 相當，若照中文的讀法就有些不對」。①還有一個原因，就是十八世紀初肇始於澳門、廣州，十九世紀中葉以後發達於上海的「洋涇浜英文」，也叫「洋經浜話」，對漢語辭彙與表達方式的影響：「經常講洋經浜話不能不影響本人或旁聽者的母語，使有些經常使用的外語詞逐漸普通化，逐漸成爲漢語的成員，即外來詞。」②經由這種方式傳入的外來詞，很大部分是屬於音譯外來詞，但由於受澳門、廣州、上海、寧波等地方方言的影響，在今日看來，其普通話讀音與西文發音存在較大的差距，絕大部分已經被淘汰，但它們在當時對中西文化交流以及對現代漢語和現代中國學術話語方式所起的作用與影響，則不應該被忽視。

回到漢語文論話語的音譯型「雜語」方式上來，我們可以舉「煙士批裏純」作爲典型的例證。「煙士批裏純」，是「Inspiration」的譯音，在我國大概首見於梁啓超的著名短文《煙士批裏純 INSPIRATION》（一九〇一年十二月一日，原載《清議報》第九十九冊），但梁氏此文卻直接取自他所推崇的日本學者德富蘇峰的同名文章，「兩相對勘，文字相差不多。不同之處主要在梁文對蘇峰文有刪節，另有個別處

---

① 參見鄭振鐸、傅東華編《文學百題》，上海：生活書店，一九三五年版，第三七頁。

② 史有爲《漢語外來詞》，北京：商務印書館，二〇〇〇年一月，第一八〇頁。

作了改動。」①正因爲這樣，在隨後的革命派與改良派的論爭中，梁氏此文也成了革命派的攻擊對象，被斥爲抄襲。

或許正是這場論爭加之梁氏的巨大聲名，使得「煙士批裏純」這一西方文論術語，在後來的漢語文學創作尤其是文論著述中流行開來。比如，胡適在作於一九一五年九月十七日的《送梅覲莊往哈佛大學》一詩的第三節中就運用了這一術語：「作歌今送梅君行，狂言人道臣當烹……應有『煙士批裏純』，爲君奚囊增瓊英。」並且在自注中指出：「『煙士批裏純』Inspiration 直譯有『神來』之意，梁任公以音譯之，又爲文論之，見《飲冰室自由書》。」②郭沫若在《桌子的跳舞》（一九二八年五月）中批評當時中國的一些作家「一點也沒有研究心，一點也沒有計劃；只是如象草裏的秋蟲一樣，應時的叫叫，拖著悲哀的聲音叫叫……他們還說：這是甚麼煙士批裏純（Inspiration）啊，甚麼純粹藝術啊……這真是叫人肉麻了。」③一九三〇年四月二十七日，郭沫若曾在抗建堂演講過《詩歌的創作》，談到「靈感」問題時，他說：「靈感在英文稱『煙士批裏純』，以前的人對於這種東西看得神乎其神，現今的人又差不多把它罵成狗屁胡說。」④

魯迅也多次使用這一術語，只不過有時變成了「煙士披離純」。在《並非閒話（三）》（一九二五）

① 夏曉虹《覺世與傳世——梁啓超的文學道路》，上海：上海人民出版社，一九九一年八月，第二五九頁。
② 胡適《嘗試集》增訂四版，上海：亞東圖書館，一九二二年，第一八六頁。
③ 《郭沫若全集》（文學編，第十六卷），北京：人民文學出版社，一九八九年，第五五頁。
④ 《郭沫若論創作》，上海：上海文藝出版社，一九八三年六月，第二七六頁。

中，魯迅調侃地說：「所以我總用別的道兒謀生；至於所謂文章也者，不擠，便不做。擠了才有，則和什麼高超的『煙士批離純』呀，『創作感興』呀之類不大有關係，也就可想而知。倘若我假如不必用別的道兒謀生，則心志一專，就會有『煙士批離純』之類，而產生較偉大的作品，至少，也可以免於獻出剝皮的狸貓罷，那可是也未必。」①在《登龍術拾遺》（一九三三）中，魯迅諷刺章競標的《文壇登龍術》一書時說：「這真不知是那裏來的『煙士批裏純』……」②在《准風月談．後記》（一九三四）中也使用過這一譯音詞：「經驗使我知道，我在受著武力征伐的時候，是同時一定要得到文力征伐的。文人原多『煙士披離純』，何況現在嗅覺又特別發達了，他們深知道要怎樣『創作』才合式。」③一九三三年十二月五日，魯迅在書信《致陶亢德》中，表達自己不願作「紀念或新年之類的撰稿」時說：「自然，假如大有『煙士批離純』，本可以藉此發揮，而我又沒有，況且話要說得吞吞吐吐，很不快活，還是沉默著罷。」④

茅盾在《論初期白話詩》（一九三七年一月）中也寫到：「作者達到了這藝術的境地，由於詩人的『煙士批裏純』，而這『煙士批裏純』也不是憑空來的，卻由於詩人寫作前深刻的實感。」⑤到了四〇

---

① 《魯迅全集》第三卷，第一五〇頁。
② 《魯迅全集》第五卷，第二七四頁。
③ 《魯迅全集》第五卷，第四〇〇頁。
④ 《魯迅全集》第十二卷，第二八七頁。
⑤ 《茅盾文藝雜論集》（上集），上海：上海文藝出版社，第六一四頁。

年代，廢名在《新詩應該是自由詩》（一九四三年九月）一文中還在使用這一術語：「我覺得這種詩只是調子，即是可以不必寫那麼的四節十六行，作者將一點『煙士批裏純』敷衍成許多行的文字而已。」①

此外，諸如「羅曼諦克」、「幽默」、「生鐵門脫兒」、「意德沃羅基」、「奧伏赫變」、「布爾喬亞」、「普洛列塔利亞」、「印貼利更追亞」、「商賴特」、「阜利通」等，都是二三十年代文學批評尤其是關於「革命文學」的論爭中常用的術語，它們分別是romantic、humour、sentimental、ideology、aufhebung（德文：揚棄）、bourgeoisie（法文：資產階級）、proletariat、intelligentsia、sonnet、feuilleton（法文：小品文、雜文）等西文術語的音譯。

在「雜語」文論話語方式中，最普遍的應該是「英漢並列型」。這種類型的具體表現是多樣化的，或前漢後英，或前英後漢，或用或不用括弧分隔，多數是英譯漢的並列，但也有少數是漢譯英的關係。這樣的並列型的例子可以說俯拾即是，既見於對西方作家、批評家、理論家的介紹性文章，也見於對現代中國文學的批評性文章，還見於文學理論類著作。

這裏我們先以梁實秋的介紹類文章爲例，他於二〇年代中期曾寫過《拜倫與浪漫主義》、《喀賴爾的文學批評觀》、《亞裏斯多德的〈詩學〉》、《亞裏斯多德以後之希臘文學批評》、《西塞羅的文學批評》等一系列介紹西方文學批評與理論的文章，三〇年代還寫過《浪漫主義的批評》、《談十四行詩》

---

① 楊匡漢、劉福春編《中國現代詩論》（上編），廣州：花城出版社，一九八五年十二月，第四一八頁。

等，在這些文章中，凡是涉及重要的作家、批評家、著作、文章，特別是一些重要的文論術語、觀點，他都要在漢語譯文之後標舉出原文。比如，在《亞裏斯多德的〈詩學〉》中論及「模仿」與「宣洩」（梁氏譯爲「排泄滌淨」）兩個重要的學說時，梁實秋寫有如下兩段話：「『模仿』譯自英文之 Imitation，拉丁文之 Imitatio，希臘文之 Mimesis。」「什麼叫做『排泄滌淨』？原文是希臘字 Katharsis，英譯本率作 Purgation」。①又比如在《浪漫主義的批評》中，論及華滋華斯時，梁實秋指出：「華次渥資（Wordsworth）生於一七七〇年，卒於一八五〇年，他的一篇抒情詩集序（Preface to Lyrical Ballads）發表於一八〇〇年，這篇文字決定了浪漫運動的總成功。華次渥資的頂有名的詩之定義是『豐富的情感之自然的流露』（Poetry is the spontaneous overflow of powerful feelings）。情感的解放，至是乃達到最高潮。」②

其次，我們來看成仿吾的兩篇批評類文章：《寫實主義與庸俗主義》（一九二三年六月）和《從文學革命到革命文學》（一九二八年二月）。這兩篇文章都只有五千字左右，但前者卻有如下十多組並列型術語：庸俗主義 Trivialisme、浪漫的 Romantic、後效 Nachwirkung、社會學的藝術觀 L'art au point de vue sociologique、表現 Expression、再現 Represention、情調 Exoticisme、追懷的詩趣 Poesie du souvenir、歷史派 L'ecole historiqu、容量 Capacity、感傷主義 Sentimentalisme、效果 Effect、美文 Belles-lettre 等③。

---

① 徐靜波編《梁實秋批評文集》，珠海：珠海出版社，一九九八年十月，第七一、七三頁。
② 徐靜波編《梁實秋批評文集》，珠海：珠海出版社，一九九八年十月，第一一九－一二〇頁。
③ 參見《中國新文學大系·文學論爭集》，第一八一－一八五頁。

後一篇文章也有六組並列型術語：辯證的方法（Dialektische methode）、揚棄（Aufheben）、否定（Negation）、小資產階級（Petitbourgeois）、資產階級（Bourgeois）、意識形態（Ideologie）等①。在這二十來組術語中，既有漢英並列，又有漢法並列。

最後，我們再舉兩本文學概論方面的著作來說明這種並列型「雜語」話語方式的普遍存在。二三十年代出現的大批文學概論類著作，主要以本間久雄、小泉八雲、廚川白村、夏目漱石、田中湖月、兒島獻吉郎、黑田鵬信等日本學者以及溫徹斯特（C.T.Winchester）、韓德（T.W.Hunt）、蒲克（G.Buck）、莫爾頓（R.G.Moulton）、琉威松（L.Lewisohn）、伊科維支（M.Ickowicz）、普列汗諾夫、波格丹諾夫等西方與蘇聯學者有關文學鑒賞、批評、理論方面的眾多著述爲參考而編撰出來的，在建構漢語術語時，將對應的西文術語羅列出來是有其必然性的。比如，馬宗霍的《文學概論》（一九二五年十月）雖然以中國固有的文學觀念爲主，但其外論篇中相關章節的設置，卻很大程度地突破了傳統文學觀念的界限，如果從話語方式上看，該篇就運用了並列型「雜語」話語方式，其第一章「文學與語言」部分，就有如下一系列漢英並列的文論術語：模擬（imitative）、象徵（symbolical）、感歎（interjectional）、單音系（monosyllabic）、合體系（agglutinative）、變音系（inflectional）、粘著語（agglutinative language）、

---

① 參見《中國新文學大系一九二七—一九三七·文學理論集二》，上海：上海文藝出版社，一九八七年二月，第三四一四〇頁。

曲折語（inflectional language）等。①又比如，馬仲殊、顧仞千合編的《中學生文學》（一九三〇年六月）一書，主要依據廚川白村、溫徹斯特、本間久雄等人的觀點探討文學的本質、起源、要素以及文學與人生、時代、社會、思想、環境之間的關係，屬於以西方文論觀念爲核心的文學概論類著作。其上篇第三章，將文學的要素歸結爲思想（Thought）、感情（Emotion）、想像（Imagination）、形式（Form）等四個方面，而且所引觀點與材料幾乎都出自西方，對出現的文學術語大多在漢譯之後列出原文，如：文體（Style）、簡潔體（Concise style）、蔓衍體（Diffused style）、剛健體（Nervous style）、優柔體（Feeble style）……散文（Prose）、韻文（Verse）、詩（Poetry）、敍事詩（Epic）、抒情詩（Lyric）、劇詩（Dramatic Poetry）、諷刺（Satire）、虛構（Prose Fiction）等等。②顯然，這些並列的雙方不可能一一對等，但是，我們可以將它們視爲中西文論的無聲對話，這種對話是現代漢語文論生成過程中不可或缺的話語方式，而且，正是在這種特殊的言說方式中，西方文論逐步取得漢語文化的通行證，被漢語文論所認可，從而達到普及自身與改造漢語文論的目的。

（三）

既然「雜語」話語方式在上世紀的頭三十年是如此普遍，就不可能不引起當時學界的關注與評論。

---

① 參見馬宗霍《文學概論》第二篇第一章，上海：商務印書館，一九二五年十月。
② 參見馬仲殊、顧仞千《中學生文學》上篇第三章，上海：中華書局，一九三〇年六月。

果然，考察當時一些比較敏感的學者的文章，我們會發現他們不僅對這一現象給予了分析，還大多表明了自己贊成或反對的態度。

比較集中的討論是一九一八年初到一九一九年初，錢玄同、傅斯年、劉半農、朱經農、張壽朋以及陳獨秀、胡適等人都發表過自己的觀點，只不過他們思考這一問題的角度，並非是中西文論的話語方式，而是新文化運動中至關重要的漢字、漢語改革以及由此而來的漢語文學的歐化等問題。

一九一七年二月，錢玄同在《寄陳獨秀》一文中曾盛讚梁啓超「爲近來創造新文學之一人」，因爲他能「輸入日本文之句法，以新名詞及俗語入文……」。①同年十一月，他又在《新文學與今韻問題》中重申引進「東洋派之新名詞」的主張：

> 「我以為中國舊書上的名詞，決非二十世紀時代所夠用；如其從根本上解決，我則謂中國文字止有送進博物院的價值；若為此數十年之內暫時應用計，則非將『東洋派之新名詞』大攙特攙，攙到中國文裏來不可。」②

一九一八年三月，錢氏在化名王敬軒作《文學革命之反響》一文中指出，《新青年》上面的文章「什

---

① 參見《中國新文學大系・建設理論集》，第五二頁。

② 《中國新文學大系・建設理論集》，第七四頁。

九嵌入西洋字句」，並諷刺性地分析到：「某意貴報諸子必多留學西洋，沐浴歐化，于祖國文學本非所深知，深恐爲人恥笑，於是先發制人。」①當然，這種分析的目的是從反面提出問題，以便引出劉半農的批評與辯駁：

> 「文字是一種表示思想學術的符號，是世界的公器，並沒有國籍，也決不能彼此互相分界限，——這話太高明了，恐怕先生更不明白，——所以做文的時候，但求行文的便與不便，適當之與不適當，不能限定只用那一種文字；如文章的本體是漢文，講到法國的東西，非用法文不能解說明白，便盡可把法文嵌進去；其餘英文俄文日文之類，亦是如此。」②

也是在一九一八年三月，錢氏還作了《中國今後之文字問題》，文中概略性地指出：

> 「又有人說：固有的漢字，固有的名詞，實在不足以發揮新時代之學理事物。於是有造新字者，有造新名詞者，有直用西文原字之音而以漢字表之者，如……有簡直取西文原字寫入漢文之中者；種種辦法，雖至不同，而其對於固有的漢字和名詞認為不敷用之見解則一：這是對於漢字的應用上謀補救的。」③

---

① 《中國新文學大系．文學論爭集》，第二五頁。
② 《中國新文學大系．文學論爭集》，第三三頁。
③ 《中國新文學大系．建設理論集》，第一四一頁。

並且將這種見解作爲自己廢滅漢字的理由之一。劉半農在《我之文學改良觀》中也對此有所分析：

> 「愚以為世界事物日繁，舊有之字與名詞既不敷用，則自造新名詞及輸入外國名詞，誠屬勢不可免。」①

據上述觀點看來，錢、劉二人從漢字改革的立場，對「雜語」現像是持贊成與鼓勵態度的。與此相反，張壽朋對「中國文字裏面夾七夾八些外國字」，持「絕對不贊成」的態度，而且他的理由也比較特別：在從右向左的漢字書寫方式中，夾雜外國文字「要把一幅紙移轉來寫，好不費神。讀起來，又不能成誦。」不過，他提出的一個建議倒有一定的道理：「必須用外國字的意義添造些中國字，由中央大學研究會訂定一部字典出來，久則必能通行全國。」②此外，朱經農、傅斯年、胡適、陳獨秀等，則持分析變通或調和折衷的態度。朱經農曾寄給胡適一封題爲《新文學問題之討論》（一九一八年六月）的信件，其中雖明確宣稱「反對用外國語代漢文」，但又有所變通，認爲「漢文裏頭也未嘗不可引用一二『名學術語』，因爲『國語』尚未完全造成，譯語尚無一定標準，恐所譯不達願意，固存其真

---

① 《中國新文學大系・建設理論集》，第六六頁。
② 張壽朋《文學改良與孔教》，《中國新文學大系・文學論爭集》，第七四頁。

耳。」①

傅斯年一方面從國語和國語文學的歐化問題出發，認爲有必要從整體上借鑒西洋文的修辭方法，即「直用西洋文的款式，文法，詞法，句法，章法，詞枝，（Figure of Speech）……一切修辭學上的方法，造成一種超於現在的國語，歐化的國語，因而成就一種歐化的國語的文學。」其理由是「到了現在，我們使用的白話，仍然是渾身赤條條的，沒有美術的培養；所以覺著非常乾枯，少得餘味，不適用於文學，想把它培養一番，惟有用修辭學上的利器，惟有借重詞枝上的效用，惟有使國語文學含西洋文的趣味，——惟有歐化中國語。」②但是，就具體的在漢文中夾雜西文的作法，他卻持基本否定的態度，他說：

> 「我也並不絕對反對歐語原字的加入，在無可奈何的時候，這樣事體也不妨偶一為之。但是卻不懂得鼓吹這種改革的是何道理。弄得三分中國，七分外國，既不成形，又不好聽，還是仍舊不便當……中國未來的拼音文字裏所含的新名詞，徑用漢語的翻譯，不用西文的嵌入，實在是理論上無不可通，而且西洋人有此先例了。」③

---

①《中國新文學大系·文學論爭集》，第五一頁。
②參見傅斯年《怎樣做白話文》（一九一八年十二月），《中國新文學大系·建設理論集》，第二二三—二二四頁。
③傅斯年《漢語改用拼音文字的初步談》（一九一九年二月），《中國新文學大系·建設理論集》，第一五一—一五二頁。

不過，在傅斯年的文章中，我們卻可以看到大量嵌入西文的地方，只是他對此也有自己的說法：「我現在做文，常覺著中國語宣達意思，有時不很親切。在這裏也覺得這樣。我把對待的英文，寫出來罷……」①。

陳獨秀、胡適也是將我們所謂的「雜語」現象與廢除漢字這一新文化與新文學革命的關鍵問題聯繫在一起的，陳氏曾說：「當此過渡時期，惟有先廢漢文，且存漢語，而改用羅馬字母書之；新名詞悉用原語，無取義譯；靜狀介連助歎及普通名代諸詞，限以今語；如此行之，雖稍廢氣力，而於便用進化，視固有之漢文，不可同日而語。」胡適對陳獨秀的主張表示贊成。②陳、胡二人的觀點，是附在《中國今後之文字問題》之後的，單獨看來，並無可議之處，但與錢玄同在該文中表現出的激進立場相比，便顯出折衷與調和的色彩。

到了一九三〇年，陳子展在《最近三十年中國文學史》中，再次探討了這一問題，而且從中外學術交流和學術演進的角度對「雜語」現象給予了中肯的分析和較高的評價：

「至於攙雜日本語，或其他外來語，抑或創制新名詞，則是中外學術交換史上必然的現象。

---

① 傅斯年《人生問題發端》自注，《新潮》一九一九年第一期，上海書店，一九八六年四月影印合訂本，第一冊，第一五頁。

② 參見《中國新文學大系·建設理論集》，第一四六頁。

外來學術大半於此土為新義，本國舊語不能正確地表現新義，自不能不另鑄新詞，或者直用原來術語而譯其音。中國自漢、晉至隋、唐八九百年間，翻譯佛經，即是如此辦法。現在中國語文裏面，如因緣、果報、涅槃、剎那，都是佛經語。日本人所編《佛教大辭典》，所收有三萬五千餘語。這三萬五千余語，代表三萬五千餘觀念，都成了中國語文裏面的新成分，把中國語文的實質擴大了。最近二三十年間，中外學術的接觸日近一日，中國語文裏面加入的外來語新名詞也日多一日，中國語文的實質愈益擴大了。這是學術進步的一種好現象。那末，適合時代需要的新文體，雜用日本語或其他外來語，又有什麼不可呢！」①

（四）

上述一系列對我們所謂「雜語」現象予以分析的觀點，全部出自新文化運動的積極參與者，顯得既精闢又真切，對我們深入理解這一現象，無疑具有非常重要的參考價值。但我們更爲關心的是，作爲現代漢語文論的一種話語方式，「雜語」標示了話語主體怎樣的文化心態？它究竟給現代漢語文論造成了怎樣的影響？它在三〇年代中後期逐漸式微意味著什麼？怎樣理解它與「歐化」或「啓蒙」這一中國文論現代化過程中必須面對的兩難選擇之間的複雜關係？因此，我們有必要結合前面的描述，再作一些分析與評價。

---

① 陳子展《中國近代文學之變遷·最近三十年中國文學史》，上海古籍出版社，二〇〇〇年十二月，第二〇七—二〇八頁。

誠如陳子展先生提到的那樣，中國古代經歷過比較漫長的佛經漢化歷程，正是在這一過程中，印度的佛教文化逐步融入漢語文化。不過，我們應該看到，這種融合局面的形成，是佛漢雙方互相妥協的結果，佛教文化的妥協主要表現在禪宗的形成與興盛，漢語文化的妥協主要表現在接納了大量的佛教術語與觀念，這些術語中有相當大一部分是採取音譯方式在漢語文化中獲取地位的。毫無疑問，佛教文化的傳入很大程度地改變了漢語文化的思維與言說方式，而佛教術語就是實現這種改變的橋樑。近現代以來西方文化的傳入與影響，大體上也可以作這樣的思考。但古代佛教的傳入畢竟與近現代西方文化的傳入不可同日而語，傳入者與接受者之間的強弱關係剛好顛倒了過來，因而在方式上，就不可能再是溫和與妥協，而是強制與對抗式的了。正因爲西方文化作爲一種強勢文化，可以笑傲處於弱勢的漢語文化，這就使得那些掌握西方文化知識和能夠運用西方話語方式的學者，容易滋生文化身份上的優越感，加上普通大眾和社會機制往往把改革現實的希望寄託在這部分西式知識份子身上，因此他們也樂於顯示自己的西化特徵。落實到漢語文論這一範圍來看，「雜語」話語方式之所以如此普遍，正是話語主體有意將自己的西學背景標示出來的文化心態的反映。由此，我們不難理解，即使是留學日本的眾多學者，也要在文論話語中大量使用英、法等西方語言。當然，時至今日的漢語文論著述中仍然存在這樣的現象，但比較上世紀的二三十年代，卻要少見得多。不過，從不少介紹西方當代文論的漢語著述在涉及新的術語時，一般都將譯文與原文並列的情況，我們還可以感受到當年的學者、批評家們，在幾乎沒有多少前人的實踐可以借鑒的情況下，不得不過多地列舉原文以求變通或以資炫耀的複雜心態。

從現代漢語文論的發展趨勢來看，它確實經歷了從「以中格西」到「以西格中」的話語機制的轉換。①「雜語」話語方式，是有利於這一轉換的。首先，它使西方文論話語和話語方式得以迅速地在漢語文論中普及開來。在二十世紀的二三十年代，一大批學人，如魯迅、周作人、胡適、郭沫若、茅盾、林語堂、鄭振鐸、傅東華、梁實秋、章錫琛、孫俍工、朱光潛、梁宗岱等，都曾從事西方文學創作、思潮與理論的譯介工作，經由他們的努力，從古希臘到近現代的西方各主要、甚至衆多不太重要的文學思潮、流派與觀念，都被引進了漢語文論領域。但是，西方兩千多年歷時性生成的衆多文學思潮與觀念，在短短的二、三十年內，潮水般湧入現代漢語文學的思想與經驗之中，使得久處豐厚傳統文論氛圍裏的中國學者與批評家，難免會有應接不暇或消化不良的反應，而在漢語表述中使用「雜語」話語方式，則是他們用來排解不良反應的策略。其次，「雜語」話語方式的運用，一方面有利於中西文論的相互比照與認識，從而加速了中西文論相互之間的溝通與融合；但另一方面，或許還是更爲突出的方面卻是，西方文論倚仗強大的文化勢力和自身的邏輯思維特徵，以不可抵禦的力量突入漢語文論，強行阻斷了傳統漢語文論可能的現代演進趨勢，迫使現代漢語文論沿著西方文論的路徑向前發展。這種突然與粗暴的話語入侵，也決定了「雜語」話語方式只能是現代漢語文論話語生成過程中的一種過渡性方式，②而隨著大量西方文論範疇、術語形成基本一致的漢語譯文，以及西方文論話語觀念與方式，在現代漢語文論

① 參見本章第一節。
② 就此意義而言，也可以稱之爲「雜語共生」的話語階段。

中逐步取代傳統漢語文論而佔據主導地位，「雜語」話語方式也漸漸枯萎，形成用漢語表述，但卻具有西方文論實質的話語觀念與方式。概括地說，「雜語」到「純語」方式的演變，意味著西方文論逐步實現了在現代漢語文論中的話語主導以至於話語霸權的地位。

我們都知道，現代中國文化的一個中心任務是「啓蒙」，儘管啓蒙任務的完成需要借助西方的科學與民主，但由於啓蒙的對像是廣大的工農群眾，因此，啓蒙任務的完成，還需要將西方的科學與民主轉化成工農群眾能夠理解的內容和能夠接受的形式。現代中國文學，作爲現代中國文化的有機組成部分，也是如此，發生於三〇年代的關於「大眾文藝」的討論、四〇年代《在延安文藝座談會上的講話》中關於「文藝與人民關係」的論述，都是爲解決這一問題所做的努力。但是，現代中國文化從一開始就走上了疏離傳統、趨向西方的道路，究其原因，恰如羅志田所說的那樣：「爲了擁護新來的西方民主與科學，中國傳統的一切差不多都要反對乾淨了。五四新文化人有意以西方爲本位的取向在這裏是非常明顯的。」①

就現代中國文學而言，創作題材、文體特徵、批評觀念、文論架構、話語方式都經歷了西化或歐化的過程。除了前面我們曾經提到的傅斯年主張歐化的國語文學，甚至奉行「歐化文學主義」之外，周作人、茅盾等也曾爲歐化進行過辯護。②但是，我們應該看到，歐化與啓蒙之間所存在的矛盾，歐化勢必

---

① 羅志田《權勢轉移：近代中國的思想、社會與學術》，武漢：湖北人民出版社，一九九九年七月，第六五頁。

② 參見傅斯年《怎樣做白話文》、周作人《論中國舊戲之應廢》、《國粹與歐化》，茅盾《現在文學家的責任是什麼?》等文章。

與我國固有的民族審美習慣發生巨大的衝突，中國人民長期浸潤在民族審美氛圍之中，短時期內尚無法接受歐化的文學與文學觀念，因此，用西化的國語文學或歐化文學主義是不可能完成啓蒙任務的。

「雜語」作爲現代漢語文論話語方式之一，其西化特徵是非常明顯的，因此，它在加速西方文論輸入中國的進程、增強知識階層對西方文論的話語欲望和言說能力的同時，也割斷了與中國古代文論進行深層次溝通與融合的可能，從而也就在很長一段時期內失去了廣大人民的理解與認同。殊爲可惜的是，當時的歐化論者大多沒有意識到歐化可能存在的危險，不過，茅盾寫於一九二二年的一段話，還是值得我們注意的：

「但是斥舊戲的文字，又不可籠統把『不合近代思想』，『不合論理』，『沒有科學精神』等等空話搪塞，亦不可動不動抬出文學上的術語，和他們作術語的辯論。須知中國會看戲、喜看戲的民眾實在可憐得很，他們實在不懂什麼叫做『近代』，什麼叫做『思想』，更不懂什麼『近代思想』；他們實在不懂，那也是沒法的。所以攻擊舊戲也還得降格遷就，使民眾懂得批評的話，才行。」①

① 茅盾《最近的出產——〈戲劇〉第四號》，《茅盾文藝雜論集》（上集），第八〇—八一頁。

這也是近百年來，西方文論與傳統文論之間的矛盾與衝突一直未能得到妥善解決的一個根本原因。更爲複雜的是，在這一時期內，西方文論話語觀念與方式，已經以其主導話語的身份，將中國傳統文論擠壓到一個非常尷尬的角落。在這樣的處境中，傳統文論要想實現現代轉換，已經錯過了最好的時機，其艱難的程度似乎也遠遠超過了百年以前，終於成爲困惑中國當代學界的一大理論難題。

第三章 話語文本的解讀

一、談型與信型

（一）

文論話語作爲一種推理性實踐（discursive practice），其運思與言說機制，屬於話語方式探討的對象，而其實踐的結果，則是可見、可讀的話語文本。①古代漢語文論從《論語》、《孟子》中的對話或談話形

---

① 美國學者約翰·邁爾斯·弗裏（John Miles Foley），已經在專著 *The Theory of Oral Composition: History and Methodology*（1988, Indiana University press.）中，描述了二十世紀二十年代以後由 Milman Parry 和 Albert Bates Lord 師徒二人創建的 Oral Formulaic Theory（口頭程式理論），這一理論主要是有關對口頭文學創作進行考察、研究的特殊方法與學說，所以朝戈金將弗裏的著作中譯爲《口頭詩學：帕裏——洛德理論》（北京：社會科學文獻出版社，二〇〇〇年八月）。實際上，文學理論也有口頭流傳的方式，如果能對此加以收集、整理與研究，也會形成一門關於「口頭詩學」

態慢慢獨立出來，在魏晉南北朝時期出現了多元發展的文本趨勢，至今仍基本完整保存下來的，至少還有分別以曹丕《典論·論文》、曹植《與楊德祖書》、陸機《文賦》、顏延之《顏氏家訓》、劉勰《文心雕龍》、鍾嶸《詩品》以及沈約《宋書·謝靈運傳論》、蕭統《文選序》等爲代表的八種文本樣式。但後來的發展卻比較集中地承襲了《詩品》的樣式，形成衆多詩品、詞品、曲品類著作，而且還演變出詩話、詞話、曲話以及小說評點等更具民族特色的文論文本。清代永瑢、紀昀主編的《四庫全書總目·詩文評類》，從內容層面將古代文論分爲如下五種類別：（一）究文體之源流而評其工拙，（二）第作者之甲乙而溯厥師承，（三）備陳法律，（四）旁采故實，（五）體兼說部；並分別以劉勰《文心雕龍》、鍾嶸《詩品》、皎然《詩式》、孟棨《本事詩》、劉攽《中山詩話》和歐陽修的《六一詩話》作爲代表。①這裏列出的五類六部著作，同樣可以大致區分爲兩種類型：一是比較嚴肅、邏輯清晰的《文心雕龍》、《詩品》，二是比較隨意、系統性不強的《詩式》、《本事詩》、《中山詩話》、《六一詩話》。對於古代漢語文論的這兩種主要的文本樣式，我們姑且稱之爲「品型文本」與「談型文本」。

至於這兩種文本的特徵，古代文論、詩論研究界已經給予了較多的分析與評價。比如，郭紹虞在《清詩話·前言》中，就說過這樣一段話：

的學問。此外，隨著新型傳媒的飛速發展，文學理論也已經以多媒體方式出現。這兩種文論的存在樣態，是對純粹文本文論的補充，三者將共同形成立體的、動態的文論文本體系。鑒於本文考察的時間段主要局限在 1917—1937 年，因此只涉及現代漢語文論的書面文本這一存在方式。

① 參見《四庫全書總目》，北京：中華書局，一九六五年六月，第一七七九頁。

> 「論詩之著不外二種體制：一種本於鍾嶸《詩品》，一種本于歐陽修《六一詩話》，即溯其源，也不出此二種……大抵這兩派，《詩品》偏於理論批評，比較嚴肅；《六一詩話》偏於論事，不成系統，比較輕鬆……偏於理論的必須條理精密，系統分明，故能嚴肅。偏於批評或敘述的，不妨隨所觸發，信筆即書，故較輕鬆而易涉於濫。」①

又比如，陳鐘凡在《中國文學批評史》中，專辟僅二百餘字卻題爲「中國文學批評史總述」的第三章，在概述魏晉至唐代幾種重要批評著作的特徵及缺陷之後，他指出：「此後論文之書，如歷代詩話，詞話，及諸家曲話，率零星破碎，概無統系可尋。」②顯然，郭氏和陳氏的論述都側重於內容或觀念層面，但由於文論話語的觀念、方式與文本之間存在著相互展示、相互促成的密切關係，我們從他們的論述中，仍然可以把捉到古代漢語文論主要文本樣式——談型文本的大體特徵：隨意、零碎、缺乏邏輯與體系。如果與客觀、理性的西方文論文本稍作對比，我們甚至可以說，無論是側重理論性的「品型文本」，還是以資閒談的「談型文本」，相對而言，都只能被看做是從鑒賞、感悟的角度進行的文學批評，無需也沒能形成完整的結構與嚴密的體系。

① 《清詩話》（上冊），上海古籍出版社，一九七八年九月新版，前言第四—五頁。
② 陳鐘凡《中國文學批評史》，上海：中華書局，一九二七年二月，第九頁。

西方文論，早在德謨克利特、蘇格拉底、柏拉圖、亞裏斯多德所處的希臘時期，其文本形態也是多樣化的：有論型文本，如德謨克利特的《論詩的美》、《節奏與和諧》，亞裏斯多德的《詩學》、《修辭學》等；有談型文本，如色諾芬的《蘇格拉底回憶錄》、柏拉圖的《理想國》、《伊安篇》等文藝對話錄。而更早的文藝批評萌芽時期，則有《荷馬史詩》向繆斯乞求靈感、以及阿裏斯托芬在《娃》劇中借埃斯庫羅斯與歐裏庇德斯的爭論，來表達對文學教化作用的高度重視等，這可以看成是詩型與劇型文本的最初形態。羅馬時期賀拉斯的《詩藝》，十七世紀布瓦洛的《詩的藝術》則是標準的詩型文本；喜劇大師莫里哀的《〈太太學堂〉的批評》則是典型的劇型文本。雖然西方文論後來還發展出了諸如書信、筆記、序文、採訪錄等多種文本樣式，但最主要、發展得最爲充分的仍然是「論型文本」。論型文本的特徵集中體現在邏輯性強、結構完整、能夠支撐宏大話語體系等幾個方面。西方文論發展史上之所以能不斷出現嚴密的話語體系，與詩論家們運用論型文本作爲話語實踐的主要載體是密不可分的。

（二）

現代漢語文論文本，作爲東西方文化與文論急劇碰撞的產物，必然一方面大肆借鑒西方文論的文本樣式，另一方面又繼續採納或改進古代漢語文論的某些文本。因爲文論文本畢竟不象文論觀念那樣容易過時，況且與東西方的文學文本一樣，東西方的文論文本也存在著很多相通甚至相同之處。這樣就使得現代漢語文論在成型過程中出現了比較豐富的文本樣式，本節主要討論談型與信型兩種文本。

據《說文解字》、《康熙字典》、《漢語大字典》等工具書的解釋，漢語中的「談」字主要有這樣幾層意思：第一，對話；第二，言論；第三，平淡；第四，戲謔。在傳媒並不發達的古代，口耳相傳的談話既是日常生活知識最普遍的交流方式，也是形上觀念最主要的傳播手段，所謂「閒談」、「拉家常」、「坐而論道」等正式或非正式的說法，就是對這種現象的揭示。而且，從《康熙字典》「談」字條中所謂：「談者和懌而悅言之」的解釋，以及朱熹關於朱光庭見程明道後感覺如「在春風中坐了一個月」的記錄，①甚至「與君一夕談，勝讀十年書」的俗語，我們都可以看出，在中國古代，「談話」本身就是件快樂的事情，而優美動聽、充滿教益的談話更是令人心曠神怡，「有如時雨化之者」②！或許正是由於上述這些緣故，記錄孔子言行的《論語》一書，才會成爲對中國文化影響深遠的一部著作，戰國末期齊國的騶衍，才會因爲言論的「閎大不經」而獲得「談天衍」的稱謂，漢末則出現品評人物的清議，魏晉時期的談客們才努力追求充滿玄機、境界高遠的清談風尚等等。這種崇尚談話的文化現象，也爲我們提供了大量的「談型」文本，比如《論語》、《世說新語·言語篇》以及宋元以來眾多的語錄體著作就是比較典型的談型文本。這些思想與學術方面的經典性文本，肯定對文論話語中的談型文本產生過微

① 朱熹《近思錄·卷十四》：「伊川先生撰明道先生行狀曰：先生資稟既異，而充養有道……視其色，其接物也如春陽之溫，聽其言，其入人也如時雨之潤……」，「侯師聖雲，朱公掞見明道於汝，歸謂人曰，光庭在春風中坐了一個月……」。（江永注《近思錄集注》，上海書店，一九八三年三月據商務印書館一九三三年版複印，第六四頁、六七頁。）

② 《孟子·盡心上》。

妙的、潛移默化的影響。

就現代漢語文論文本而言，談型文本是比較普遍的一種類別。僅從字面上看，影響較大的就有胡適的《談新詩——八年來一件大事》（一九一九），魯迅的《門外文談》（一九三四），周作人的《談龍集》、《談虎集》以及收入《苦竹雜記》中的《談文》、《再談文》和《藝術與生活》中的《國語文學談》等單篇文章，郭沫若的《談詩的創作》（一九三六，又名《詩作談》），茅盾的《談題材的選擇》（一九三五），林語堂的《談小品文半月刊》（一九三四）、《談勞倫斯》（一九三五），傅斯年的《漢語改用拼音文字的初步談》（一九一九），宗白華的《新詩略談》（一九二〇）、《略談藝術的價值結構》（一九三四），梁宗岱的《談詩》（一九三四），沈從文的《談談上海的刊物》（一九三五）、《再談差不多》（一九三七），梁實秋的《談十四行詩》（一九三四），胡懷琛的專著《白話文談及白話詩談》（一九二七），鬱達夫等著《創作經驗談》（一九三三），楊啓高的《中國文學體例談》（一九三〇）、徐懋庸的《街頭文談》（一九三六）等等。

如果加上「說」①、「淺說」②、「雜感」③、「雜話」④、「漫話」①、「講話」②、「講座」③

---

① 如林語堂的《說個人筆調》（一九三四）、《說浪漫》（一九三四）。
② 如周全平的《文藝批評淺說》（一九二七）。
③ 如茅盾的《雜感（一）（二）》（一九二三）、《雜感——讀代英的〈八股〉》（一九二五）、《雜感——美不美》（一九二四）。
④ 如周作人的《文藝批評雜話》（一九二三）、林語堂的《幽默雜話》（一九二四）、朱自清的《新詩雜話》（一九四七）。

「談話」④等等類型，以及那些雖然沒有直接點明，卻具有「談說」特徵的著作和文章，現代漢語文論「談型文本」的數量是非常可觀的，幾乎涉及現代漢語文學的各式體裁和各種問題，甚至包括對國外文學現象的介紹和古代漢語文學創作與理論的研究。

這裏還有必要特別指出的是，以小品文形式出現的文學批評文章，應該是現代漢語文論談型文本的主要類型之一，以上所列篇目中的不少文章和文集，都可以歸入這一類型。實際上，林語堂早在一九三四年就曾說過：「大概談話佳者都和小品文一樣，無論在格調方面或內容方面，談話都和小品文一樣」⑤。「小品文」在中國現代文學史上曾經是一鐘比較敏感的文體，魯迅曾抓住小品文內容上的閒適性特徵，對小品文作家給予過沉重的打擊；不過，從藝術的角度考慮，小品文在相當程度上確實能夠擔當胡適用來評價周作人二十世紀二〇年代初的散文時所給予的稱謂：「美文」⑥。周作人在一九二一年五月

---

① 如錢畊莘的《民間文藝漫話》（一九三二）、以群的《創作漫話》（一九三六）。

② 如丘玉麟的《白話詩作法講話》（一九三〇）、趙景深的《文學講話》（一九三三）、陳子展的《中國文學史講話》（一九三三—一九三七）、石葦編《小說創作講話》（一九三四）、茅盾的《世界文學名著講話》（一九三六）。

③ 如馬彥祥的《戲劇講座》（一九三二）。

④ 如邵洵美的《一個人的談話》（一九三五）、黎君亮的《新文藝批評談話》（一九三三）。

⑤ 林語堂《論談話》，《人世間》第二期，一九三四年四月二十日。

⑥ 胡適在《五十年來之中國文學》的最後部分指出：「這幾年來，散文方面最可注意的發展乃是周作人等提倡的『小品散文』。這一類的小品，用平淡的談話，包藏著深刻的意味；有時很像笨拙，其實卻是滑稽。這一類的作品的成功，就可徹底打破那『美文不能用白話的迷信了』。」薑義華主編《胡適學術文集·新文學運動》，北京：中華書局，一九九三年九月，第一六〇頁。

也寫有僅五百來字的《美文》，文章認為重在敘事與抒情、介於詩歌與散文之間、具有真實簡明特徵的所謂「美文」，「似乎在英語國民裏最為發達……中國古文裏的序，記與說等，也可以說是美文的一類。但在現代的國語文學裏，還不曾見有這類文章」，結尾處發出呼籲：「希望大家捲土重來，給新文學開闢出一塊新的土地來，豈不好麼？」①

果然，在周作人身體力行的影響下，包括魯迅在內的一大批中國現代著名作家加入到小品散文的創作隊伍中來，並且於二〇年代中期和三〇年代初期先後形成兩次小品文創作的高潮，即《語絲》時期和《論語》時期。雖然這兩個刊物的文風存在很大差別：「前者于自由揮灑之中鋒芒畢現，後者則將機鋒藏於嬉笑之中」②，但作為專事社會文化批評的散文雜誌，二者都刊載了大量文藝批評方面的文章，這些文章或莊諧雜出、或幽默俏皮、或潑辣犀利，充分展示出短小精悍、靈活多樣的文體特徵，及時地解決了現代漢語文論發展過程中出現的眾多問題。③

---

① 楊揚編《周作人批評文集》，珠海：珠海出版社，一九九八年十月，第九八頁。
② 楊義主筆，中井政喜、張中良合著《中國新文學圖志》（下），北京：人民文學出版社，一九九六年八月，第四二二頁。
③ 晚年的林語堂曾作短文《看見碧姬芭杜的頭髮談小品文》，將小品文的特徵概括為「清、真、閑、實」四個方面：「清者，清新之意，不落窠臼，不拾牙慧……真者，所抒由衷之言，所發必真知灼見的話……閑者，閒情逸致之謂，即房中靜嫻，切切私語……實者，充實飽滿之謂，故言有盡而意無窮。」（沈永寶編《林語堂批評文集》，珠海：珠海出版社，一九九八年十月，第二〇九頁。）就內容而言，文藝批評小品文也大多具備這樣幾個方面的特徵。

（三）

在初步勾勒現代漢語文論談型文本的大致情況以後，我們進一步來探討談型文本的主要特徵以及它與古代漢語文論和西方文論文本之間的關係。

談型文本的顯著特徵是隨意性：篇幅的長短隨意，主題的大小隨意，內容的深淺隨意，思路的寬窄隨意，言說的方式隨意等等。現代漢語文學的批評家們常常在自己文章的題目中，加上「談」、「說」、「雜感」、「雜話」等等字眼，雖然有未能深究、權作一家之言的謙遜意味，但也是看准了談型文本具有不受約束、可以自由隨興而談的文體特徵之後做出的選擇。林語堂曾經描述過談話的隨意性：

> 「談話的適當格調就是親切和漫不經心的格調，在這種談話中，參加者已經失掉他們的自覺，完全忘掉他們穿什麼衣服，怎樣說話，怎樣打噴嚏，把雙手放在什麼地方，同時也不注意談話的趨勢如何。」①

既然日常談話是如此的漫不經心，模擬談話寫成的文章自然也應該是這樣。實際上，現代漢語文論

---

① 林語堂《論談話》，《人間世》第二期，一九三四年四月二十日。

中不少公開發表的文章，要麼是演講的底稿或記錄稿，要麼是講課時用的講義，它們本身就是談話，其隨意性自不待言。比如，周作人發表於一九三三年四月《現代》第二卷第六期的《關於通俗文學》一文，就是他一九三二年二月二十九日在北京大學國文系所作講演的記錄，周氏在講演的開頭就說：

「文學講演第一次是胡先生，我覺得很有光榮來講第二次。文學講演這個題目很大，非有學術根據不能發表，馬先生要我講，我不得不來，我沒有什麼新的意見，我這可以說是談話，不能不聲明。」①

演講結束時，周氏再次聲明：「我今天所要說的話就止於此，不過隨便談談，並非有新的研究與意見要發表。」②很明顯，這些話既做出了謙虛的姿態，也強調了談話這種文體的隨意性，更主要的是，為自己的即興而談搭好了能上能下的臺階。

談型文本的另一個特徵是快捷，能夠及時地處理文學發展過程中出現的各種創作現象和理論問題。顯然，這是與上述隨意性特徵密切相關的。正是由於其不拘一格的形式和無所不包的內容，才賦予它靈活機動、方便快捷的特殊能耐。現代漢語文學從理念到實踐，都處在中西古今的激烈衝突和矛盾鬥爭的

① 楊揚編《周作人批評文集》，珠海：珠海出版社，一九九八年十月，第一〇〇頁。該文由翟永坤記錄。
② 楊揚編《周作人批評文集》，第一〇四頁。

漩渦之中，隨時隨地都會發生難以預料的情況。爲了讓現代漢語文學盡可能地健康發展，批評家、理論家們必須對各種情況做出及時的回應。既然現實處境不允許作深思熟慮的系統闡釋，靈活、快捷的談型文本理所當然地成了最爲理想的選擇。這種文本，既可以及時解決面臨的問題，又暗示這一解決方案只是暫時的或個體性的。比如，當「新詩」還處於新生階段的一九一九—一九二〇年，中國文藝界集中進行了一次關於新詩如何創作與評價的理論探討，胡適、錢玄同、胡先驌、俞平伯、宗白華、康白情、郭沫若等都加入了這場討論，今日看來，除胡先驌的《評嘗試集》之外，其餘文章都具有隨意、快捷的特徵，就連胡適以「八年來一件大事」爲副標題的《談新詩》，也被自認爲是篇「隨便的詩談」①，而宗白華的《新詩略談》也開門見山地將快捷性特徵揭示了出來：

> 「我日前會著康白情君談話，談話的內容是『新詩問題』。因時間短促，沒有做詳細的討論。但卻引起了我許多對於新詩的感想，今天寫出來請諸君的指教。」②

當然，我們也應該看到，這種短平快的文本，往往傾注了著者的一腔激情，具有相當強烈的感染力，是那些充滿系統性、邏輯性的理論型文本所無法比擬的。而且，這種有感而發的文章，大都閃爍著或多

---

① 楊匡漢、劉福春編《中國現代詩論》（上編），廣州：花城出版社，一九八五年十二月，第一三頁。
② 楊匡漢、劉福春編《中國現代詩論》（上編），第二十頁。

或少的真知灼見，儘管其中也不乏片面偏頗之處。

很難說，具有上述兩大特徵的談型文本對現代漢語文學與文論的發展做出了多大貢獻，又形成了多大的阻礙。不過，假如用邏輯、理性、系統等作爲衡量標準的化，現代漢語文論的談型文本是難以獲得較高評價的。換句話說，作爲一種比較普遍的文本類型，它更多地表現出與傳統文論文本的主要類型——詩話、詞話、曲話之間的親和力，而與西方文論文本的主流趨勢——論型文本則存在較大的反差。但是，與古代漢語文論中的兩種談型文本相比，現代漢語文論的談型文本，仍然顯出明顯的時代特色，畢竟現代中國的文學批評家們面臨著新的時代，必須迎接新的文藝思潮的挑戰，他們的文章儘管隨意、靈活、風趣，但卻基本上舍去了古代詩話、詞話側重記事、以資閒談的遊戲品格，增強了嚴肅性與針對性，即使追求幽默、閒適的小品文，宣稱「玩玩而已」的魯迅雜文，也大多透露出作者揮之不去的對待文藝問題的嚴肅性與尖銳性情結。更何況「對文藝問題和社會問題縱意而談，這是與五四新文學運動先驅者追求人格獨立和個性表現相聯繫的」①，這又使現代漢語文論的談型文本與時代思潮存在著內在聯繫，其個性化特徵更加鮮明，如果從內容上看，現代談型文本已經具備兼通中外的世界性眼光，這些當然是傳統文論中的詩話、詞話類著作所不能相比的了。

正如前面我們已經描述的那樣，西方很早就具有了對話性的文藝理論著作，而且還不斷發展，到了

---

① 《中國新文學圖志》（上），第一三六頁。

十九世紀，出現了影響巨大的《歌德談話錄》和尼采的一系列格言體著作（如《查拉圖斯特拉如是說》、《偶像的黃昏》、《看哪，這人》等），而二十世紀的西方，更是出現了大量的採訪記和演講錄，如影響較大、初版於一九五九年的《在通向語言的途中》一書，「所收共六篇文章，都是海德格爾在五〇年代做的演講報告」①。這些著作，都應該屬於談型文本的範圍。局部地看，它們都呈現出比較明顯的隨意性甚至零碎性特徵，但整體地看，它們又往往圍繞某個中心問題展開，是理論家更爲宏大的理論體系的有機組成部分。或許，在這一點上，現代漢語文論的談型文本多少受到西方談型文本的影響，從而顯出前述與古代漢語文論談型文本的一些區別來。

(四)

下面我們來看現代漢語文論的信型文本，之所以將談型與信型這兩種文本樣式放在一起進行討論，是因爲它們之間存在諸多共同之處。關於這一點，我們來看朱光潛發表於一九四八年的《談書牘》一文中的論述：

「語文的功用在傳情達意，傳達的方式不外口說與筆寫兩種。文字產生以前，一切都靠對面

---

① 海德格爾《在通向語言的途中》，孫周興譯，北京：商務印書館，一九九七年五月，第二三五頁。

交談。有了文字，聲借形留下可行遠傳久的痕跡，這就叫做『書』。『書』字在古訓中有『舒』『如』兩義，『舒』是舒達心意，『如』是言恰如心。書以記言，言為心聲，所以書就是筆談，作者借這個媒介向遠方人或未來人傾訴衷曲。」①

儘管作「信件」、「書信」講的「信」字出現較晚②，但如同今日之信件的文體卻是古已有之，而且形式非常豐富，有書牘、書簡、書劄以及啓、牋、帖、疏等等，不過，它們又統稱爲「書」。作爲一種文體，「書」在古代經歷了漫長的發展歷程，其特徵也在不斷的演變。劉勰在《文心雕龍．書記》篇中概述春秋至魏晉時期的書信之後，做出了如下總結：

「詳諸書體，本在盡言，所以散郁陶，托風采，故宜條暢以任氣，優柔以懌懷；文明從容，亦心聲之獻酬也。」

這裏所揭示的排遣鬱悶、展示風采、隨心任意、明白從容等內容與形式方面的幾個因素，卻是歷代

---

① 商金林編《朱光潛批評文集》，珠海：珠海出版社，一九九八年十月，第一八八頁。
② 《辭源》解釋「信」時，一共給出了十種不同的含義，沒有直接解釋爲「書信」的，第六條釋「信」爲「使者」，並進一步指出：「古代謂使人爲信，通書都交人遞達，後來遂以作書爲信，叫作書信。」

書信所共同具備的文體特徵。只是，我們在這裏更加關心的是古代論及文學問題的那些書信。古代文論家用書信的形式探討文學問題是相當平常的事情，在郭紹虞主編的《歷代文論選》四卷本中，選入的書信有一百六十封，約占總篇數（重複出現的不計）的百分之十七，如果加上唱和的詩作，比例就更大一些。

西方文論發展史上，也存在一些著名的信型文本，比如，伍蠡甫主編的《西方文論選》（上下卷）就收錄了賀拉斯的《詩藝》（用詩體寫給皮索父子的一封長信），但丁的《致斯加拉大親王書》，布瓦洛的《一七七〇年給貝洛勒的信》，萊辛的《關於當代文學的通訊》（第一十七封），席勒寫給丹麥王子克利斯謙的《審美教育書簡》（第二十七封），維柯的《致蓋·德·安琪奧利》，濟慈的《書信》（選錄五封），喬治·桑與弗洛貝爾的《書信》（選錄六封），庫爾貝的《給學生的公開信》，普希金的《給〈莫斯科通報〉出版人的信》等，但從《西方文論選》的目錄來看，十篇書信所占的比例只有百分之七。

在現代漢語文論的發展歷程中，理論家們也樂於用書信探討各種創作現象和理論問題，因此，信型文本也成為現代漢語文論話語文本的重要類型。

現代漢語文學創立的初期階段，幾乎每一種刊物都登載過作家或理論家之間的通信，特別是《新青年》，從創刊號（《青年雜誌》）開始就設立有「通信」專欄，直到第九卷第六號，共五十四期中有四十四期保持了這一欄目，而且分量很重，有時一期發信達十數封。《小說月報》十三、十四卷的全部二十四期都設有「通信」欄目。此外，《新潮》、《創造季刊》、《創造月刊》、《語絲》等刊物都不定期地開設「通信」專欄。

雖然這些刊物發表的大量信件，並非都是討論文學問題，但我們也不可否認，在建設現代漢語文論話語的初期階段，信型文本在理論建設方面發揮了重要的作用。這一點，從胡適選編的《中國新文學大系．建設理論集》就可以得到印證：胡適選入的書信共有十三封，並且有十一封被編入「發難時期的理論」之中，幾乎占到該部分全部二十五篇文章的一半。其中胡適寫於一九一六年五月十日的《寄陳獨秀》，粗略地將文學革命的「八事」表達了出來，應該說是現代漢語文論話語的一篇重要文獻。又比如，胡適作於一九一七年十一月二十日的《答錢玄同》，從三個方面對「白話」之義給予了闡釋，即他所謂說白、土白的「白」，清白、明白的「白」，以及黑白的「白」，①這一闡釋，對白話詩、白話散文乃至於白話戲劇等新文學體裁的創作與繁榮提供了有力的理論依據，也是胡適提出「國語的文學，文學的國語」這一理論主張的過程中的重要一環。

在文學革命運動中，現代漢語文論話語中的信型文本還承擔了爲新文學辯護的重要任務。在鄭振鐸選編的《中國新文學大系．文學論爭集》中，共收錄十四封書信，其中有九封在第一編「初期的回應與爭辯」中，超過該編全部十七篇的一半。第二編中頭兩篇，就是王敬軒的《文學革命之反響》和劉半農的《複王敬軒書》，這兩封書信就是著名的「雙簧」事件，是《新青年》在文學革命運動中一次成功的

① 參見《中國新文學大系·建設理論集》，第八六頁。

「話語合謀」，對反文學革命論者的觀點給予了集中的、強烈的批駁，促成了文學論爭的繼續進行，使新文學運動在前進的路途上邁出了堅實的一步。而林紓與蔡元培兩人的通信，則不僅對新文學的發展影響巨大，而且已經積澱成現代文化與思想史上的重大事件。

現代漢語文論話語的信型文本還顯示出強烈的社會批判意識，或者說將文學、文論問題與社會倫理、道德問題聯繫起來，擴大了新文學的影響，拓展了新文學生存與發展的空間。在這方面獲得成功的典型例證，要數亞東圖書館於一九二〇年五月出版的《三葉集》。關於《三葉集》的出版動機，當年的宗白華是這樣敍述的：

> 「諸君！我們為什麼要發行這本小冊子？我們刊行這本小書的動機，並不是想貢獻諸君一本文藝的娛樂品，做諸君酒餘茶後的消遣。也不是資助諸君一本學理的參考品，做諸君解決疑問的資料。我們乃是提出一個重大而且急迫的社會和道德問題，請求諸君作公開的討論和公開的判決！」①

果然，這本田漢、宗白華、郭沫若青年時期的書信集，在昭示新文學魅力的同時，也浸潤了濃鬱的時代精神，引起了青年們的興趣和社會的關注。《三葉集》的很快售罄並幾次重印，充分說明瞭這一點。

---

①《三葉集·白華序》。

在新文學的發展過程中，現代漢語文論話語的信型文本，還曾擔任過指導青年作者提高創作技巧與文學愛好者提高鑒賞水準的任務。這種信型文本的作者一般都是新文學文壇上的知名人物或者是精通文學理論的著名學者，但也有一些國外文學大師的文學通信或書簡的漢譯文本。這種通信往往是虛擬性的，也就是說，通信的對像是假想的或普泛的，但這並不等於說，通信缺乏現實性或真實性，實際情況剛好相反，正是由於不固定與非單一性，這種特殊通信才更具現實性與針對性，其影響面才會更寬廣。比如，茅盾作於一九三一年三月十六日的《致文學青年》，就是以一個「常常歡喜就文學方面發表些意見」的人，「對青年們之愛好文藝或志願文藝者」所寫的一封熱情、誠摯的書信；朱光潛從一九二六年十一月至一九二八年三月，在《一般》（後改名《中學生》）上連載了「給一個中學生的十二封信」，儘管探討的內容比較廣泛，但也用了相當的篇幅談論選課、讀書、升學、作文等問題；①一九三三年，上海青光書局出版《周作人書信》，收錄周氏致小峰、伏園、木天、半農、玄同、俞平伯（三十五通）、廢名（十七通）、沈啓無（二十五通）等人的書信，其中相當一部分論及文學問題；沈從文與蕭乾合著的《廢郵存底》（一九三七），分甲乙兩輯，甲輯《廢郵存底》爲沈氏著，乙輯《答辭》爲蕭乾著，收錄的也是有關創作經驗、寫作研究方面的書信；沈從文四〇年代初還寫有十多封書信，結集成《續廢郵存底》，寫於一九三一——一九四八年的二十九則另集爲《新廢郵存底》；冰心《寫給青年作家的信》（一九四二），

---

① 這十二封信經夏丏尊作序，以《給青年的十二封信》爲名，由上海開明書店於一九二九年三月出版，很受讀者歡迎。

收入討論文學與人生、作家的修養、材料的搜集、各體文學的創作方法及創作條件等諸多問題的書信二十封；賀玉波《致文學青年》（一九三四）一書，收錄了與文學青年談寫作問題的書信三十七封，討論寫作技巧，介紹文學常識和作家、作品等。一九三五年，張仲實翻譯了蘇聯文學顧問會編著的《給初學寫作者的一封信》；以群則翻譯了大量高爾基給文學青年、初學寫作者的信，如《高爾基給文學青年的信》（讀書生活出版社，一九三六）、《怎樣寫作——高爾基文藝書信集》（讀書生活出版社，一九三七）、《給初學寫作者（高爾基文藝書信集）》（讀書出版社，一九四一）等。

（五）

正如前面我們已經提到的那樣，信型文本與談型文本存在著諸多相似之處。這種相似性首先表現在，和談型文本具有隨意性、快捷性一樣，信型文本也具有靈活機動的特徵。從現代漢語文論的實際情況來看，信型文本的表現形式主要是一封、一通或一組，因此，書信的作者可以是一人、兩人或多人，往往是某人就某一問題給另一人去一封信，引起回答，這一來一往就形成一通書信，公開發表之後，或者兩人繼續通信，或者引出更多的人加入進來，進行全方位、多視覺的討論。由於書信的篇幅伸縮性比較大，寫信者有話則長、無話則短，使得討論可以直接了當，不斷深入，對於那些急需解決的問題，其效果比一般的論文甚至談型文本會更好一些。前面所舉的《三葉集》正是這樣的一部書信集，田漢、宗白華、郭沫若三人通過各自不同的角度，以德國詩人歌德爲議論的中心，反復深入地探討了詩歌、戲劇、婚姻、戀愛、宇宙、人生等當時的青年所共同關心的問題。不過，我們在強調信型文本的靈活機動性的同時，也不應該忽視，書信還具有程式化特徵。在中國古代，書信有一套比較嚴密的格式，寫給不同身份的人，稱謂、用詞、語氣、落款都有明顯的區別。相比之下，現代漢語文論的信型文本在這方面的要求要寬鬆得多，但也一定程度地沿襲了某些規定。比如，就是那些寫給論敵或仇敵的書信，開頭的稱謂和結尾的謙辭照例是不可缺少的，這固然是作者爲了公開表現寬大氣量的需要，但也不能不說是受制於傳統書信的固有格式。

不過，書信畢竟是另一種獨立的文體，它有自己的傳承機制，因此，信型文本也必定有自己不可取代的地方。這一點首先表現於書信具有鮮明的個人性特徵。在中國古代書信並不是爲了及時地公開發表而寫的，文人之間或者因爲相隔遙遠，不能面談，才互通書信，以獻酬心聲，或者因爲地位懸殊，不便面談，才上書或賜書，以表明自己的心跡，直到雕刻文集時，這些書信才得以昭示天下，所以，透過這些具有鮮明個性特徵的書信，我們能夠最大程度地把捉書信作者真實的內心世界。當然，也不排斥那些有影響的文人、思想家，生前已有明確的立言意識，並深信自己的道德文章能夠傳之後世，而在書信創作中對自己的真實情感進行有意的抑制與修飾。

現代漢語文論中的信型文本，儘管在誕生之前，就被賦予了公開發表的使命，但與其他文本樣式比較而言，它仍然將作者的個性揭示得最爲充分，或者說它的個人性特徵最爲鮮明。關於這一點，魯迅先生曾經作過形象而精闢的論述：

「作者本來也掩不住自己，無論寫的是什麼，這個人總還是這個人，不過加了些藻飾，有了些排場，彷佛穿上了制服。寫信固然比較隨便，然而做作慣了的，仍不免帶些慣性，別人認為他這回是赤條條的上場了罷，他其實還是穿著肉色緊身小衫褲，甚至於用了平常決不應用的奶罩。話雖如此，比起峨冠博帶的時候，這一回可究竟較近於真實。所以從作家的日記或尺牘上，往往能得到比看他的作品更其明晰的意見，也就是他自己的簡潔的注釋。」①

比如，我們透過文學革命運動初期胡適、陳獨秀之間以及林紓與蔡元培之間的書信，基本上能把握他們各不相同的性格特徵：胡適的謙遜與謹慎，陳獨秀的無畏與獨斷，林紓的憤怒與無奈，蔡元培的理直與氣壯。雖然他們都清楚這些信件是要公開發表的，但無形之中，仍然將他們的主要性格充分地流露了出來。

最後，還須說明的是，信型文本與談型文本的另一個不同之處，即談型文本具有親切性特徵，而信型文本則更多地具有論爭性特徵。雖然談話與通信都是在兩人或多人之間進行的一種思想與情感的交流方式，這種交流必須具備的一個前提就是，交流的雙方要共同營造適合交流的寬鬆的氛圍，要儘量本著

---

①《且介亭雜文二集·孔令境編〈當代文人尺牘鈔〉序》，《魯迅全集》第六卷，第四一四—四一五頁。

親切的心情與誠懇的態度。不過，在這方面，談型文本更容易做到，而信型文本則往往由於通信雙方觀點與立場的不同，會顯露出鮮明的針對性和激烈的論辯性，而且，現代漢語文論話語信型文本的論爭性特徵，也大大超過了古代漢語文論話語的信型文本。個中原因主要是由於古代書信與現代書信的傳播方式極不相同。現代的大眾傳媒，使得通信的雙方非常看中自己的公眾形象與影響，一旦意見發生分歧，爭論大都不可避免，而且還得分出個勝負高下，所以，不少現代書信的言辭非常犀利。這種話語文本，一方面是話語方式的改變所造成的結果，但當其成爲一種話語存在與推衍的普遍性場所，它又充分發揮出自己的反作用，對於豐富現代漢語文論的話語方式與推進現代漢語文論的話語觀念，都產生了十分重要的影響。

二、論型與戰型

與古代漢語文論話語相比較，現代漢語文論話語的一個突出特徵是，邏輯性與系統性的明顯增強，這一特徵的直觀表現之一，就是現代漢語文論話語中，論型文本的大量出現。而現代漢語文論話語的確立與發展，並非一帆風順，其間經歷了與同現代漢語文論話語相互矛盾、對立的種種其他文論話語的辯駁與戰鬥，這裏所謂的「其他文論話語」，或者來自現代漢語文論話語集團的內部，或者來自阻礙、反對現代漢語文論的敵對話語集團，在文學革命的初期階段，不少敵對話語集團運用的還是古代漢語話語方式，面對這種複雜的文論環境，現代漢語文論只有全方位出擊，才能突出重圍，正是在這種話語突圍的過程之中，現代漢語文論話語留下了相當數量的戰型文本。本節的內容就是打算對現代漢語文論話語中的論型與戰型這樣兩種文本樣式，進行初步的描述與分析。

（一）

在上一節中，我們已經指出，論型文本是西方文論話語的主要文本樣式。這裏所謂的「論型文本」，是指觀點鮮明、材料充實、論證嚴密，主要運用描述與分析兩種表達方式的文章和著作。古希臘時期的亞裏斯多德，就以其《詩學》、《修辭學》等專著，爲後世樹立了論型文本的典範之作。由於《詩學》的話語觀念雄霸西方達兩千多年，其理性思辨與客觀分析的話語方式也被後世反復運用，相似的話語方式當然會塑造出相似的話語文本，所以，兩千多年以來，西方的文論專著大都條理清楚、邏輯性強，而單篇文章也能圍繞核心論題，展開分析與論證，在嚴密的推理中完成話語觀念的演繹。但這並不意味著西方文論根本就沒有感悟性文本，實際上，除卻上一節我們所列舉的一系列談型文本之外，在西方文論發展歷程中，還有相當數量的感悟性或者說隱喻式的文本。不過，要考察隱喻式文本，我們還須先簡單描述與形成這種文本樣式密切相關的印象話語方式。

早在羅馬時代，朗吉弩斯的專著《論崇高》，就率先運用了印象話語方式，但由於該著到十六世紀中葉才被發現，而且殘缺不全，文藝復興和古典主義時期的文論家們，關心的是《論崇高》的話語觀念，而對它的話語方式並未注意，只是到了浪漫主義時期，一部分批評家才注重印象主義方法，並生產出一批感悟性極強的文論文本，比如，韋勒克就曾這樣評價約翰・高特夫利特・赫爾德（一七四四—一八二三）：

「在他的論著裏有一種激昂尖銳而又熱情的清新語氣，一種感情的高揚，一種運用反問、呼喊，章段中標滿了接二連三令人厭煩的破折號的文體，一種充滿隱喻和明喻的文體，一種不求論證和嚴密推理的文風。他的風格恍如抒情式的演講，其中問語重重，一個連一個加強語氣的形容詞，行為的動詞，從水、光、火焰與動植物的生長過程中引出的比喻。運用術語時變換不定，古字失去了原意，『戲劇』，『頌歌』，『挽歌』這些術語幾乎可以指作者在具體文章中所想表達的任何東西。」①

從韋氏的評價中，我們不難看出，赫爾德的文論話語方式和中國古代文論的話語方式非常相近，其話語文本也和古代漢語文論的話語文本極爲相似。赫氏之後，英國的威廉・赫士列特（一七七八—一八

---

① 雷納・韋勒克《近代文學批評史》（第一卷），楊豈深、楊自伍譯，上海：上海譯文出版社，一九九七年七月，第二四二頁。

三〇）、法國的波德賴爾、馬拉美，德國的尼采、海德格爾，哥倫比亞的馬爾克斯等人都留下了類似的感悟、隱喻式話語文本。

與西方不同，在古代漢語文論話語中，論型文本的數量是非常有限的，經常被我們列舉的例證是劉勰的《文心雕龍》和葉燮的《原詩》，除此之外，則很難有更多比較典型的具有明顯邏輯性與系統性的論文或著作。而且，象《文心雕龍》這一巨著，並不是純粹原始中國文化這塊土壤所能夠培育出來的，它的出現，得力於來自印度的佛教文化的衝擊，正是佛教文化中的因明學賦予了《文心雕龍》強大的邏輯性與系統性，劉勰少時家貧，依沙門僧祐，寄居定林寺十餘年，抄讀大量佛經，在思維方式上受到因明學的洗禮，進而將中印文化的衝擊化爲《文心雕龍》這部讓我們感歎不已的文論巨著，而且，正是由於劉勰獨特的人生與學術經歷，才使這部著作成爲古代漢語文論中空前甚至也是絕後的論型文本。就是以「理事情」三者爲經、以「才膽識力」四者爲緯的《原詩》，其邏輯性與系統性，也遠遠不及「體大而慮周」的《文心雕龍》。單篇的論型文本雖然有，但數量極少，王充《論衡．藝增》、曹丕《典論．論文》、陸機《文賦》、摯虞《文章流別論》等堪稱層次清晰、邏輯嚴密的文學專論，但隋唐以後，文學理論要麼以詩話、詞話、曲話、評點的形式出現，要麼以序跋、書信的形式出現，類似魏晉時期的典型論型文本反而減少了。

直到晚清，論型文本又才逐步增多，這首先表現爲不少文章被直接命名爲「論……」或「……論」，比如，舒蕪等編選的《近代文論選》，共收「近代作家論文學的詩文二百四十餘篇，略按時代，分爲三輯：第一輯，自鴉片戰爭前夜至變法運動前夜；第二輯，戊戌變法前後；第三輯，自辛亥革命前夜至五四運動前夜。」第一輯中以「論」爲題的只有兩篇，一爲姚瑩《論詩絕句六十首》，另一爲鄭珍《論詩示諸生時代者將至》，都是詩體，尚屬古代論詩詩的範圍；第二輯中則增至十九篇，除去四篇詩體之外，仍有十五篇，超過全輯一百〇四篇的百分之十四；第三輯中也有十一篇，除去一篇詩體，也超過全輯七十五篇的百分之十三。從這部《近代文論選》，我們還能感受到論型文本的邏輯力量也在不斷加強，被選入第二輯中的梁啓超《譯印政治小說序》、《小說與群治之關係》（本文原題爲《論小說與群治之關係》），以及未署名的《新世界小說社報發刊詞》、《讀新小說法》、《中國小說大家施耐安傳》等都是比較典型的論型文本，它們以自己鮮明的觀點、清晰的論述，將在古代文學史上不能登大雅之堂的「小說」，提升爲在文壇上佔據重要地位的文學類別。①不僅如此，在近現代交替之際，還出現了章炳麟《文學說例》、劉師培《論近世文學之變遷》、王國維《紅樓夢評論》、魯迅《摩羅詩力說》、周作人《論文章之意義暨其使命因及中國近時論文之失》等頗受西方文學、美學觀念影響的著名論文，尤其是《紅樓夢評論》，不僅「是《紅樓夢》研究史上第一篇比較系統的專論，也是小說批評史上一篇富有理論色彩的名作」②，而且還以其系統嚴密的論證，對現代漢語文論話語方式的運用、以及話語文本的建構都形成了非常深刻的影響。

---

① 參見舒蕪等編選《近代文論選》，北京：人民文學出版社，一九五九年九月版。

② 黃霖《中國文學批評通史》（近代卷），上海古籍出版社，一九九六年十二月，第八二五頁。

（二）

現代漢語文論話語的論型文本，在數量上，承接晚清文論，繼續增多，成爲最主要的文本樣式。在品質上，也以其邏輯性、系統性，同在古代漢語文論中居於主流地位的感悟性、隱喻性文本，形成更加巨大的反差，與西方文論中的論型文本則存在著諸多相似之處。個中原因，我們將在後面進行探討，這裏先對現代漢語文論話語中的論型文本作一簡略描述。

作爲現代漢語文論的開山之作，胡適的《文學改良芻議》，儘管用文言寫成，但卻是典型的論型文本。它旗幟鮮明地提出「今日而言文學改良，須從八事入手」的核心觀點，然後逐一予以辨析，最後得出結論「此八事皆文學上根本問題，一一有研究之價值」。陳獨秀回應胡適《文學改良芻議》的文章，題爲《文學革命論》，雖然洋溢著作者的滿腔激情，但並未沖淡其理性精神，文章對文學革命的三大主義給予了非常精闢的論述。在此以後，論型文本日益普遍，成爲建設現代漢語文論的首要功臣。如果進一步予以細分，可以說論型文本有單篇、系列和專著三大類別。

單篇論型文本，一般都是論者就當時出現的某種文學現象發表自己的看法而寫出來的，現實感與針對性都比較強，因此，把某一時期不同作者的單篇論文集中起來，就會發現那一時期的文學熱點問題。就篇幅而言，這種文本雖然可長可短，但和今日的情形相差不多，三至八千字比較普遍。短的也絕不會象某些書信那樣只有幾句話、幾十字，因爲論型文本畢竟是論證一個觀點，而不是僅僅提出一種看法。

超過兩萬字的長篇也比較少見，《中國新文學大系》的「建設理論集」和「文學論爭集」中，包括胡適《逼上梁山》在內的所有文章，沒有能達到兩萬字的，不過，這期間，胡適、傅斯年、羅家倫都發表過一萬五千字左右的論文，比如，胡適的《建設的文學革命論》、《易蔔生主義》、《國語的進化》、傅斯年的《戲劇改良各面觀》、羅家倫的《駁胡先驌君的中國文學改良論》等都曾經發生過較大的影響。而新文學運動最激烈的反對者——學衡派也發表了一系列的長篇論文，其中影響較大的有吳宓《論新文化運動》、《論今日文學創造之正法》，胡先驌《評〈嘗試集〉》、《評胡適〈五十年來中國之文學〉》，吳芳吉《再論吾人眼中之新舊文學觀》等，這些文章全部用文言寫成，字數幾乎都在一萬五千以上，《評〈嘗試集〉》甚至超過了二萬五千字；到了二三十年代以後，長篇論文相對來說更常見一些，象魯迅的《「硬譯」與「文學的階級性」》、茅盾的《自然主義與中國現代小說》、《論無產階級藝術》、《讀〈倪煥之〉》、梁實秋的《拜倫與浪漫主義》、《現代中國之浪漫的趨勢》、《現代文學論》、梁宗岱的《論詩》、《象徵主義》、《試論直覺與表現》、傅東華的《十年來的中國文藝》、王任叔的《新詩的蹤跡與其出路》、瞿秋白的《普洛大眾文藝的現實問題》、穆木天的《郭沫若的詩歌》、陽翰笙的《文藝大眾化與大眾文藝》、陳辛人的《論當前文學運動的諸問題》、李長之《論茅盾的三部曲》、《張資平戀愛小說的考察》等，都是內容充實、篇幅較大的單篇論型文本。

系列論型文本，也爲現代漢語文論話語的建立做出了比較巨大的貢獻。當然，從數量上看，它遠不及單篇論型文本，但因爲其系列性或者說集團性，在特定時期、針對特定文學現象，系列論型文本往往具有更大的影響力。我們只要看看《中國新文學大系》全套十部書的九篇導言（阿英編選的《史料索引》沒有導言，只有序例），就能贊同這一說法。這套出版於一九三五年的「大系」，其目的是「把民六至民十六的第一個十年間，關於新文學理論的發生，宣傳，爭執，以及小說，散文，詩。戲劇諸方面所嘗試得來的成績，替他整理，保存，評價。」①由於有蔡元培（作總序）、魯迅、周作人、胡適、茅盾、鄭振鐸、朱自清、鬱達夫、鄭伯奇、洪深、阿英等新文化與新文學界最具影響力的大師級人物的加盟，這套書對後世的巨大影響，可能是主編趙家璧在設定上述編選目的時所未能預料到的。這十部書所包含的原始內容是相當有限的，但各集編選者所撰寫的導言，卻最大程度地彌補了這種不足，而且這組導言所形成的一個系列，對新文學最初十年面貌的勾勒與描繪，成了後來任何一部新文學史著作都無法回避的權威性論述。或許正是認識到這一系列論型文本的重要性，良友復興圖書印刷公司才於一九四〇年十月，將總序與九篇導言彙集成《中國新文學大系導論集》一書，予以出版，並於一九四五年七月再版。

正因爲如此，《中國新文學大系》的編選方式，在二十世紀八〇年代以後重新得到重視與模仿：上海文藝出版社於一九八四—一九八九年出版了共二十冊的《中國新文學大系》（一九二七—一九三七），也由文藝界知名人士周揚、巴金、吳組緗、聶紺弩、蘆焚、艾青、于伶、夏衍各集作序，這組序言也是一個系列論型文本。上海文藝出版社九〇年代又出版了《中國新文學大系一九三七—一九四九》，共二十

① 趙家璧《中國新文學大系·前言》。

卷；上海書店九〇年代出版《中國近代文學大系一八四〇—一九一九》，共十二專集三十卷；中國文聯出版公司八〇年代中後期至九〇年代中後期出版《中國新文藝大系》，由一九一七—一九二七、一九二七—一九三七、一九三七—一九四九、一九四九—一九六六、一九七六—一九八二共五輯組成。這些「大系」的編選還造就了一批近現代文學研究的專門人才。

系列論型文本的另一種類別是「作家論」。現代漢語文論中創作「作家論」影響最大的是茅盾，從一九二七年至一九三四年，他在《小說月報》、《文藝月報》、《現代》、《文學》等刊物上，先後發表了《魯迅論》、《王魯彥論》、《女作家丁玲》、《徐志摩論》、《廬隱論》、《冰心論》、《落花生論》等七篇作家論，儘管時間跨度較長，但從這些「作家論的寫作看來原是有統一的設想的，那就是較系統集中地評述一批在五四時期（最遲是二〇年代末）成名的最有影響的作家，總結與發揚五四新文學的現實主義傳統」。①因此，我們可以說這七篇作家論構成了一個系列論型文本。正是在茅盾的作家論的影響與啓發下，三四十年代出現了不少的作家論，以至於上海文學出版社於一九三六年四月刊印了《作家論》一書，該書收茅盾、穆木天、許傑、胡風、蘇雪林等五人，於一九二八至一九三五年間，對當時文壇上九位著名作家所作的十篇專論，八〇年代的周揚在《中國新文學大系（一九二七—一九三七）．文學理論集一》中，也專門設置了一個名爲「作家研究篇」的板塊，選錄了由茅盾、胡風、錢杏邨、許傑、沈從文、蘇雪林

① 溫儒敏《中國現代文學批評史》，北京：北京大學出版社，一九九三年十月，第一一二頁。

等六人的九篇作家論。這些眾多的作家論作爲整體，自然可以說是一種系列論型文本，如果分開來看，有些論者創作的多篇作家論也可自成一個系列，比如，沈從文一九三四—一九三五年創作的《論施蟄存與羅黑芷》、《論郭沫若》、《論馮文炳》、《孫大雨》、《論穆時英》等，錢杏邨《現代中國文學作家》（又名《批評六大文學家》，均爲亞東書局，一九三二）一書中對魯迅、郭沫若、茅盾、鬱達夫、蔣光慈、徐志摩等六位作家的評論幾乎都具有作家論的性質。此外，上海樂華圖書公司一九三三年六月出版的《當代中國作家論》（樂華編輯部編，收二二篇文章及五篇評傳）、北平人文書店一九三二年九月出版的《現代中國女作家》（草野著，評介六位女作家）、上海現代書局一九三二年九月出版的《中國現代女作家》（賀玉波著，評述十位女作家的生平與作品）等著作，都各自構成一個作家論的系列，集中展示了論者分析問題的立場、方法與目的。另外，關於同一對象的眾多作家論，也能形成一個系列論型文本，比如，現代文學批評史上茅盾、馮雪峰、胡風、李長之、張定璜、蕭三、胡繩、端木蕻良等不少批評家以及毛澤東都撰寫過《魯迅論》、《論魯迅》或其他比較全面評價魯迅的文章或著作，通過比照這些文本，我們可以發現不同立場與觀念在進行著明顯與潛在的交鋒，也能感受到不同文論話語的不同風格與功效，當然也能從不同角度加深對批評對象的理解。這種系列論型文本，對於不同文論話語之間的對話以及建構現代漢語文論話語，都具有相當重要的作用。

系列論型文本還有一種形態，那就是以專欄、專輯形式出現的系列論文。這種文本的作者一般都不是一個人，而是幾個甚至好幾十個人，圍繞某種文學現象或某個研究領域而進行的理論探討。這種系列文本雖然大多帶有一次性消費的特徵，但由於集中了各種觀點或頂級學者，其影響力仍然不可低估。比如，《小說月報》就有「被損害民族文學」、「太戈爾（上下）」、「拜倫」、「非戰文學（上下）」、「安徒生（上下）」、「羅曼羅蘭」、「現代世界文學（上下）」等一系列的專號，而且還以增刊、號外的方式出版過內容相當充實的「俄國文學研究」、「法國文學研究」、「中國文學研究」等專輯，設立過「整理國故與新文學運動」專欄；《新青年》出版過以作品翻譯爲主的「易蔔生專號」、和理論與創作兼顧的「戲劇改良專號」，而且在眾多「通信」專欄中，不少都是圍繞特定文學問題——諸如文字改革、注音、世界語等展開的討論；此外，《文學週報》出過百期紀念刊「星海」，《少年中國》出過「詩學研究號（上下）」，《時事新報．學燈》探討新詩理論的「新詩討論」、「詩學討論號」等專輯。一九三三年七月在上海生活書店創刊的《文學》月刊，出版過鄭振鐸編定的特大專號「中國文學研究」，「其內容的充實和豐富，向爲人稱道……顯示了相當強大的文史研究陣容。」①《文學》月刊還出版過「二周年紀念特輯——文學百題」，集中了當時文壇老中青、左中右等各類學者，對涉及古今中外的眾多文學問題進行了比較系統的闡釋。到了二十世紀四〇年代末，鄭振鐸、李健吾編輯的《文藝復興》月刊出版過「抗戰八年死難作家紀念」以及魯迅、聞一多、耿濟之逝世紀念特輯，而影響最大的則是「中國文學研究號（上中下）」，著名學者聞一多、朱自清、郭紹虞、吳晗、王瑤、季羨林、吳曉玲、馮沅

① 楊義主筆，中井政喜、張中良合著《中國新文學圖志》（下），北京：人民文學出版社，一九九六年八月，第四三四頁。

君、唐弢等都撰寫了論文，使這一研究專號發生了重大的影響。

以叢書形式出現的系列論型文本，也是現代漢語文論話語的重要文本類型。這種文本往往是一種頗具規模的話語展示，它以集團優勢，將某一領域的話語觀念或某種話語方式發揮得淋漓盡致，尤其是那些以中學生、大學生爲讀者對象的文本，以及被多次印刷或重版的文本，更是使新的話語觀念與方式獲得最大程度的普及，爲現代漢語文論話語的發展與成熟做出了很大的貢獻。中國現代出版史上，在叢書上取得突出成就的是王雲五主持下的商務印書館，該館在二十世紀二三十年代出版了規模巨大、影響深遠的五套叢書，即「百科小叢書」①、「萬有文庫」、「大學叢書」、「中國文化史叢書」以及「叢書集成」。其中前四種包含了相當數量的文學理論著作，比如，「百科小叢書」中的《西洋詩學淺說》（王希和）、《歐美近代小說史》（鄭次川）、《歐洲近代戲劇》（餘心）、《歐洲近代文藝思潮》（張伯符）、《戲劇論》（鬱達夫）、《詩歌原理》（汪靜之）、《神話論》（林惠祥）、《電影劇本作法》（穀劍塵）、《絕句論》（洪爲法）、《文學概說》（鬱達夫）、《文學常識》（傅東華）、《青年文學知識》（郭虛中）、《文學論》（劉永濟）、《文學批評淺說》（周全平）等，「萬有文庫」中的《先秦文學》（遊國恩）、《漢魏六朝文學》（陳鐘凡）、《唐代文學》（胡懷琛）、《宋代文學》（呂思勉）、《遼金元文學》（蘇雪林）、《明代文學》（錢基博）、《清代文學》（張宗祥）等，「大學叢書」中的《文學概論》（馬宗霍）、《詩詞學》（徐謙）、《詞學通論》（吳

---

①「百科小叢書」一九二三年開始出版，「萬有文庫」第一集於一九二九年十月開始發行後，將此前出版的包括「百科小叢書」在內的十三套叢書納入其中。

梅）、《中國文學之原始及其結構》（蔣善國）《中國音韻學》（王力）、《國語學草創》（胡以魯）、《高等國文法》（楊樹達）、《中國文學批評史（上）（郭紹虞）、《文學大綱》（鄭振鐸）等，「中國文化史叢書」中的《中國俗文學史》（鄭振鐸）、《中國駢文史》（劉麟生）、《中國散文史》（陳柱）、《中國韻文史》（王鶴儀）等。另外，商務印書館一九二三年為紀念《東方雜誌》二十周年出版了一套共六集的「東方文庫」，其中五、六兩集為文學類，第六集屬創作與譯作，第五集則屬於文論著作，它們是《近代文學概觀》、《文學批評與批評家》、《寫實主義與浪漫主義》、《近代文學與社會改造》、《近代戲劇家論》、《近代俄國文學家論》、《但底與歌德》、《莫泊桑傳》。

除了商務印書館之外，其他一些大型出版社也印行了包含不少文學批評與理論著作的叢書，同樣對現代漢語文論的發展與成熟產生了重要影響。比如，中華書局的「初中學生文庫」、「現代文學叢刊」、光華書局的「光華小文庫」、世界書局的「ABC 叢書」等，都獲得了較高的聲譽。

上述這些著作或者大量輸入西方文論話語，或者以新的觀念去闡釋傳統文學，或者嘗試建構現代漢語文論的理論架構，各自都能夠發生一定程度的影響，但它們以叢書的形式出現，就更能形成龐大的氣勢，而且相互補充、彼此呼應，發生的影響就更巨大、更深刻。

專著類論型文本，是指以獨立專著形式出現的文論文本。現代漢語文論話語中的這類文本，主要包含批評家的論文集、理論家的學術著作兩大類。前一類型往往是批評家已經發表的單篇論文的結集。批評家的批評風格是通過一篇篇文章獲得發展與反映的，但由於單篇文章散見於各種報刊，不容易顯示出批評家的整體風貌，結集出版，就能充分彰顯論者話語觀念與話語方式的具體形態及其發展、演變的軌跡。因此，研究不同論者的論文集，我們就能從一個角度把握現代漢語文論話語的整體進程與個體差異，爲全面描述與評價現代漢語文論奠定一個比較堅實的基礎。現代文學批評史上，比較重要的批評家，幾乎都出版過這樣的論文集，在此，我們無需羅列具體的例證。後一類型，即理論家的學術著作，則更能體現論型文本的基本特徵，這主要表現在，論者的理性精神更強烈，使用的文論術語更規範，篇章乃至整部著作的內外結構更嚴謹等幾個方面。這種類型的文論文本，比較集中在文學概論、原理以及文學史、文學批評史等幾個領域，並且在二十世紀二〇年代末到三〇年代末，形成了文學概論、中國文學史、中國文學批評史等學術著作出版的高峰期。這些學術專著不僅奠定了各自所屬學科的基礎，而且在吸取西方現代學術觀念（比如進化論、辯證法、唯物論等）、借鑒西方文論話語方式、加強中西文論的對話等方面做出了開拓性的努力，在很大程度上改變了現代中國的文學觀念，使它與傳統文學觀念之間發生了巨大的反差甚至質的不同。

（三）

縱觀新文學運動發展的頭二十年，我們可以說，論型文本的日益豐富與完善，很大程度上也意味著現代漢語文論話語的日趨成熟。除了結構謹嚴、邏輯縝密、論點鮮明等特徵之外，現代漢語文論的論型文本，在話語方式的運用上也具有了明顯的現代色彩，象術語內涵的游移不定、推理方式的隨意難解、觀點獲得的出人意料等古代漢語文論話語常見的弊病，已基本上被消除。之所以會發生這種重要的文本變革，一個明顯的原因是，隨著文學革命的成功與深入發展，一部分理論家的心態也開始變得平和與寬鬆，從而更加適應作冷靜與理智的思考，對不少創作現象和理論命題的認識日益深刻，表述也就越來越明晰與從容，其結果自然是論型文本的日趨成熟與完善。當然，促成從古代漢語文論話語以感悟性、隱喻性文本爲主，到現代漢語文論話語以論型文本爲主的轉變，除了著者心態這一主觀方面的原因之外，還有語言、文學觀念以及學術視野等相對客觀而且更爲重要的因素。

語言與思維的關係是通過詞語聯繫在一起的，因爲「詞義是一種言語思維現象，或者說是有意義的言語現象（meaningful speech）——言語和思維的一種聯合」①。從詞語的形態而言，古代漢語與現代漢語有一個顯著的差異：古代單音節詞多，現代雙音節詞多。而「就意義說，雙音詞比相對的那個單音詞明晰、固定……較不明晰，較不固定，到用來造句的時候卻有它的優越性，是放在哪里都過得去。」②詞語意義的飄忽不定，勢必和思維的模糊、表達的朦朧存在著內在的聯繫，加上漢字的象形、指事、會意等外在特徵所掩藏的形象性意蘊，使得古代漢語具有突出的感悟性、隱喻性特徵，是一種典型的詩性語言。這種語言構建的主要文本，只能是詩性的或者說是感悟性、隱喻式的，而不可能是議論型的。但是，新文學革命運動之後，白話替代文言成爲文學創作與理論研究的主要載體，而且，新文化運動的激進論

---

① 列夫·謝苗諾維奇·維果茨基《思維與語言》，李維譯，杭州：浙江教育出版社，一九九七年九月，第一三一頁。

② 張中行《文言和白話》，哈爾濱：黑龍江人民出版社，一九八八年四月，第六五頁。

者，不僅宣判文言的死刑，而且還鼓吹白話的歐化，從而使現代漢語的表達方式日益清晰與嚴密，爲建構現代漢語文論話語的論型文本提供了最爲重要的工具性前提條件。

兩千多年來，中國文學觀念經歷了從泛文學到純文學的漫長演變歷程，而這一歷程的最終完成可以說是在近現代，尤其是在新文學革命以後。純文學觀念的樹立，不僅有利於文學的創作，而且對於文學批評、文學理論研究以及文學史觀、文學批評史觀的形成都會具有直接的促進作用。就其對文學批評的影響而言，主要表現在，批評家可以擯棄眾多非文學因素的幹擾，將批評的筆觸直指對象的文學性，通過細膩的剖析，把捉住文學作品的本質特徵。就其對文學理論的影響而言，主要表現在，理論家在劃定文學範圍、描述文學特徵的前提下，可以更充分地考察文學與其他藝術門類和人文學科之間的關係，建立起現代文學理論的基本框架。就其對形成文學史觀、文學批評史觀的影響而言，主要表現在，中國古代沒有鮮明的一以貫之的文學史、和文學批評史意識，有的只是將文學史納入到寬泛的歷史範圍內進行描述，正統史著中的「藝文志」、「儒林傳」往往充當了文學史和批評史的角色，直到現代，在受到西方、日本等外來文學史、批評史著述的啓發之下，我國學者才開始具備爲文學創作、文學批評獨立寫史的自覺與實踐。然而，要將上述可能的影響變爲現實，必須比較徹底地轉換批評、理論乃至文學史敍述等幾個方面的話語方式，在二十世紀初，轉換文論話語方式的根本資源只能是強大的西方文論話語方式，由於話語方式必然附著于話語文本，所以，當新文學發展的初期階段，批評家、理論家和學者們在對傳統文論話語進行大換血時，所建構的文論文本也只能是對西方文本的類比與搬移。

現代漢語文論話語文本的根本變革，還得力於一批具有寬闊學術視野的話語主體。新文學運動的鼓吹者與實踐者，大多有留學歐美或日本的經歷，在傳統學術仍然受到極爲重視的近現代交替之際，這批留洋學子又大都具備非常深厚的國學基礎。正是這種雙重知識結構的衝突與磨合，造就了現代漢語文論話語主體開闊的學術視野，並由此決定了他們能夠相當程度地超越本民族文學的拘囿，以西方文學觀念來反思、闡釋漢語文學現象，其結果也必然會帶來話語文本的根本變革。

(四)

下面，我們來描述與分析現代漢語文論話語的「戰型文本」。之所以將戰型文本與論型文本放在一起予以討論，是因爲就一般而言，戰型文本首先都是議論性的文章或著作，只是由於文藝論戰的需要，才由一般泛論文藝的文字，進一步發展成「論」而且「戰」，或者說針對性、爭辯性、批駁性都極其強烈的戰鬥型文本。

西方文論發展史上，屢屢出現在尖銳、激烈的辯駁與爭鬥中突破現存話語觀念，並引起話語方式發生根本轉換的文論事實。從《柏拉圖文藝對話錄》我們就能看到，柏拉圖經常採用的一個話語策略，就是在與對話者進行辯論的過程中建立起自己的話語觀念，雖然其論戰的色彩還不夠濃厚，但比起《論語》中孔子與弟子之間的溫和性對話來，卻顯出咄咄逼人的架勢。在「我愛我師，但我更愛真理」的亞裏斯多德那裏，則進一步將柏氏的辯駁行爲發展成一種批判精神，以至於「他的《詩學》雖未指名道姓，卻處處針對柏拉圖的文學思想作了逐一批駁。」①隨著文藝復興時期的到來和亞氏《詩學》的被重新發現，文論論爭變得越來越普遍，從雅科布·馬佐尼《但丁〈神曲〉的辯護》、菲力浦·錫德尼《爲詩一辯》開始，西方文論史上比較著名的論戰就有：關於新體裁的爭論、圍繞古典主義戲劇及「三一律」的論爭、古今之爭、浪漫主義與新古典主義之爭等，這些矛盾、對立相當突出的論爭，不僅使西方文論在肯定、否定、否定之否定的方式中獲得充分發展，而且留下了數量眾多的戰型文本，以便我們從中尋繹西方文論的論辯話語方式。

在古代漢語文論話語中，典型的戰型文本並不多見。究其原因，主要有兩個方面。一是，文學缺乏足夠的獨立性。文學儘管在表面上被賦予「經國之大業，不朽之盛事」的巨大責任與榮耀，但實質上卻是被套上了一個緊箍；雖被迫趨附於政治，卻既不敢議政，又沒有實際幹政（所謂「經國」）的機會。所以，文學的聲音並不被當權者所重視，甚至不被他們所傾聽，創作文學者也就大可不必對文學問題作過於認真的討論，得意時當文學作爲消閒，失意時用文學進行排遣。因此，古代漢語文論缺少針鋒相對的論爭，即使有所爭辯，文學家也基本上不將自己的政治立場帶入其中，屬於相對純粹的文學內部之爭，其尖銳與複雜的程度也難以與現代中國的文學論爭相提並論。二是文化精神方面的原因，雖然早在春秋戰國時期，就曾出現百家爭鳴的學術局面和辯難、遊說的社會風氣，並因此留下一批至今尤存的戰型文

① 楊冬《西方文學批評史》，長春：吉林教育出版社，一九九八年四月，第三一頁。

本，但隨著儒家思想正統地位的確立，溫柔敦厚、謙恭禮讓、敏於行而訥於言等，成爲衡量個人品格的重要標準，爲尊者諱、爲長者諱，是卑者、幼者應盡的義務，爭強好勝的辯駁與論爭，勢必遭到拒斥與輕蔑，戰型文本也就少了應運而生的可能性。

現代中國的情況卻發生了很大的變化，在短短的二三十年之間，文學論戰可謂連續不斷，①論爭各方製造出了眾多的戰型文本，這既昭示了現代漢語文論與古代漢語文論的一個重要差別，又保存了現代漢語文論論辯話語方式發生與演進的歷史軌跡，爲我們理解現代漢語文論話語提供了一個新的角度。下面，我們對這些文本試作簡略描述。

（五）

新文學運動既然被定性爲一場「革命」運動，其發生與發展的歷程，就必然離不開與敵對陣營的艱苦鬥爭和同一戰陣的相互辯駁。對此，新文學運動的發起者們是心知肚明並且早有心理準備的。陳獨秀在《文學革命論》中就明確指出：

「文學革命之氣運，醞釀已非一日，其首舉義旗之急先鋒，則為吾友胡適。余甘冒全國學究

---

① 從劉炎生《中國現代文學論爭史》（廣州：廣東人民出版社，一九九九年十二月）一書來看，發生於一九一七—一九四九年間比較重大的文學論爭就有八十多次，一九一七—一九三七年間有六十餘次。

之敵，高張『文學革命軍』大旗，以為吾友之聲援。」①

胡適在《文學改良芻議》的結尾也說：「謂之芻議，猶雲未定草也，伏惟國人同志有以匡糾是正之。」②鄭振鐸在《中國新文學大系·文學論爭集·導言》中的表述則更加明白：

「在革新運動裏，沒有不遇到阻力的；阻力愈大，愈足以堅定鬥士的勇氣，紮硬寨，打死戰，不退讓，不妥協，便都是鬥士們的精神的表現。不要怕『反動』。『反動』卻正是某一種必然情勢的表現，而正足以更正確表示我們的主張的機會。」③

文學革命運動發生十來年之後，文藝界對「當前」的論戰更是重視有加，比如，爲了讓更多的人能及時讀到現階段的論戰文章，也爲了給中國現代文藝思想史留下一點資料④，李何林編選了《中國文藝論戰》（中國書店，一九二九）一書，收錄的四八篇文章是一九二八—一九二九年《語絲》、《創造月刊》、《小說月報》、《新月》、《現代文化》等各種刊物上關於「革命文學」的「各方的『論』而且

---

① 《中國新文學大系·建設理論集》，第四四頁。
② 《中國新文學大系·建設理論集》，第四三頁。
③ 《中國新文學大系·文學論爭集》，第二一頁。
④ 參見李何林《重印〈中國文藝論戰〉說明》，《中國文藝論戰》，西安：陝西人民出版社，一九八四年四月。

『戰』的文字」①。在此之後，類似的有關文藝論戰的論文集都會及時出現。比如，一九三二年，文藝界就創作自由問題展開了一場較大規模的論戰，現代書局於一九三三年出版了蘇汶編選的《文藝自由論辯集》。一九三六年，當「兩個口號」這一更大規模的論戰剛一結束，三家出版社幾乎同時推出了關於這次論戰的三部文集：《國防文學論戰》（新潮出版社，一九三六年十月）、《現階段的文學論戰》（文藝科學研究會，一九三六年十月）、《論現在我們的文學運動》（長江書店，一九三六年十一月）。這種及時編選、出版論戰文集的批評與學術風尚，在四〇年代仍然被重視與延續。儘管這是一種稍嫌急功近利的做法，但它的確使讀者「總能夠看得出新文學在現階段上的一個大體的動向來」②，何況，這種選集還是後世文學、文論史家解剖當時文藝界思想狀況的重要標本與切入口。

對於文藝論戰問題更爲理智與冷靜的認識，必須要假以相當的時日，在現代文藝論爭文集的編選方面，影響最大的應該是鄭振鐸的《中國新文學大系．文學論爭集》。這部編選、出版於一九三五年的論文集，從導言、結構、選文等各方面情形來看，都顯示出鄭振鐸個人與整個大系的編選者們，對發生於一九一七—一九二七年間新文學論爭的全面認識。在《導言》中，鄭氏將這一時期稱爲「偉大的十年間」，進而指出：

---

① 《中國文藝論戰．原版序言》，西安：陝西人民出版社，一九八四年四月，第一一頁。

② 林淙《現階段的文學論戰．前言》，上海書店一九八七年據文藝科學研究會一九三六年版影印，第四頁。

「若把這『偉大的十年間』的論爭的大勢察看一下，我們便知道，那運動是可以劃分為兩期的。第一期是新文化運動和白話文運動……第二個時期是新文學的建設時代，也便是文學研究會和創造社的時代。」①

很顯然，這樣的劃分已經具有相當明晰的歷史意識。在這種全面認識的基礎上，鄭振鐸將全書分爲上下兩卷；上卷歷時性地分爲五編：初期的回應與爭辯、從王敬軒到林琴南、學衡派的反攻、文學研究會與創造社的活動、甲寅派的反動；下卷按體裁共時性地分成三編：白話詩運動及其反響、舊小說的喪鐘、中國戲的總結帳。這一結構的功效與鄭振鐸的漢代本家鄭玄在《詩譜序》中所謂「欲知源流清濁之所處，則循其上下而省之；欲知風化芳臭氣澤之所及，則旁行而觀之」②頗爲相似。就選文來看，除去附錄，共一百〇五篇，其中十五篇與胡適編選的《建設理論集》相同，只保存目錄，實收文章九十篇，具有很強的代表性和客觀性，反映了編選者開闊的學術視野。總的說來，這部文學論爭集，爲我們精選出了現代漢語文論發展史上的第一批比較典型的戰型文本。

之所以要著重介紹前述有關論戰的文集，主要是因爲，現代以來，文藝報刊的數量非常巨大，使得每次論戰可以有眾多的直接參與者，但真正促使論戰向縱深方向發展、對後來的文學創作造成巨大影響

① 參見《中國新文學大系·文學論爭集》第一七—二〇頁。
② 郭紹虞主編《中國歷代文論選》第一冊，上海古籍出版社，一九七九年八月，第七一頁。

的文本卻不一定佔有很大的比例。在這樣的情況之下，論文選集的意義就彰顯了出來：編選者以獨特的視角，通過去蕪存精的方式，凸現重要文本的價值，進一步擴大它們的影響。當然，這樣的選集也有危險性，編者的立場與修養，往往決定其選本的形態與價值。

除了以上這些文本之外，現代漢語文論發展過程中出現的其他論戰都留下了或多或少的戰型文本。而作爲現代文學史上的一些常青樹作家，如魯迅、茅盾、郭沫若等，因爲參與的論爭眾多，留下的戰型文本也就非常豐富，他們的文論思想可以說就是在辯駁與反辯駁的論戰中展開與發展的。他們留下的戰型文本所表達的具體文論觀念，經過學者們的努力，已經獲得相當深入的研究。但這些文本所蘊含的話語機制、所標示的不同話語風格，尚需作進一步的描述與分析。

如果說上述這些文本是針對性極強的顯性戰型文本的話，初期現代漢語文論話語中還存在著一種隱性戰型文本。這裏所謂的隱性戰型文本，是指表面上似乎自說自話、並不相干，實際上卻在暗中較勁、有所隱射的文本。當然，就數量而言，這種文本無法與顯性戰型文本相比，而且，有的隱性文本比它所批判的文本晚出現若干年，有的文本設定的論戰對象比較寬泛。正是由於具備這樣的特徵，隱性戰型文本大多經過著者較長時間的思考，顯得材料充實，推論有力，觀點具有一定的系統性，即使有所偏激，大多也是故意如此。

舉例來說，胡適的《白話文學史》就是典型的隱性戰型文本。《白話文學史》的創作開始於一九二一年，正式出版於一九二八年，這期間，反對白話文學的聲浪雖不如文學革命運動初期那樣來勢兇猛，但仍然存在，所以胡適提出「白話文學」與「古文文學」的二元對立，並褒揚前者、貶斥後者，將「白話文學史」當做「中國文學史」來寫，是有良苦用心的，正如黎錦熙在爲《白話文學史》的前身《國語文學史》所寫的《代序》中早已指出的那樣，「這是『文學革命』之歷史的依據，或者也含有一點兒『托古改制』的意味」①。這就是說，胡適的《白話文學史》是與《文學改良芻議》、《建設的文學革命論》以及陳獨秀的《文學革命論》等文本一脈相承的，仍然是在同反對白話文學的敵對勢力進行學理上的較量，是一種相對隱蔽的戰鬥。

錢基博的《現代中國文學史》②也是一部具有隱性論戰色彩的著作。從內容上看，該著「起王闓運以迄胡適，裒然成巨帙，人不求備，而風氣變遷，大略可睹。」③就結構而言，「略仿《儒林》分經敘次之意，分爲二派：曰古文學，曰新文學。每派之中，又昭其流別；如古文學之分文、詩、詞、曲，新文學之分新民體、邏輯文、白話文。」④雖然錢基博自矜其借用司馬遷「激射隱顯」的著史之法，以求達到「敘事貴可考信，立言蕲於有本」的學術境界，但就全書三十萬字中僅用一萬多字論述白話文，且只選胡適，將魯迅、徐志摩附屬其後的內容安排和篇幅分配來看，仍能抉發出其敵對新文學的立場：將

---

① 轉引自駱玉明《關於胡適的〈白話文學史〉》，《白話文學史》，上海古籍出版社，一九九九年十二月，第六頁。

② 無錫國學專門學校學生會，一九三二年十二月以《現代中國文學史長編》爲題鉛字排印二百部，世界書局一九三三年八月初版，一九三六年九月增訂版。所謂「現代」是指一九一一年—一九三〇年。

③ 《現代中國文學史長編·跋》。

④ 《現代中國文學史·序》。

近現代學術風氣的變化歸結爲「疑古非聖」；稱讚嚴複臨終時所謂「中國必不亡，舊法可損益，必不可叛」爲「一言爲智，可懸日月」；希望讀者將這部書視爲「現代文人之懺悔錄」等就是確鑿的證據。

我們知道，胡適在《五十年來中國之文學》①一文中，就開始建構「平民的文學」與「貴族的文學」這一二元對立的研究框架，並且，該文的學術觀念是與文學革命的主張相呼應的，它本身也可以說是一個隱性戰型文本。因此，文章刊發不久，就遭到胡先驌《評胡適〈五十年來中國之文學〉》②的公開批判。但同時也出現了採用隱性戰鬥的方式與胡適進行較量的文本，劉朴《辟文學分貴族平民之僞》③就是這樣的文本。該文表面上絲毫沒有提到胡適及其著作，但明眼人不難看出它的針對性，而且作者劉朴希望讀者能夠理解自己的一片苦心：「明吾所辟文學分貴族平民之僞，而猶未諳文惟其是之意者，知餘之不盡言，正莊子所謂關君者皆自厓反而君自茲遠也。」

隨著新文學運動的步步深入，新文學陣營內也逐漸發生分化，甚至由分化造成對立與論戰。這種分化與對立，不僅表現在創作上，也表現在對外國文學理論的介紹以及文學概論類著作的編寫上。比如，文學研究會對自然主義、現實主義的譯介，創造社對浪漫主義的引進，就構成了一種隱性的顯在對立。又比如，在「革命文學」論爭期間，魯迅、馮雪峰組織翻譯了普列漢諾夫、盧那察爾斯基等人的一系列

---

① 原載一九二三年二月《申報》五十周年紀念刊《最近之五十年》，一九二四年二月《申報》館出單行本。
② 載《學衡》一九二三年六月，第十八期。
③ 載《學衡》一九二四年八月，第三十二期。

文藝理論著作，以便從中學習馬克思主義的藝術理論，掌握唯物主義批評方法。但我們在看到魯迅通過「硬譯」，竊火煮肉的同時，也應注意魯迅還想以此救正青年們的偏頗。據此，我們似乎可以說魯迅組織並參與譯介的那些具有唯物主義特徵的藝術理論著作，也是針對創造社、太陽社的左傾思想進行論戰的一批隱性文本。

我們不只一次提到二十世紀二三十年代出現過一個編著文學概論類著作的高峰時期，這批著作的理論淵源、話語方式都顯得複雜多樣，每部著作的出現雖然有很強的偶然性，但稍作考察，我們又會發現它們與當時的文學思潮存在著絲絲縷縷的聯繫，有的甚至還明顯地呼應某種文學思潮而與另一種文學思潮進行著隱性的戰鬥。比如，在「革命文學」論爭以及革命作家與新月派進行論爭的期間，章克標、方光燾寫出了《文學入門》、顧鳳城寫出了《新興文學概論》，①前者介紹了無產階級文學和俄羅斯的革命文學，後者則可以說是一部十足的探討無產階級文學（書中所謂「普羅列塔利亞文學」）的理論專著。這兩部著作，比較正面地回答了什麼是真正的革命文學和文學究竟有無階級性等重大理論問題，配合了當時的文學論戰，也可以被視爲隱性戰型文本。

（六）

不用說，戰型文本的主要特徵是針對性與尖銳性，如魯迅雜文似的，是匕首、是投槍。文學論戰，

---

① 分別由開明書店一九三〇年六月和光華書局一九三〇年八月出版。

恰如行軍打仗，敵我雙方或多方，常常是在有限的時間內走馬換陣、你來我往，這就要求論戰者必須具備精湛的技藝，既能倚馬千言，又能寸鐵殺人。或許，正是迫於這樣的要求，戰型文本才顯出論戰者攻敵要害而不計其餘的話語策略。毫無疑問，魯迅是二十世紀所有文藝論戰者中最傑出的人物，他的不少雜文都充分顯示了「論」而且「戰」的特徵。自然，這樣的文本在極具針對性、尖銳性的同時，也會暴露出有所偏頗甚至極端偏激的不足。近年來，學界對魯迅雜文的反思，就包括正視某些雜文的偏激性問題。當然，在片面性、偏激性方面，還有不少戰型文本遠遠超過了魯迅雜文，從而走上潑婦罵街、人生攻擊這種人所不齒的卑劣境地。

實際上，戰型文本的基本特徵很容易感受和把握，無需多費唇舌，我們還是對現代漢語文論之所以出現眾多戰型文本的具體原因稍作探討。

近現代中國是一個發生了巨大變革的轉型時期，社會、文化、文學、文論等各個領域莫不如此。就文論而言，轉型同樣意味著新與舊的激烈對立與衝突：新的文論話語試圖強行攻取被舊式話語長期霸佔的統治地位，舊的文論話語憑藉高貴的血統、久遠的歷史，並依託詩、詞等文體堡壘，鄙棄、抗拒新式話語，企圖作最後的掙紮。在這場搶奪與捍衛文論權威的戰鬥中，話語交鋒在所難免，戰型文本的出現也就理所當然。儘管，古代漢語文論話語有正統優勢，但由於其結構封閉，造成文論話語的內部迴圈機制，缺乏從民間更不用說從國外汲取新鮮營養以增強自生活力的機會，所以，當它面對新式話語的挑戰時，就顯得色厲內荏、不堪一擊。這也是文學革命運動在幾年之內就獲得巨大成功的一個重要原因。但隨著舊式話語逐步被排擠到一個尷尬的角落，文論領域出現了話語權威暫時空缺的局面，於是，新文學陣營內部又展開了瓜分話語權力、爭奪話語權威的戰鬥。既然烽火又起，戰型文本也就再度繁榮，並成爲演繹現代漢語文論話語的重要場所。

當然，由於現代中國各種政治與文化勢力處於犬牙交錯的複雜關係之中，文論話語領域的鬥爭並不象以上描述的那樣簡明與單純。而且，由近代到現代是一個時間流程，或許我們可以人爲地指定某一天作爲分水嶺，但在所謂的新與舊之間仍然存在諸種割捨不斷的聯繫。這就意味著，現代漢語文論的話語主體，仍然具有很強的過渡性特徵，在他們身上，雖相當程度地具備現代學人獨立與自由的精神品格，但仍未擺脫傳統士階層所推崇的「仕宦」情結的糾纏。這使得現代文學批評家、理論家願意憑藉文學而與政治聯姻，甚至走上胡適晚年才追悔莫及的仕途「歧路」。現代中國的文學，由於報紙、雜誌等傳播媒介的迅猛發展，其政治身份與功用獲得很大程度的提升，被賦予啓蒙與救亡的歷史重任。既然文學有著舉足輕重的作用，文論話語主體也可以代表不同團體、階層與階級的利益，由他們所進行的文學論戰，就顯得比較複雜，論戰態度也嚴肅、認真得多，不象古代漢語文論論爭那樣相對單純。恰如魯迅在《中國文壇的悲觀》（一九三三年八月）一文中所指出的那樣：

「其實是作文『藏之名山』的時代一去，而有一個『壇』，便不免有鬥爭，甚而至於謾罵、誣陷的。」①

這也是現代漢語文論話語中戰型文本不僅豐富、複雜，而且尖銳、激烈的又一個重要原因。

三、理性與感性

解讀現代漢語文論話語文本，還可以從「理性」與「感性」的角度來進行。從長時段歷史觀來看，中國近代化或者說現代化的根本任務是「啓蒙」，「救亡」只是一個全民性的短期行爲。按照康得的說法，「必須永遠有公開運用自己理性的自由，並且唯有它才能帶來人類的啓蒙」②。對人類是如此，對一個民族也應該如此。而且康得「所理解的對自己理性的公開運用，則是指任何人作爲學者在全部聽衆面前所能做的那種運用」③。由此看來，啓蒙與理性也是一塊硬幣的兩面，

① 《魯迅全集》，第五卷，第二四七頁。

② 康得《答復這個問題：「什麼是啓蒙運動？」》，《歷史理性批判文集》，何兆武譯，北京：商務印書館，一九九〇年十一月，第二四頁。

③ 康得《答復這個問題：「什麼是啓蒙運動？」》，《歷史理性批判文集》，何兆武譯，北京：商務印書館，一九九〇年十一月，第二四—二五頁。

啓蒙呼喚理性，理性促進啓蒙，二者具有不可分割的聯繫。新文學運動作爲中國現代啓蒙運動的重要組成部分，不僅渴求理性精神，而且其理性化傾向也確實以不可逆轉的方式逐步增強。這也從一個層面反映了新文學運動歷史與邏輯相統一的合理性。新文學理性精神的逐步增強，不止限於批評與學理層面，在創作方面也是如此，比如，由遵命文學、抗戰文學到革命現實主義文學、三突出文學，就是理性化趨勢越來越強的表現。當然，批評、理論的理性化有利於漢語文論的現代化，而創作上理性化傾向超過一定限度，則會造成公式化與單一化的惡果。這裏，我們暫時撇開創作的問題不管，著重從文論文本的理性存在與感性存在這一視覺，考察現代漢語文學批評與理論，同傳統文論以及西方文論之間的聯繫與區別。

（一）

大體而論，近現代漢語文論話語，也經歷了一個由傳統感性到現代理性的轉化歷程。梁啓超自述其「新文體」的特徵時，頗爲自得的是「其文條理明晰，筆鋒常帶情感，對於讀者，別有一種魔力焉」①。「新文體」之所以具有如此魔力，除了思想上的震撼力之外，從文本的角度考慮，邏輯理性的成功介入以及與情感體驗的完善結合，也是重要的原因。當然，梁氏新文體以政論文爲主。在文論著述上，二十

---

① 梁啓超《清代學術概論》，上海古籍出版社，一九九八年一月，第八六頁。

世紀的頭十年，已經出現一批比較標準的理性文本：圍繞中心，按某種次序層層展開，且運用定義、比較、推理、歸納等有助於揭示事物本質特徵的具體方法，儘量減少個人的主觀印象和情感好惡傾向的批評文章和理論著作。比如，王國維的《〈紅樓夢〉評論》（一九〇四）、《論新學語之輸入》（一九〇五）、《古雅之在美學上之位置》（一九〇七）等，而他的《人間詞話》（一九〇八），雖然表面上仍屬於傳統詩話、詞話類著作，但骨子裏已經融入了西方哲學與美學的理性精神，具有潛在的體系性特徵，可以視其爲頗具理性色彩的感性文本。魯迅的《摩羅詩力說》（一九〇八）、周作人的《論文章之意義暨其使命因及中國近時論文之失》（一九〇八），儘管充滿激情，但都條理分明、邏輯清晰，是頗具情感色彩的理性文本。此外，章太炎的《國故論衡．文學總略》（一九一〇）、劉師培的《論近世文學之變遷》（一九〇七）都能承襲古文經學及清代樸學之精神，理智、冷靜地考辨文學的本質與發展問題，也屬於典型的理性文本。辛亥革命之後，理性文本更見豐富，但基本上仍以文言寫成。新文學運動取得初步成就之後，以白話爲載體的理性文論文本才大量湧現。

《新青年》從四卷一號（一九一八年一月十五日）起開始用白話和新式標點，胡適、錢玄同、周作人、傅斯年等隨即以白話發表文學論文，如胡適有《論小說與白話韻文》、《建設的文學革命論》、《論短篇小說》、《文學進化觀念與戲劇改良》，錢玄同有《新文學與今韻問題》、《論注音字母》，周作人有《陀斯妥夫斯奇之小說》、《日本近三十年小說之發達》、《人的文學》，傅斯年有《文學革新申義》、《戲劇改良各面觀》、《再論戲劇改良》等。其中大多屬於理性文本，這裏我們簡略分析胡適的

《論短篇小說》。該文發表于《新青年》第四卷五號，由「什麼叫做『短篇小說』」、「中國短篇小說略史」和「結論」三個部分構成。在第一部分中，胡適首先根據西方 Short story 的範圍和性質，給出了他自己關於短篇小說的「界說」：「短篇小說是用最經濟的文學手段，描寫事實中最精彩的一段，或一個方面，而能使人充分滿意的文章」，然後，從最經濟、最精彩兩個方面對短篇小說的性質展開進一步的分析；第二部分，以前面的「界說」爲依據，從中國短篇小說的發端——先秦諸子的寓言，一直簡略描述到明清兩朝的白話與文言兩種短篇小說；結論部分，根據世界文學最近的趨向，提倡創作「真正的『短篇小說』」。雖然此文是胡適在北京大學文科研究所演講的講稿，但它絕不是漫談性質的文本，其合理的結構、完整的內容、恰切的論據、清晰的描述，以及定義、比較、推論等具體手法的運用，已經比較充分地顯示出同傳統文論中大量詩話、詞話、曲話以及小說評點等感性文本的巨大反差，這些可以說正是理性文本的基本特徵。

當一九二〇年一月十二日國民政府教育部發佈訓令，要求小學一二年級國語從當年秋季起用白話取代古文，同年三月，教育部又要求小學各年級一律廢除文言教科書，白話成爲現代中國歷史上被打開的潘朵拉之盒，兩千年壘就的文言金字塔幾乎毀於一旦，隨著「文言」這一傳統文化根基的動搖和坍塌，中國文化古代與現代的分水嶺也就正式形成。這一點，白話取代文言，雖然有損於漢語的詩性精神，但卻加強了漢語的理性力量。這是漢語文化現代化過程中必須面對的得與失的選擇，這裏，我們無須介入對這一選擇本身得與失的討論，我們只關心白話文取得合法地位之後，進一步促進了現代漢語文論理性文本的發達這一客觀事實。

首先，眾多的文學論爭，催生出大量的短平快式的理性文本。當現代漢語文論成功地奪取了傳統文論的統治地位之後，內部又發生爭奪話語權威的論戰。論戰時期發表文章的第一目的是迅速擊敗對手，其有效的手段是攻其要害、不及其餘，因此短小、快捷是論戰型文本的基本特徵。但僅有這兩點還不足以擊倒對手，還需要有強大的邏輯力量。即使是論戰中出現的隨感錄、雜感類文論文本，也因爲邏輯性和針對性的加強，很大程度地消彌了傳統小品文的主觀與感性色彩，跨入了現代理性文論文本的行列。比如，在上世紀二〇年代末期由創造社、太陽社作家發起，魯迅、茅盾、馮雪峰等相繼加入的關於「革命文學」的論爭中，就出現了一批這樣的論文，其中比較重要的都被收錄到《中國新文學大系（一九二七—一九三七）．文學理論集二》之中。這些文本雖然存在意氣用事、有所偏激的情況，但其內在的邏輯性是比較充分的。

其次，一系列長篇論文的發表，更充分地展示出理性文本強大的邏輯推衍能力。長篇文學論文是古代文論中比較缺乏的文本類型，但自從文學革命取得成功過後，這種文本相繼出現。比如，胡適的《五十年來中國之文學》（一九二三），就是一篇五萬字的大論文，由十個部分組成，線索非常明晰：第一部分總括五十年來中國文學變遷的四大趨勢，接下來用七個部分描述「五十年的中國古文學」，最後兩個部分討論五十年來的白話作品和五六年來的文學革命運動。而且，以「活文學」與「死文學」這對具有二元關係的範疇作爲敍述與評價的整體框架。其突出的理性色彩又非一般短小文本所能相比。該文一九二四年以單行本出版，也意味著具有了專著的特色。此外，其他不少批評家、理論家都撰寫有長篇論文。比如，《魏晉風度及文章與藥及酒之關係》、《門外文談》等是魯迅爲數不多的長篇論文，梁實秋二〇年代中後期也寫出了一批長篇論文，茅盾等人的作家論大多也具有較長的篇幅。收入「百科小叢書」的一些文論專著，從篇幅、內容上看，也可視之爲長篇詩論。而三〇年代中期出現的《中國新文學大系》各集的導言，則是系列長篇論文，從不同的角度構成了「第一個十年間中國新文學各部門綜合的研究」①。

第三，一批經過較長時間思考的現代漢語文論專著的出現，顯示出理性文本在闡釋重大文學現象和建構理論體系上的巨大優勢。現代漢語文論專著集中體現在這樣幾個方面，一是批評文集，二是文學史、批評史專著，三是文學概論類著作，四是文學理論譯著。譯著的結構、觀念都來自國外，其理性精神雖然對現代漢語文論有所影響，但畢竟不能作爲現代漢語文論理性文本的代表。②大多數批評文集嚴格說來算不上專著，只是單篇論文的結集，雖然一定程度地體現了批評家的某種思想或觀念，但內在結構比較鬆散，系統性並不鮮明。倒是二、三兩類著作，顯示了比較充分的理性特徵，這一方面是由於它們的文體對客觀性、真實性有特別的要求，另一方面是文學史、批評史以及文學理論等學科的基本觀念都直

① 《中國新文學大系導論集》正文之前小序性質的文字，上海：良友復興圖書印刷公司，一九四〇年十月。

② 比如，一九二五年，商務印書館出版的章錫琛譯日本本間久雄著《新文學概論》，就是這樣的文論著作。它的體系性較強，對二、三十年代我國不少文學理論著作都發生過影響。但該書的結構也非本間久雄的原創，本間久雄在序中說：「我在本書中，引證泰西許多權威著述極端的多。」並將前後兩編所受西方影響的書籍列舉出來。

接或間接來自西方，在引進觀念的同時，也引進了觀念所包含的理性精神。這兩類著作我們已多次提及，在此，我們僅以北平人文書店一九三四年出版的羅根澤著《中國文學批評史》（一）爲例，試作簡單分析。該著敍述的是先秦、兩漢、魏晉六朝的文學批評史，從「緒言」部分可以看出，作爲論述基石的文學、文學批評、文學史、文學批評史等觀念主要源自西方。緒中有這樣一段話，可以反映著者強烈、自覺的理性意識：「文學史的目的之一是探述文學真象，文學批評史的目的之一是探述文學批評真象，文學批評真象不即是文學真象，所以文學史上不必採取甚或必需駁正的解說，文學批評史上卻必需提敍，且不必駁正。」另外，緒言還提出選擇史料的標準是求真與客觀，融合編年體、紀事本末體和紀傳體於一體的綜合性編著體例，這些都進一步加強了該著的客觀性與真實性。①

（二）

現代漢語感性文論文本，是指比較鮮明地體現了現代漢語文學批評家的主觀感受與印象的文論文本。一般說來，這種文本的情感性、直覺性、鑒賞性、隨意性等特徵比較突出，相對理性文本而言，在邏輯性、系統性、嚴肅性等方面則要淡薄得多。儘管現代漢語文論話語及文本已經具有比較濃厚的理性色彩，但這並不意味著感性文本會迅速地大規模減少。實際上，即使在極具理性特徵的西方古代文論中，也存

① 參見羅根澤《中國文學批評史》（一），上海：古典文學出版社，一九五七年十二月版，緒言部分。

在相當數量的感性文本。尤其是到了近現代，當西方哲學、美學思想發生詩學、語言學、甚至神學等轉向之後，感性文論文本更是呈上升趨勢。與此相映成趣的是中國古代文論中感性文本異常豐富，而到了近現代，受到西方文化的衝擊，以及自身啓蒙大眾的需要，現代漢語文論的理性文本才迅速發達起來。但由於傳統文論巨大的延展性影響，以及現代漢語文論話語主體的舊學素養，感性文本仍然在現代漢語文論中佔有比較重要的地位。不過，這種感性文本的主要內容是對當前文學創作的具體批評，尤其是詩歌批評。此外，大多數序跋類文字也屬於感性文本。

現代漢語文論的感性文本最充分地體現於各種詩論類文章之中。詩是各類文學體裁中情感性、體驗性最強的類別，詩歌創作時神秘的靈感現象，就是賦予這種情感性、體驗性最爲獨特的方式。詩的本質也因此最難把捉，而批評詩的最好方式似乎也只能是印象式或鑒賞式的。中國古代文學以詩爲主體，因此，針對詩的批評文字，即詩話類、詩點評類特別豐富。而詞、曲從詩演化而來，小說中往往出現大量的詩詞，又使得詩話、詩點評侵入詞、曲乃至小說和散文領域，形成詩話、詞話、曲話、文話、詩文評點、小說評點的文本系列。這也是造成古代漢語文論鮮明的鑒賞與印象特徵的重要原因。詩，在新文學發展中倍受批評家重視，這一方面是因爲它是文學革命運動中最難攻破的堡壘，另一方面還由於它是新文學中取得成就最小的文體。傳統詩歌已經形成由一座座高山綿延而成的巨大高原，相比之下，新詩的成就最多只能說是一片丘陵。新詩的生存依據、現實處境、發展趨勢等等問題，都是新詩批評家所關心的內容，因此，當新詩創作中出現任何值得關注的現象時，批評家們總是充滿熱情地予以鼓勵和扶持，並極力與那些阻礙新詩創作的敵對和保守勢力作鬥爭。但由於缺乏一套能夠言說或者說批評新詩的有效話語，批評家們往往借用傳統文論話語和話語方式，這就使得現代漢語詩論、詩評類著述大多仍以感性文本的方式存在與發展。

胡適編選的《中國新文學大系・建設理論集》，選錄了七篇詩論文章：胡適的《談新詩》、《寄沈尹默論詩》、《〈嘗試集〉再版自序》，康白情的《新詩的我見》，周無的《詩的將來》，郭沫若的《論詩通信》，俞平伯的《社會上對於新詩的各種心理觀》。這裏邊理性色彩最強的要算被朱自清稱讚爲「差不多成爲詩的創造和批評的金科玉律了」①的《談新詩》，該文的副標題是「八年來一件大事」，但這只標示胡適對新詩事件的一種價值評判，並非意味著文章是在作歷史性的描述，所以此文雖然涉及新詩發生的必然性、新詩有詩界革命的神氣、新詩的音節等問題，但內在聯繫並不是特別緊密，所舉例證也以自己的詩作爲主，頗有爲自己喝彩的嫌疑。周無、俞平伯兩人的文章，也都具有較強的客觀性，但周無對新詩未來的推測，俞平伯關於「怎樣使新詩的基礎堅固」的意見，又都帶有突出的主觀性。康白情乾脆明說《新詩的我見》是寫出來發表他「對於新詩的直覺的」。其餘三篇文章，兩篇是信型文本，一篇是序，論及的都是點滴性的文論問題，個人性、主觀性很強，可以說是比較純粹的感性文本。②

上述七篇文章是胡適在一九三五年才挑選出來的，應該說具有很強的代表性。但胡適畢竟受編選體

---

① 朱自清《中國新文學大系・詩集・導言》，第二頁。
② 參見《中國新文學大系・建設理論集》，第二九四—三五九頁。

例的限制，割捨了很多重要的論詩、評詩的文字。一般說來，探討詩歌原理、評價詩歌現象的論詩文字，相對要理性化一些，而批評具體詩人、詩作的評詩文字則感性化傾向更爲突出。即使是同一個批評家的文章，這種區別也非常明顯。比如，二〇年代的聞一多，既寫有理論性、學術性很強的《詩的格律》（一九二六），又作有《〈女神〉之時代精神》（一九二三）、《〈女神〉之地方色彩》（一九二三）、《〈冬夜〉評論》（一九二七）等批評性的文章。但兩相比較，評詩文章的情感性、主觀性、印象性都要鮮明得多。《〈女神〉之時代精神》和《〈女神〉之地方色彩》相繼發表於《創造週報》的第四號、第五號，前者褒揚「《女神》真不愧爲時代的一個肖子」，後者批評「《女神》之薄於地方色彩」。前者以充滿激情的文字，論及二十世紀「動的」、「反抗的」時代特徵，並印證於郭沫若浪漫精神橫溢的詩作，三者交互輝映，熔鑄成一篇具有濃厚感性色彩的詩評文章；後者力求做到以理服人，因此行文相對要冷靜得多，但文中以顏色喻文字，並擴展到文學地方色彩與世界文學之關係，甚至於《時代格律》一文中提出「繪畫的美」的要求等，都不能不說與聞一多的專業具有獨特的聯繫。《〈冬夜〉評論》是聞氏關於俞平伯《冬夜》詩集的六則通信文字，整體上看，論及《冬夜》的音節、文字、幻象、情感等幾個方面，但信型文本的個人性，以及類似詩話的外在形式，都顯出《〈冬夜〉評論》的感性特徵。

如果說聞一多的藝術家氣質和詩人激情，很大程度地決定了他的詩評文章的感性傾向，顯得較爲特殊的話，那麼，在追求平淡而且以「寬容」爲批評原則的周作人的文章中，同樣存在詩論理性化與詩評感性化的差別，則說明這種區別並非偶然，而是一種普遍現象。撇開譯介日本詩、討論《詩經》以及民間歌謠的文章，周作人關於現代漢語詩歌的詩論、詩評文字並不多見，前者以《論小詩》（一九二二）爲代表，後者有《情詩》（一九二二）、《舊夢》（一九二三）、《〈揚鞭集〉序》（一九二六）等。《論小詩》對「小詩」的本質、現狀、所受外來影響、創作小詩的原則等方面都作了一定程度的學理探討，但因爲它是周作人爲燕京大學文學會所作演講的講稿，行文輕鬆、風趣，顯出非常充分的感性特徵。《情詩》一文的目的是爲被攻擊的愛情詩集《惠的風》作辯護，但周氏較少正面褒揚與讚賞，而是運用「曲線救國」的策略，憑藉其豐富的文學、文化知識，達到了替《惠的風》洗清所謂「墮落輕薄」的罪名，也可以說是一篇隨感性質的詩評文章。《舊夢》一文，評價劉大白的同名詩集，相對說來正面接觸要多一些，但也確如他自己指出的那樣：「以上所說並不是對於大白先生的詩的批評，只是我看了《舊夢》這一部分而引起的感想罷了」①。《〈揚鞭集〉序》，則基本屬於「王顧左右而言他」式的短評文字，是「他序」中常見的類型。在藝術批評上以理智、冷靜著稱的周作人，也會寫出感性十足的詩評文章，其原因固然與他關於「真的文藝批評，本身便應是一篇文藝，寫出著者對於某一作品的印象與鑒賞，決不是偏于理智的論斷」②這一要求有關，但另一方面，詩這種所謂貴族的藝術，也確實有其讓人難以言說的障礙之處，就是藝術鑒賞力很強的周作人，也難免要感歎：

---

① 《周作人早期散文選》，上海文藝出版社，一九八四年四月，第三一七頁。

② 周作人《文藝批評雜話》，《周作人批評文集》，第一一四頁。

> 「對於現在發表的小詩，我們只能賞鑒，或者再將所得的印象寫出來給別人看，卻不易批評，因為我覺得自己沒有這個權威，個人的賞鑒的標準多是主觀的，不免為性情及境遇所限，未必能體會一切變化無窮的情景，這在天才的批評家或者可以，但在常人們是不可能的了。」①

其他批評家的詩論、詩評文章還很多，從一九二〇到一九三七年，純粹新詩研究的專著、論文集就有三十來部之多，②更不用說散見於各種報刊、文集中的大量詩歌批評文字。但就是專著，除卻少數頗具學理性之外，大多以概說、淺說、講話、講義、詩談等形式出現，雖然比古代詩話中「以論事爲主」的類型有了重大的不同，達到甚或超過了「以論辭爲主」的詩話文本，③但主觀性、印象性仍然非常鮮明，可以說在相當程度上承襲了傳統詩話的感性基因。

前面我們已經涉及到現代漢語詩集的自序與他序，並且初步感受到詩集序言的感性特徵。實際上，不僅詩集序，小說（或小說集）、戲劇或（戲劇集）、散文集、雜文集等著作的序類（包括前記、弁言、序言、序等）、跋類（包括跋、後記等）文字，大多也屬於感性文本。中國古代的序跋傳統非常久遠。清代姚鼐《古文辭類纂》分文章爲十三類，「序跋」列第二。在書首序目中，姚鼐簡略地描述了「序跋

---

① 周作人《論小詩》，《周作人批評文集》，第九一頁。

② 參見潘頌德《中國現代詩論四十家》，重慶：重慶出版社，一九九一年版，附錄：「中國現代新詩研究專著目錄」。

③ 郭紹虞曾用「以論事爲主」和「以論辭爲主」來區分北宋、南宋詩話的兩種傾向，參見《清詩話．前言》，第三頁。

」的基本情況：

「序跋類者，昔前賢作易，孔子為作系辭、說卦、文言、序卦、雜卦之傳，以推論本原，廣大其義。詩書皆有序，而儀禮篇後有記，皆儒者所為。其餘諸子，或自序其意，或弟子作之。《莊子．天下篇》，《荀子》末篇，皆是也。餘撰次古文辭，不載史傳，以不可勝錄也。惟載太史公歐陽永叔表志序論數首，序之最工者也。向、歆奏校書各有序，世不盡傳，傳者或偽，今存子政《戰國策序》一篇，著其概。其後目錄之序，子固獨優已。」①

當然，姚鼐所選的五十七篇序跋，②雖有三分之一是詩集、文集、單篇詩或組詩的序跋，但除了韓愈的《荊潭唱和詩序》、柳宗元的《愚溪詩序》等少數幾篇之外，其餘大都不是文論性質的序跋。這是因爲，姚鼐編選《古文辭類纂》一書的目的是爲了確立桐城派古文的「文統」，所以他選擇的作家非常有限，選文的標準特別嚴格，必須符合「義理、考證、文章」這樣三重要求。就以被他納入「文統」系列的司馬遷、韓愈、柳宗元、歐陽修等人來說，也沒有選入他們頗具影響的文論序跋文章，如《史記．

① 姚鼐《古文辭類纂》，宋晶如、章榮注釋，上海：國學整理社，一九三五年九月版，「序目」第三—四頁。

② 王先謙在《續古文辭類纂．序》中稱「序跋類，元五十八，續一百四」，但筆者數《古文辭類纂》序跋類目錄，僅得五十七篇。

太史公自序》、《送孟冬野序》、《讀韓愈所著毛穎傳後題》、《梅聖俞詩集序》等。究其原因，或許正是因爲這些文章以直覺感悟或切身體會的方式批評詩文、提出某種觀念，具有較強的隨意性與情緒化傾向，不符合姚鼐的編選準則。當然，還有姚鼐提到但未能選入的《詩序》，也是重要的詩學論文。其他眾多被排斥在「文統」之外的作家所寫的大量文論序跋文章，也基本上具有這樣的特徵，屬於感性文論文本。

正是有眾多感性詩文序跋的存在，才形成了一種與西方有很大反差的序跋傳統。西方文論中也有一批頗具影響的序跋文章，比如，華茲華斯《抒情歌謠集》一八〇〇年版和一八一五年版序言，巴爾紮克《人間喜劇．前言》，雨果《克倫威爾．序》，泰納的《英國文學史．序言》，列夫．托爾斯泰的《莫泊桑文集．序言》等。將這些文章和中國古代的文論序跋稍作對比，就會發現，西方文論序跋提出某種觀念或理論，幾乎都要經過比較嚴密的論證和推理，而且有翔實的材料，即使是批評具體作家的創作，在未作深刻分析之前，一般不會輕易地將自己的主觀感受形象化地表述出來。即使自己是作家的列夫．托爾斯泰，在評價莫泊桑的小說時，雖不止一次地作過類似主觀、籠統的判斷，但隨即從多個方面具體論證這一判斷。比如，他指出：「《她的一生》是一部傑作，不僅是莫泊桑的無可比擬的優秀作品，而且恐怕是雨果的《悲慘世界》以後的法國優秀作品。」然後，他從「作者對事物的正確的即道德的態度」、「形式的美」、「真誠，即作者對所描寫的事物的愛」這樣三個方面進行具體分析，以論證所作判斷的正確性。①

現代漢語文論中的序跋類文章，從整體上看，與傳統文論序跋類論文更爲相似，或者說，受古代漢語文論序跋傳統的影響，比受西方文論序跋的影響更大一些。就個體而論，從傳統文化中走出來的魯迅、周作人、劉半農等寫的序跋，自然與傳統頗爲接近，但長期浸潤于西方文化中的胡適、葉公超、徐志摩等人的序跋，雖有所不同，但仍未徹底擺脫傳統的影響。從篇幅、結構、以及提出與論證觀點的方式等幾個方面都反映了這一點。比如，篇幅一般都比較短小，結構上，總免不了做一些客套或友情方面的交待，觀點的提出大多也還是憑直觀感悟、個人體驗的方式，有時甚至以對作者的評價取代了對詩文本身的評價，談不上條理分明的具體論證。周作人的《〈揚鞭集〉序》、《〈竹林故事集〉序》、《〈桃園〉跋》、《〈雜拌兒〉跋》、《〈現代散文選〉序》等，都是如此，我們完全可以不把它們看成評論性的文章，只當是抒情美文來讀。但這也並不意味著周作人的序跋沒有提出自己的看法，而是說，他提出觀點的方式，是抒情的、美文的。對如何作序跋，周作人有自己的見解，他說過：

「做序是批評的工作，他須得切要地抓住了這書和人的特點，在不過分的誇揚裏明顯地表現

---

① 參見列夫·托爾斯泰《莫泊桑文集序》，伍蠡甫、胡經之主編《西方文藝理論名著選編》（中），北京：北京大學出版社，一九八六年六月，第四三七—四三八頁。

出來，這才算是成功，跋則只是整個讀過之後隨感地寫出一點印象，所以較為容易了。」①

用這一標準，檢視周作人自己的序跋，雖不完全吻合，但也偏差不多。「跋」是「隨感地寫出一點印象」就算合格，「序」則不易操作，難點在於既不能「過分的誇揚」，又須「明顯地表現出」批評觀點來。其結果，或許也只能如周作人那樣，於海闊天空、古今中外的閒談中，發表自己的看法。

中國現代文學批評史上，出現過印象主義批評，其發生重要影響始於一九三六年，這年的十二月，文化生活出版社推出署名劉西渭（即李健吾）的《咀華集》，一九四二年一月，同一出版社又推出該批評家的《咀華二集》，使印象主義批評的影響進一步擴大。當然，印象主義作為一種批評方法，其最初出現是在西方，其理論與實踐的高潮是十九世紀末、二十世紀初，並且與浪漫主義、唯美主義密切相關。當新文學運動興起之後不久，中國也引進了印象主義批評，不過這引起了二〇年代中期已經由浪漫主義轉向古典主義的梁實秋的激烈批判，他在《現代中國文學之浪漫的趨勢》（一九二五）一文中，專列「印象主義」一小節，批評「法朗士的本領乃是『在文學傑作中作靈魂的冒險』，這『靈魂的冒險』，便是印象主義最適當的注腳。」並指責：「印象主義便是浪漫主義的末流」，印象主義批評，是與古典的理性的判斷的批評相對立的，浪漫的感情的鑒賞的批評之一「極端的例子」，印象主義批評家們「不但

①《〈燕知草〉跋》，《周作人批評文集》，第二三八頁。

沒有客觀的標準，除一己之性格外並無主觀標準之可言。」當然，清算西方印象主義的目的是批判當時中國的印象主義，因爲在梁實秋看來「中國近來文學批評並不多見，但在很少的文學批評裏，大半即是『靈魂的冒險』。只要你自己以爲有一個靈魂（其實不是靈魂，只是一副敏銳的神經和感官罷了），就可以到處去冒險。」梁實秋的批判也許過於苛刻，但他對印象主義批評特徵的把握是相當準確的：「印象批評是浪漫的趨勢的一部分，其主要原理即在推翻理性的判斷力，否認標準的存在，其影響則甚大。可以轉移全部的創作文學的趨向。」①

既然印象主義批評有如此特徵，運用這一方法所產生的文本，自然屬於感性文本。二〇年代初不少以「隨想錄」、「讀後感」形式出現的文學批評論文，就具有很強的主觀性，甚至太過隨意以致產生嚴重的濫情傾向。曾經留學法國的李健吾，運用的是比較純正的印象主義批評方法，其含英咀華式的批評，將自己的審美體驗充分地表達了出來。但李健吾的批評文章仍然是印象主義批評貫常使用的隨筆性文體，而且主要運用象徵、比喻等手法，對作品進行整體的直覺性的把握與關照，較少歸納分析和邏輯推斷。他對《邊城》、《雷雨》、《八月的鄉村》、《畫夢錄》等一批名作的批評都是如此。這也與他對「批評」的理解有關，在《咀華集·跋》中，他指出：

① 此段中引述請參見《梁實秋批評文集》第四三—四六頁。

「創作家根據生料和他的存在，提煉出來他的藝術；批評家根據前者的藝術和自我的存在，不僅說出見解，進而企圖完成批評的使命，因為它本身也正是一種藝術。」①

（三）

中、西傳統文論話語方式存在著直覺、感悟與邏輯、分析的區別。而中、西文論文本也存在著感性與理性的區別。話語方式決定文本的存在形態，反過來，文本的形態既使該種話語方式得到充分的展示，又禁錮著這種話語方式，阻礙著它的演變。中國古代文論獨特的話語方式製造出特殊的詩話、詞話以及詩文評點等話語文本。但是，到了清代中葉以後，這些文本又反過來拘囿著古代漢語文論話語，成爲它朝近現代理性化方向轉型的絆腳石。直到二十世紀初，在歐風美雨的猛烈沖刷與文學革命的強力爆破之下，傳統感性文論文本才逐步縮小自己的地盤，讓位元給理性文論文本。當然，這種退讓在小說批評方面最爲迅速，在散文批評、戲劇批評方面也比較徹底，但在詩歌批評方面則顯得既緩慢又不徹底。這應該不是新文學運動者所樂於看到的局面。其原因，我們在前面的描述中已經有所分析，這裏不再贅言。只是想再次聲明，傳統與現代之間的聯繫，完全可以超越個人、群體乃至整個民族的有意識的阻遏行爲，繼續以潛在甚至明顯的方式存在著。

① 郭宏安編《李健吾批評文集》，珠海：珠海出版社，一九九八年十月，第三一〇頁。

所謂中、西文論文本存在感性與理性的區別，只是就其主體方面而言，並非截然、徹底的劃分。設若中、西文論真是界限分明，猶如天塹之隔，中西文論之間也就不會發生相互的影響與交流。實際上，中國古代文論中也有相當數量的理性文本，西方同樣也不缺乏感性文論文本。只是，在西方，理性文本與感性文本處於互相競爭的地位，在競爭中都得到了發展；而在中國，除了魏晉時期，產生了以劉勰《文心雕龍》爲代表的理性精神比較濃厚的文論文本之外，唐宋以後，感性文本的大肆流行，幾乎擠佔了理性文本生長的空間，壓制了它的發展。儘管現代漢語文論的理性文本，主要是在受到西方文論話語影響之後發展起來的，但也不能說與傳統文論話語和理性文本絕無關係。在某種程度上，我們也可以說，現代漢語文論的理性文本，是對傳統文論中被壓抑因素的張揚，或者說，傳統理性文本雖然枯萎，但並未消亡，假以適當的文化氛圍和理論支持，它也會再次煥發生機。不過，我們也得承認，現代漢語文論的理性文本必定是受到了西方的影響，已經與古代漢語文論中的理性文本具有了很大的不同，在邏輯性、清晰性、完整性等方面都有了長足的進步。

最後，我們還須認識到，隨著現代漢語文論的發展，理性文本與感性文本在總文本中的比重，也在不斷發生著變化。理性文本適用的範圍越來越寬，就是在被感性文本作爲最後據點的詩歌批評和研究領域，也逐步被理性文本所蠶食。就詩歌理論研究領域來說，二三十年代出現了一批著作，而且理論性、系統性日益增強，當然，這也與研究者們對西方詩歌理論逐步熟悉，採用西方文論術語不斷增多密切相干。王希和、傅東華、朱光潛等都是憑藉熟知西方文論，寫出具有鮮明西化色彩的詩論專著，而且由王氏的《詩學原理》（一九二四），到傅氏的《詩歌原理ABC》（一九二八），再到朱氏的《詩論》（三○年代初寫出，抗戰初作修改，一九四三年出第一版），學術性、系統性逐漸增強，而且對西方文論的依賴越來越弱，獨創性則越來越強。與此同時，對新詩文體特徵的研究，對新詩歷史的描述與反思以及對新詩創作方法的探討等，也在不斷加強。比如，影響較大的就有胡懷琛的《小詩研究》（一九二四）、草川未雨的《中國新詩壇的昨日今日和明日》（一九二九）、孫俍工的《新詩作法講義》（一九二五）、丘玉麟的《白話詩作法講話》（一九三○）、石靈的《新詩歌的創作方法》（一九三五）等。詩歌研究所取得的成果，必然會影響到詩歌批評，因爲這些研究往往是以舊詩與外國詩作爲參照系來進行的，在區別中建立起新詩自己的文體特徵，文體的確立，必須依靠一套特殊的話語，這套話語的逐步成熟，也就意味著新詩理論日益擺脫傳統的束縛，顯露出初步的邏輯性與系統性，新詩批評正是以此爲支撐，獲得了長足的進步，其在文本上的表現，也是理性化趨勢日益增強，從胡適、周作人到朱湘、朱自清，再到梁宗岱、葉公超、胡風等的詩評文章中，我們不難看出這一點。

第四章　話語理路的描述

一、傳統話語的斷裂與延續

（一）

爲了描述現代漢語文論話語的發展理路，我們有必要首先對作爲其「背景」的新文化運動和新文學運動的性質，進行簡單的說明與分析。

五四文化運動的核心內容是提倡「民主」與「科學」，即當時所謂「德莫克拉西先生」（Mr. Democracy）與「賽因斯先生」（Mr. Science），這正是中國傳統文化中最爲薄弱的兩個方面，也是最容易遭受保守派非難與攻擊的兩個方面。關於德、賽二先生與舊政治、舊禮教、舊宗教、舊藝術等方面的尖銳對立與衝突，我們從陳獨秀的《〈新青年〉罪案之答辯書》中會獲得非常明晰的認識。陳獨秀在該文中這樣寫到：

「他們所非難本志的，無非是破壞孔教，破壞禮法，破壞國粹，破壞貞節，破壞舊倫理（忠孝節），破壞舊藝術（中國戲），破壞舊宗教（鬼神），破壞舊文學，破壞舊政治（特權人治），這幾條罪案。這幾條罪案，本社同人當然直認不諱。但是追本溯源，本志同人本來無罪，只因為擁護那德莫克拉西（Democracy）和賽因斯（Science）兩位先生，才犯了這幾條滔天的大罪。要擁護那德先生，便不得不反對孔教，禮法，貞節，舊倫理，舊政治；要擁護那賽先生，便不得不反對舊藝術，舊宗教；要擁護德先生又要擁護賽先生，便不得不反對國粹和舊文學。」①

陳氏的答辯，雖帶有極其強烈的情緒性，但他所描述的民主、科學與傳統文化之間勢不兩立的現實處境，卻是符合歷史實際的。畢竟，西學衝擊下的清末民初的大變革，是中國文化史上數千年未有之大變局。大變局必然會引起大震動、大衝撞。然而，舊派的極力攻擊，不僅沒能震懾新派，反倒激起他們以更加激進的態度，用西方文明去重新估價傳統文化的價值、以打倒偶像的方式去破壞舊文化的一切方面。於是，反傳統、打孔家店成爲五四時期最強勁的時代浪潮，並很快導致傳統文化權威地位的衰落。

---

① 陳獨秀《〈新青年〉罪案之答辯書》，《新青年》六卷一號，一九一九年一月十五日。

就在反傳統、打孔家店、破壞舊文化的同時，新文化運動的宣導者們，已經選好了傳統文化的接替者，那就是以民主、科學爲本質的西方近現代文化，甚至還可以說，西方近現代文化的優越性所帶來的巨大吸引力，正是促使五四新文化運動的發起者們，以決絕的態度反叛傳統的內在驅動器！陳獨秀之所以義無反顧地宣稱《新青年》雜誌及其同人「無罪」，就在於他們擁護的是來自西方的德、賽二先生。既然新文化只能是西方性質的文化，與之幾乎完全異質的中國傳統文化就只有被棄置一旁的命運，傳統文化在五四以後發生本質性的斷裂，應該是不爭的事實，即使有所延續，也只屬於細枝末節的層面。

作爲新文化運動重要組成部分的新文學運動，從一開始，就被胡適、陳獨秀定性爲「革命」運動。胡適儘管發表的文章題爲《文學改良芻議》，但仍被陳獨秀譽爲首舉革命義旗之急先鋒。而陳獨秀自己，更是大膽地發表《文學革命論》，「高張『文學革命』大旗」，「旗上大書特書」革命軍的「三大主義」：

「曰，推倒雕琢的阿諛的貴族文學，建設平易的抒情的國民文學；曰，推倒陳腐的鋪張的古典文學，建設新鮮的立誠的寫實文學；曰，推倒迂晦的艱澀的山林文學，建設明瞭的通俗的社會文學。」①

這裏，陳氏所要推倒的三種文學是有鮮明的針對性的，即晚清文壇上的三大流派：散文創作方面的

① 《中國新文學大系·建設理論集》，第四四頁。

桐城派、文選派，詩歌方面的江西詩派；①所建設的三種文學，則是從西方的文學思潮中演化而成的。在這之前的一九一五年底，陳獨秀就發表了《現代歐洲文藝史譚》，將歐洲十八世紀以來的文藝思潮，簡單地概括爲從古典主義到理想主義、寫實主義，再到自然主義的發展歷程。②而據周策縱指出，陳氏此文「深受 Geroges Pellissier（一八五二—一九一八），*Le mouvement Litt'eraire contemporain*（當代文學運動）（Paris, 1901）的影響」。③同年十二月底，他在《新青年》第一卷四期「通信」中答復讀者提問時，又主張在中國提倡寫實主義，不提倡自然主義的觀點。至於與「貴族文學」相對的「國民文學」，實際上就是「平民文學」，這在後來周作人、俞平伯、曹聚仁那裏獲得更有力的提倡和更充分的表述，但陳獨秀卻有開創之功。與山林文學對舉的「社會文學」，同「國民文學」一道「把胡適對白話語言的那種文體上的關注，轉變成創造新文學這樣一種帶有更多政治性質的意圖，這種新文學應當在內容上更『通俗』、更有『社會性』」④。顯然，國民文學、社會文學的理想，是在受到歐洲人道主義思潮的啓示與影響之下提出來的。

---

① 參見（美）周策縱《五四運動：現代中國的思想革命》，周子平等譯，南京：江蘇人民出版社，一九九六年十二月，第三七二、三七三、三八〇頁。

② 參見《新青年》第一卷三、四期。

③ 參見（美）周策縱《五四運動：現代中國的思想革命》，周子平等譯，南京：江蘇人民出版社，一九九六年十二月，第三九五頁，注釋〔一四〕。

④ 李歐梵《現代性的追求》，北京：三聯書店，二〇〇〇年十二月，第一九八頁。

白話文學運動的實績，還得靠創作來獲得體現和鞏固。相對於文學革命這一破壞性工作來說，白話文學的創作是一項更爲艱巨的建設性工作。胡適率先嘗試創作白話詩，試圖攻破傳統文學最堅固的堡壘，以達到畢其功於一役的目的。魯迅以一系列小說「顯示了『文學革命』的實績，又因那時的認爲『表現的深切和格式的特別』，頗激動了一部分青年讀者的心。」①隨後更有「文學研究會」和「創造社」的相繼崛起，白話文學獲得了全面的勝利。但正如魯迅所說，白話詩、白話短篇小說之所以能夠激動一部分青年的心，「卻是向來怠慢了紹介歐洲文學的緣故」②。設若，青年們熟悉西方文學，他們就會發現胡適等人的白話詩、魯迅的白話小說並非無根之木、無源之水。白話文學是以西方文學爲榜樣的，它已經與傳統詩文有了明顯的區別。

（二）

在文學革命運動蓬勃開展並取得初步成功的同時，文學觀念也發生了巨大的變革。首先，在傳統文學觀念中不能登大雅之堂的小說、戲劇的地位，獲得了確認與提高。從梁啓超、王國維直到胡適、劉半農以及魯迅等，都在不懈地爲小說正名而貢獻自己的力量；就戲劇方面來說，王國維、吳梅以及李叔同、歐陽予倩、田漢、洪深等從弘揚傳統與引進西方兩方面努力，加快了中國戲劇現

---

① 魯迅《中國新文學大系·小說二集·序》，《魯迅全集》第六卷，第二三八頁。
② 魯迅《中國新文學大系·小說二集·序》，《魯迅全集》第六卷，第二三八頁。

代化的進程。

其次，純文學觀代替了雜文學觀。中國古代，大文學觀或者說雜文學觀頗爲盛行，雖然它並未完全遮蔽純文學觀的發生與發展，但從一些綜合性的文論著作，如《典論論文》、《文賦》、《文心雕龍》、《文史通義》、《藝概》、《國故論衡．文學總略》等來看，都是奉行的雜文學觀念。一些重要的文章選集，也是以雜文學觀念去選擇作品。如《文選》，雖不選經子，初步注意到詩文辭賦與其他種類著作的區別，但也選入了史書中一些「綜緝辭采」的「贊論」、「錯比文華」的「敍述」篇什。①又比如，體現桐城派文學主張的《古文辭類纂》，將古文辭分成十三種體裁：論辯、序跋、奏議、書說、贈序、詔令、傳狀、碑誌、雜記、箴銘、頌贊、辭賦、哀祭，顯然這也是廣義的文學觀。其後王先謙的《續古文辭類纂》、黎庶昌的《續古文辭類纂》、曾國藩的《經史百家雜鈔》、吳曾祺的《涵芬樓古今文鈔》等，均沿襲了姚鼐的泛文學觀念。但從晚清的詩界、文界、小說界革命開始，傳統寬泛的文學觀念逐步被純文學觀念所取代。由中國人自己撰寫的第一部文學史著作是黃人的《中國文學史》，在給文學下定義時，就開始引用日本、歐洲學者的觀點，「對文學抒發感情，以娛人爲目的，以審美爲職分的特殊本質已有所認識」②。其後的眾多文學史著作，雖不一定採用純文學觀，但大多認識到文學有廣義、狹義之分別，而且，幾乎沒有例外地都引用西方或日本學者的觀點來討論文學的定義與本質問題，到三〇年

① 參見蕭統《文選序》，郭紹虞主編《中國歷代文論選》第一冊，上海古籍出版社，一九七九年三月。
② 魏崇新、王同坤《觀念的演進——二十世紀中國文學史觀》，北京：西苑出版社，二〇〇〇年三月，第二九頁。

代初，就連保守的錢基博，也基本上接受了狹義的文學觀念，不僅在《現代中國文學史》中探討了文學的廣、狹二義，而且在具體論述時只取文、詩、詞、曲。就文學批評而言，從王國維第一次用西方美學、哲學觀點批評中國文學作品的《〈紅樓夢〉評論》開始，到新文學革命運動發生之後，純文學觀念也逐步取代傳統的雜文學觀而獲得主導地位。比如，劉半農《我之文學改良觀》（一九一七年五月）一文，在詳細區分文字之文與文學之文的基礎上，明確指出：

「凡可視為文學上有永久存在之資格與價值者，只詩歌戲曲、小說雜文二種也。」①

這裏所謂的「二種」，實際上包括詩歌、戲劇、小說、散文四種，基本上是西方純文學觀的橫向移植。胡適在《什麼是文學——答錢玄同》（一九二〇年十月）中，提出「文學有三個要件：第一要明白清楚，第二要有力能動人，第三要美。」並且認爲「孤立的美，是沒有的。美就是『懂得性』（明白）與『逼人性』（有力）二者加起來自然發生的結果。」②這裏，不僅提出「美」是文學的三要素之一，而且還從動態性的角度，將「美」的內涵具體化。這中認識，也只能建基於純文學觀之上。此外，二三十年代的文學概論、文學批評史著作，也經歷了類似的從雜文學觀到純文學觀的轉換過程，鑒於篇幅，

① 《中國新文學大系．建設理論集》，第六五頁。
② 參見《中國新文學大系．建設理論集》，第二一四、二一五頁。

在此不予細論。

第三，進化論、唯物史觀、人性論、階級論等西方觀念被引入文學批評與研究中，替換了傳統的文道論、文德論、言志說。自從嚴復的譯作《天演論》（赫胥黎《進化論與倫理學》的前兩章）發表後，舉國上下都被進化論所征服，於是，以進化的觀念去闡釋文學的發展也就顯得順理成章。胡適從發表《文學改良芻議》起，就大肆鼓吹文學進化觀，在該文中，胡適指出：

> **「文學者，隨時代而變遷者也。一時代有一時代之文學……此非吾一人之私言，乃文明進化之公理也。」①**

稍後，胡適又寫有《歷史的文學觀念論》，再次強調「一時代有一時代之文學」，「古人已造古人之文學，今人當造今人之文學」。進而，胡適用進化的觀念探討戲劇改良並論證「白話是文言的進化」②。此外，陳獨秀、魯迅、周作人、羅家倫、沈雁冰、鄭振鐸等都先後在文學研究與批評中表現出進化論的觀念。就連嚴複駁斥白話文學也以天演、進化論爲理論依據：

---

① 《中國新文學大系．建設理論集》，第三五頁。

② 參見胡適《文學進化觀念與戲劇改良》、《國語的進化》，均載《中國新文學大系．建設理論集》。

「設用白話，則高者不過《水滸》、《紅樓》，下者將同戲中之皮簧腳本。就令以此教育，易於普及，而遺棄周鼎，寶此康匏，正無如退化何耳。須知此事全屬天演。革命時代，學說萬千；然而施之於人間，優者自存，劣者自敗；雖千陳獨秀、萬胡適、錢玄同，豈能劫持其柄？」①

由此可見，進化的文學觀影響之深遠。難怪胡適在《中國新文學大系．建設理論集．導言》中，要將歷史進化的文學觀譽爲「哥白尼革命」，因爲：

「歷史進化的文學觀用白話正統代替了古文正統，就使那『宇宙古今之至美』從那七層寶座上倒撞下來，變成了『選學妖孽，桐城謬種』！」②

此外，唯物史觀在五四期間引入中國之後，③用經濟學觀點解釋文化、文學現象的著述也開始流行起來。李大釗於一九二〇年一月在《新青年》第七卷二期上發表了《由經濟上解釋中國近代思想變動的

① 嚴複《嚴幾道書劄·六十四》，《學衡》，一九二三年八月，第二十期。
② 《中國新文學大系·建設理論集·導言》，第二三頁。
③ 一九一九年五月，《新青年》第六卷第五期增設「馬克思研究」專欄，李大釗發表《我的馬克思主義觀》（上），半年之後，發表《我的馬克思主義觀》（下）；一九二〇年三月，李大釗在北京大學發起組織「馬克思學說研究會」，並率先在北京大學開講馬克思主義的唯物史觀課程。

原因》。羅家倫于同年九月在《新潮》第二卷五號上發表《近代中國文學思想的變遷》，將新文化、新文學運動的原因歸結爲四個方面，第一點就是「由於經濟生活的改變」：「西洋的工業制度輸入過來，使人民的生活，從手工的進而爲機械的。家庭的工作原來不能與工廠的工作相抗衡；況加之以西洋的資本挾雷霆萬鈞之力而東下。所以中國幾千年來死守不棄的家族制度，至此遂一律動搖。家族制度動搖，大家的生活狀況也跟著動搖，於是不能不去想種種改造的方法。所以也是各種思潮同時並起，和戰國時代一樣。」①隨著「革命文學」運動的開展、「左聯」時期對唯物史觀文藝著作的譯介以及《在延安文藝座談會上的講話》的發表，唯物史觀逐漸深入中國文學批評與研究領域，以致全國解放之後，一躍成爲占主流地位的文學觀念。至於同樣來自西方的人性論、階級論文學觀，在二〇年代中後期，曾經發生過引人注目的交鋒，即發生在魯迅與梁實秋之間的著名論戰，不僅反復被現代文學史、批評史所描述，而且還將論戰時的部分文本，選入中學語文教科書，早已成爲我們耳熟能詳的事件，在此已無須多言。

（三）

文學批評與研究中表現出的文學觀念的巨大變革，反過來也會促使現代文學批評與研究發生進一步的革新，從而形成一種迴圈，逐步拉大現代漢語文論話語與古代漢語文論話語之間的差距，甚至由於態

① 羅家倫《近代中國文學思想的變遷》，《新潮》第二卷五號，上海書店影印合訂本，第二冊，第八七四—八七五頁。

度的激烈，造成步子跨得過大，使傳統文論話語出現了斷裂現象。現代話語的革新與傳統話語的斷裂，屬於一種共生現象，而且在很大程度上說，還是一種互為因果的共生現象。當然，在二者之外，還得考慮西方話語的猛烈撞擊，這方面的分析，我們放在下一節進行。這裏，我們先來看看傳統文論話語自身究竟存在哪些不能勝任言說、解讀現代漢語文學的因素，以至於不得不將話語權威地位拱手相讓，並從此退縮到文學批評與研究的邊緣地帶，就連曾經屬於自己的領地——古代文學研究領域——也已經被現代漢語文論話語鯨吞殆盡。

本來，古代漢語文論話語有自己獨特的產生機制和言說能力，尤其適應讀解和批評古代詩歌和散文。作為傳統文論核心內涵的儒家文論，就是在闡釋「詩三百」篇的基礎之上建立起來的。而先秦的諸子散文、漢代的賦、魏晉時期的駢體文，又為散文理論提供了創作基礎。但是，隨著詩歌和散文體裁的日趨成熟與定型，文論話語也逐漸模式化。唐宋以後興起的詞、曲、小說，也被習慣性地納入詩、文兩種文體框架之內予以批評。於是，詩、文評點方法的運用範圍又被放大，而新體裁只能削足適履地去適應舊的話語方式。這無疑為舊的文論話語發放了具有永久效應的通行證，文論話語在以不變或少變應多變的前提下，也就失去了向前演進的內在動力和外在壓力。這種局面長期不得改變，文論話語就會發展成對新興文學現象漠不關心，從而形成自說自話的內在迴圈。比如，明清長篇小說的出現，無疑是中國文學史上的重大事件，但古代文論並未發展出一套適宜的批評話語，仍然運用批評詩詞等短小體制的評點方式去讀解篇幅巨大的小說，這顯然無異於是宰牛僅用殺雞刀！比如，金聖歎、毛宗崗、張竹坡等小說評點大師，雖然在眉批、回評和總評中，也能把握住小說藝術的一些獨特魅力，對具體細節的點評有時還會達到相當精細的程度，但由於語言過於感性與形象，話語的個性特徵比較鮮明，而邏輯性、規範性、普適性相應地就顯得比較薄弱，不利於從更高、更廣的角度總結小說藝術的根本特徵。更有甚者，將適用於經學、史學的考據方法，也不加改進地借用到文學批評領域，如乾嘉時期一些學者對《紅樓夢》作者身世的考證、晚清學者關於《紅樓夢》是清初政治小說的考索等，都深受清代樸學方法的影響。這樣做的結果，要麼不能作出宏觀把握與整體評價，要麼只能做到煩瑣的考證，①都無法從真正美學的、藝術的角度去闡釋長篇小說。這不免讓我們想起老舍在《文學概論講義》中講過的這樣一段話：

> 「我們還可以繼續著指出中國文學中所缺乏的東西，如文學批評，如文學形式與內容的詳細討論，如以美學為觀點的文學理論等等，但是這些個的所以缺乏，大概還是因為我們沒有『藝術』這個概念。雖然我們有些類似文學評論的文章，可是文學批評沒有成為獨立的文藝，因為沒有藝術這個概念，所以不能想到文學批評的本身應當是創造的文藝呢，還是只管隨便的指摘出文學作品一些毛病。形式與內容的關係也是由討論整個的藝術才能提出的，因為在討論圖畫雕刻與建

---

① 蔡元培的《〈石頭記〉索隱》、胡適的《〈紅樓夢〉考證》，屬於「典範」之作，是對清代索隱與考證之說的超越，自當另作別論。參見余英時《近代紅學的發展與紅學革命——一個學術史的分析》，載《中國思想傳統的現代詮釋》，南京：江蘇人民出版社，一九九八年六月。

築之美的時候，形式問題是要首先解決的。有了形式問題的討論，形式與內容的關係自然便出來了。對於美學，中國沒有專論，這是沒有藝術論的自然結果。」①

又比如，晚清大量國外文學作品被翻譯引進到我國，也是非常重要的文學事件，但古代漢語文論卻沒有借此發展、改變自己的話語機制，仍然用我們的話語去言說他人的文學現象，其捉襟見肘的闡釋結果可想而知。總之，經過兩千多年的發展，古代漢語文論到了十九世紀末，已經變得老態龍鍾、生機消逝殆盡，既不能充分詮釋傳統文學史上的新興文學現象，更無力解讀引進的外國文學作品。而新文學運動以後出現的文學作品，正如我們前面簡略介紹的那樣，基本上是西方式的，古代漢語文論話語對此也是無能爲力，只得「失語」。「失語」自然也就意味著無法繼續生存與發展。

在這種情況之下，西方文論話語借文化與文學發生劇烈變革之際，趁勢而入，傳統文論話語因無力應付，只好被迫退居比較尷尬的境地：一少部分學者堅持撰寫詩話、詞話、箋注、紀事之類的著作，回避對現代漢語文學作品進行分析與評價，只把興趣集中在文言詩詞這塊小小的園地之內。與古代漢語文論話語的全面退卻正好相反，現代漢語文論話語則以幾乎全新的面貌登場亮相。小至具體術語，大至思維方式、解讀模式、話語觀念，都顯得與傳統文論話語迥然不同，以至於我們可以說，這是一次對傳統

① 舒舍予《文學概論講義》，北京：北京出版社，一九八四年六月，第四三頁。

文論話語的大換血。但是，現代漢語文論話語的嶄新面貌又絕非憑空而降，它完全是西方文論大舉入侵的結果。在這一過程中，不少西方文論術語或範疇，如「形式」、「內容」、「結構」、「風格」「靈感」、「題材」、「構思」、「邏輯」、「形象」、「典型」、「美」、「美感」以及各種「主義」等，都在短時期內成爲現代漢語文論話語體系中的核心範疇，離開了它們，現代漢語文論的話語主體也就只能啞口無言，話語文本也會變得蒼白無力。

（四）

古代漢語文論話語，面對現代漢語文學，只能「失語」的尷尬處境，雖然意味著它在現代漢語文論中已經沒有生存的條件，更沒有繼續演進的空間，它的斷裂已經成爲事實。不過，作爲一種傳統，而且曾經具有強大勢力的話語傳統，會在短時期內完全消失，也是不合實際的。它還得尋找一切可能的機會，以求延續自己的話語生命。而現實環境也給了它這樣的機會。

首先，文言文學的創作仍在繼續，這就爲傳統文論話語提供了言說與批評的對象。在二十世紀初以及五四新文學運動發難之際，晚清文學的幾大流派：桐城派、文選派、湖湘派、宋詩派、常州詞派等仍然比較活躍，一時之間，馬其昶（一八五五—一九三〇）、嚴複（一八五四—一九二一）、林紓（一八五二—一九二四）、姚永樸（一八六二—一九三九）、姚永概（一八六六—一九二四）、劉師培（一八八四—一九一九）、王闓運（一八三三—一九一六）、章太炎（一八六九—一九三六）、樊增祥（一八四六—一九三二）、易順鼎（一八五八—一九二〇）、沈曾植（一八五〇—一九二二）、陳三立（一八五二—一九三七）、陳衍（一八五八—一九三八）、鄭孝胥（一八六〇—一九三八）、馮煦（一八四三—一九二七）、況周頤（一八五九—一九二六）、朱祖謀（一八五七—一九三一）、王國維（一八七七—一九二七）以及柳亞子（一八八七—一九五八）、蘇曼殊（一八八四—一九一八）、胡懷琛（一八八六—一九三八）等等一大批詩、文、詞、曲作家將中國歷代文學中的重要風格流派加以模擬與演繹，促成了中國古代文學的最後一次迴光返照式的輝煌。

而且，由於他們所屬流派不同，創作與批評思想的差異很大，有的甚至針鋒相對，所以各派都有自己的理論發言人，這就形成了數量可觀的文論著述。比如，馬其昶的《清史·文苑傳》與《毛詩學》、姚永朴的《文學研究法》、林紓的《春覺齋論文》、王闓運的《湘綺樓說詩》（共八卷，原名《湘綺詩話》四卷）、陳衍的《石遺室詩話》及《石遺室詩話續編》、汪國垣的《光宣詩壇點將錄》、胡懷琛的《薩坡塞路詩話》及《海天詩話》、楊鐘羲（一八六五—一九三九）的《雪橋詩話》、馮煦的《宋六十一家詞選·例言》（《蒿庵論詞》）、況周頤《蕙風詞話》、王國維的《人間詞話》、陳銳（一八六〇—一九二二）的《抱碧齋詞話》等等。

就詩話著作而言，二十世紀以來，除梁啓超自一九〇二年至一九〇七年在《新民叢報》上連載的《飲冰室詩話》之外，影響最大的要數陳衍的《石遺室詩話》及其《續編》。《石遺室詩話》從一九一二年開始在梁啓超主編的《庸言雜誌》上發表，一九一五年以後在《東方雜誌》繼續刊登，一九二九年，商務印書館出版《石遺室詩話》，以後又在《青鶴雜誌》上發表「續編」，一九三五年，無錫國學專門學校又刊出《石遺室詩話續編》，「總成四十二卷，篇幅之浩繁，爲歷代詩話之冠，在近現代舊詩界影響巨大，故『時人稱之爲詩壇救主』（邵鏡人《同光風雲錄》）。」①自陳衍詩話著作出版之後，出現一些效仿之作，如錢仲聯早年就曾「頗受《石遺室詩話》的藝術啓發」，「在《無錫國專校友會集刊》、《國專月刊》、《中央時事週報》先後發表過《夢苕盦詩話》」。②

其次，作爲學科意義上的古代文學、文論研究的形成與發展，促進了對古代重要文學現象的研究、批評觀念的發掘，而且，通過這些研究與總結，從學術史的角度，使一些古代重要的文論現象、術語、範疇獲得保存與提升，起到潛移默化地影響現代漢語文學批評的效果，這也是古代漢語文論話語得以延續的一種方式。比如，王國維融會古代詩學、詞學，在興趣、神韻等理論基礎上，創立的「境界」說、魯迅關於魏晉時期文學精神的經典概括——「魏晉風度」、朱自清詳細考辨的「詩言志」等，對後世發生的重大影響，早已被學術界所公認。此外，古代文論話語方式，在近現代仍然經由師弟薪火相傳的途徑繼續獲得承傳與演進，比如，黃侃（一八八六—一九三六）繼承晚清朴學派代表人物章太炎、《文選》派代表人物劉師培等人的學術修爲，於一九一三年入北京大學作中國文學專任教授，講授《文心雕龍》，

---

① 黃霖《中國文學批評通史——近代卷》，上海古籍出版社，一九九六年十二月，第一二五頁。

② 錢仲聯《我和清詩研究》，張世林編《學林春秋——著名學者自序集》，北京：中華書局，一九九八年十二月，第一一九頁。

並彙集講義於一九二七年由文化書社印行《文心雕龍劄記》一書，仍然以「依旁舊文，聊資啓發」①式的隨筆話語方式研究古代文論。該書已成「龍學」中的經典之作，而黃侃的治學之道也經由後學獲得承傳，如，他晚年任教金陵大學時的學生程千帆，就曾於四〇年代初，選取能夠代表古代文論各種範疇的十篇文章，運用古代注疏話語方式，廣泛徵引舊籍，詳加箋釋，最初以《文學發凡》爲題於一九四二年印行，一九四八年經葉聖陶介紹改名《文論要詮》，由開明書店出版，一九八三年，又改名《文論十箋》由黑龍江人民出版社出版。②該書「雖然是古代文論的選本，但並非沒有自己的體系……上卷五篇屬於概說，包含古人對文學本質特徵、文學外部規律、作家修養的論述。下卷五篇屬於製作，是專論文學創作內部規律的。入選各篇分別就某一方面的問題作了集中論述。」③透過這樣的編選體例，我們可以看出程氏試圖以小見大地揭示古代文論的潛在體系，使零散的古代文論在現代體系的框架之中獲得新的價值與生命。

第三，新文學運動的宣導者們，雖然理智上對傳統文學、文論作了比較徹底的否定，但在情感上卻深藏著對古代文學、文論的眷戀情緒或者說懷舊情結；而一旦激烈、緊張的文化氛圍有所鬆弛，他們的懷舊情結就會表露出來。拋開創作上的復古現象不論，僅就批評領域而言，也曾發生懷舊或復古傾向，

① 黃侃《文心雕龍劄記·題辭及略例》，《文心雕龍劄記》，上海：華東師範大學出版社，一九九六年十二月，第二頁。
② 參見王文生《文論十箋·前言》；另參見周勳初《程千帆先生的詩學歷程》，載《當代學術研究思辨》，南京：南京大學出版社，一九九三年五月。
③ 王文生《文論十箋·前言》，第二頁。

其具體方式主要有兩種：一是借用古代文論中的術語與範疇，二是借用古代文論的文體樣式。

現代文學是先有革命理論、然後才出現創作，而批評則更在創作之後。當文學革命論者以決絕的態度打破舊的文論體系之後，建立新的文論話語的資源主要來自西方，但相對說來，散文、戲劇、小說等體裁更容易接納西方理論，而詩歌雖然在形式上自由化了，但在藝術上、精神上卻較長一段時期都與古代詩歌藕斷絲連（胡適所謂「放大了的小腳」就是對這一現象的形象說法），因此，當早期批評者探討新詩諸種問題時，往往是回頭到古代文論中去找尋理論支撐，而不是運用西方的詩歌批評方法與觀念。在這種情形之下，傳統文論中的部分術語，如意象、意境、境界、虛實、情志、風骨、形神、情趣、比興等，被抽離傳統的具體解讀語境，成爲能夠批評現代漢語詩歌的普適性話語。而且，通過反復的運用，以及在與西方話語的相互比照與闡釋中，逐步被賦予新的內涵，從而使這部分古代文論術語獲得現代轉換。王國維、朱光潛、聞一多、朱自清等人在這方面的貢獻較爲突出。至於借用古代文論的文體樣式，也主要體現在詩歌批評與理論領域。古代詩歌批評最普遍的文本樣式當然是詩話類著作，在現代漢語詩歌理論的建設過程中，也出現一些類似詩話性質的作品。比如，郭沫若、宗白華、田漢的《三葉集》、朱自清的《中國新文學大系·詩集·詩話》、《新詩雜話》、戴望舒的《詩論零劄》、艾青的《詩論》等，都不同程度地具有古代詩話著作的特徵，透過這些著述，我們也可以看到古代漢語文論話語憑藉現代漢語文論文本獲得了延續與發展。

二、西方話語的膨脹與誤讀

誠如我們已經多次指出的那樣，近現代交替之際的中國社會，發生了一次幾千年未有的大變局、大轉型。社會變革的同時，也發生了一場深刻的文化大變革。現代漢語文論就是在這樣的社會和文化背景之下形成與發展的，在這一過程中，它一方面與傳統文論發生了比較徹底的叛逆性裂變，另一方面，則接受了西方文論的洗禮，並以西方爲親和的對象，從中汲取養分。本來，由於長時期的內在迴圈，傳統文論話語在晚清時期，已經是強弩之末，再加上西方文論的衝擊、新文化與新文學運動的清洗，幾乎失去了任何防禦能力，只好眼看著西方文論話語象潮水般破堤而入。西方文論話語湧入之後，不僅受到歡迎與重視，而且還在話語主體的嬌縱之下，發生「膨脹」現象，以優越的姿態，成爲建構現代漢語文論的主體因素。不過，與膨脹相伴而生的是，入主現代漢語文論的西方文論話語，與本來面貌相比，已經發生了很大的改變，這種改變，已經超出了正常時期的文化過濾所能達到的程度，也就是說，這已經不僅僅是文論事件，它與當時的社會事件密切相關，或者說，由於中國社會現實的需要，西方文論話語被有意識地進行了「誤讀」。下面，我們就對這兩方面的具體情況進行簡略的描述與分析。

（一）

雖然西方文論話語從十九世紀中葉就已經登陸我國文學批評領域，但大規模的入侵卻是在新文學運動爆發之後，而且在短短二十年時間之內，以不斷膨脹之勢，強佔了現代漢語文論話語的權威地位。西方文論話語膨脹的表現是多層面的，除了上一節我們已經分析過的話語觀念變革的情況之外，在話語方式的層面上，主要表現在「主義」橫行、術語置換這樣兩個方面。

第一，「主義」橫行。「主義」雖用的是漢字，但它卻是源自日本的外來詞。①因爲是日本人最先用「主義」去翻譯英語單詞「principle」和詞尾「ism」。在西方的近現代，文藝思潮的演變非常迅速，各種「主義」也就應運而生。在文學革命發生前後十來年時間內，這些主義紛至遝來，很快成爲新文學批評與理論界所熟悉的話語，甚至發展到主義氾濫的地步，梁實秋一九二六年寫作《現代中國文學之浪漫的趨勢》一文時，就因爲擔心被別人說成「庸人自擾」，而「不講中國文學的浪漫主義……只講中國文學之浪漫的『趨勢』」②。

在一九〇三年時，趙必振曾翻譯了日本福井准造的《近世社會主義》一書，由廣智書局出版，成爲

---

① 參見王立達《現代漢語中從日語借來的辭彙》，《中日文化交流史論文集》，北京：人民出版社，一九八二年十月，第四七〇頁。

② 徐靜波編《梁實秋批評文集》，第三三二頁。

譯本中第一本介紹馬克思學說的著作。一九〇五年十一月，孫中山在《〈民報〉發刊詞》中，提出了著名的「三大主義」，即民族、民權、民生，一九〇六年十二月，他在日本東京《民報》創刊周年紀念會上發表《三民主義與中國前途》的演講，①這使得「主義」一詞在思想、文化界廣泛流行開來，並出現在一些論文的標題之中。在文論領域，較早使用「主義」這一術語的也是陳獨秀，一九一五年底，他發表《現代歐洲文藝史譚》，介紹了理想主義、寫實主義、自然主義等西方文藝思潮；在《文學革命論》中，他更是旗幟鮮明地提出了革命文學的「三大主義」。大概是受陳獨秀的影響，胡適在《建設的文學革命論》（一九一八年四月）中將自己以前提出的文學改良八事也稱爲「八不主義」。一九一九年五月、六月，李大釗在《新青年》上發表了《我的馬克思主義觀》（上、下）之後，胡適於七月間在《每週評論》上發表《多研究些問題，少談些「主義」》，於是，思想界爆發了著名的「問題與主義」之爭，胡適、藍公武、李大釗等人發表一組關於「問題與主義」的文章，文中涉及各種主義，使得「主義」以更加猛烈的趨勢流行開來，就連主張少談「主義」的胡適隨後又立即發表了《非個人主義的新生活》（《新潮》第二卷三號，一九二〇年三月），並且修改了已經發表的《易蔔生主義》一文②。

茅盾在《小說月報》第一一卷第一期（一九二〇年一月二十五日）上發表《小說新潮欄宣言》，主

---

① 參見翦伯贊、鄭天挺主編《中國通史參考資料・近代部分》（下冊），北京：中華書局，一九八〇年六月第二版，第二八四—二九三頁。

② 參見《中國新文學大系・建設理論集》第一九二頁。

張介紹西方新派小說，其理由是：

> 「現在新思想一日千里，新思想是欲新文藝去替他宣傳鼓吹的，所以一時間便覺得中國翻譯的小說實在是都『不合時代』。況且西洋的小說已經由浪漫主義（Romanticism）進而為寫實主義（Realism）、表像主義（Symbolicism）、新浪漫主義（New Romanticism），我國卻還停留在寫實主義以前，這個又顯然是步人後塵。」①

實際上，茅盾所說的小說「新潮」，也就是西方二十世紀初出現的各種現代主義小說流派。果然，在文學研究會、創造社等大批作家、理論家的竭力引進之下，「由一九二一年到一九二六年這後半的五年，情形的確『大不同了』。不僅是『一個普遍的全國的文學的活動開始到來』，而且十九世紀到二十世紀這百多年來的西歐活動過了的文學傾向也紛至遝來地流入到中國。浪漫主義，現實主義，象徵主義，新古典主義，甚至表現派，未來派等尚未成熟的傾向都在這五年間在中國文學史上露過一下面目。」②

從創作思潮的角度來說是如此，從文學批評的角度看，更可以說是「主義」漫天飛舞，充斥於大大小小的批評文本之中，其中只有一部分能夠在西方尋找到根源，而別的種種「主義」，則出自中國批評

---

① 《茅盾文藝雜論集》（上）第六頁。

② 鄭伯奇《中國新文學大系・小說三集・導言》，第三頁。

家的想像與杜撰，從中我們不難感受到，批評界對西方各種思潮的崇拜已經達到一種狂熱的程度，這種情緒，是導致二三十年代「主義」惡性膨脹、橫行無礙①的重要原因。誠如李歐梵所說的那樣：「對『主義』這樣極受歡迎的詞的淺薄知識，就象對外國作家的那些鼎鼎『大名』的瞭解一樣，馬上就會帶來顯赫的地位。」②

第二，術語置換。術語不僅僅是文論觀念的載體，它本身也有獨立性與系統性。某種話語體系中的術語的流行程度，也就意味著該話語體系生命力的強弱程度。就二十世紀二三十年代而言，西方文論術語，可以說已經比較徹底地置換了古代漢語文論中的術語，在現代漢語文論話語中大肆流行開來。

爲了說明這一問題，我們首先稍微考察「形式」和「內容」這對西方文論術語，進入現代漢語文論話語的歷程。無論作爲哲學還是文論範疇，形式與內容，都來自西方。梁啓超《飲冰室詩話》中有這樣幾句很有名的話：

> 「過渡時代，必有革命。然革命者，當革其精神，非革其形式。」

---

① 比如，馮乃超《評梁實秋的〈文學與革命〉》一文中有這樣一句話：「十八世紀末葉法國王朝的好尚，所謂牧歌調，感傷主義，煩瑣主義，爲什麼竟被不情熱的合理主義的市民藝術的古典主義所驅逐？」（李何林《近二十年中國文藝思潮論（一九一七—一九三七）》，西安：陝西人民出版社，一九八一年四月版，第一六四頁。）短短一句話，就連綴了四種主義。

② 李歐梵《現代性的追求》，北京：三聯書店，二〇〇〇年十二月，第二二四頁。

這裏將「形式」與「精神」對舉，應該是受到了形式與內容這對範疇的影響，但梁氏所謂的形式與精神，意義比較寬泛，並非專門針對文學革命而言。到了一九一六年八月二十一日，胡適在《寄陳獨秀》（《新青年》第二卷第二號，一九一六年十月一日）中，仍然承襲梁氏的作法，將「形式」與「精神」對舉：

> 「綜觀文學墮落之因，蓋可以『文勝質』一語包之。文勝質者，有形式而無精神，貌似而神虧之謂也。」①

可以看出，這裏已經將這對術語引進到文論領域，而且還暗示出，「形式」與「精神」是對古代文論中「文」與「質」的置換。而且，胡適在《逼上梁山》中還回憶說，他於一九一六年八月十九日曾寄信給朱經農，談到新文學的八大要點，其中將前五點稱爲「形式的方面」，後三點稱爲「精神（內容）的方面」，②據此看來，在胡適那裏「精神」與「內容」是相互等同的。一九一七年五月，劉半農在《新青年》第三卷第三號上發表的《我之文學改良觀》，也是將「形式」與「精神」對舉。但到一九一八年

① 《中國新文學大系・建設理論集》，第三二頁。關於該信寫作的具體時間，參見薑義華主編《胡適學術文集・新文學運動》，北京：中華書局，一九九三年九月，第一五頁，注釋二。

② 參見《中國新文學大系・建設理論集》，第二四—二五頁。

底，周作人發表《平民的文學》時，已經能夠嫻熟地運用「形式」與「內容」這對範疇，他首先試圖從「形式」上區分平民與貴族文學，但由於「文字的形式上，是不能定出區別的，現在再從內容上說」①。此後，眾多批評家不僅得心應手地運用這對術語，而且開始討論二者間的關係，比如，成仿吾作於一九二三年十一月，發表於一九二八年二月的《從文學革命到革命文學》一文，關於近代文學內容、形式之關係的分析，已經頗具辯證色彩了：

> 「文體逐漸發展到了盡頭，對於新的內容的表現成了一種桎梏……由外國文與新思想的方面，於是這桎梏被粉碎了。新發展的內容取新的形式翱翔於新開的天地。」②

李初梨一九二八年二月于《文化批判》上發表了《怎樣地建設革命文學》一文，第二部分專門討論「無產階級文學的形式問題」，其中明確指出：「一件事物的形式，是隨它的內容的發展而決定」③的，這已經基本上確立了現代漢語文論中內容與形式之關係的本質性特徵，在此之後的諸多論述，可能顯得更精細，但都無法超越「內容決定形式」這一基本觀點。從四〇年代以後，除了古代文論研究方面的文

---

① 楊揚編《周作人批評文集》，珠海：珠海出版社，一九九八年十月，第三九頁。
② 《中國新文學大系一九二七—一九三七·文學理論集二》，第三五頁。
③ 《中國新文學大系一九二七—一九三七·文學理論集二》，第六四頁。

章之外，「文質」、「形神」等術語在批評文章中，幾乎都被「形式」與「內容」所取代。

此外，情緒、感情、美、美感、快感、表現、價値、對象、遊戲、自由、結構、情節等等術語，也都是在二十世紀初、尤其是新文學運動之後，進入現代漢語文論話語之中，在建構新的話語體系的同時，完成了對古代漢語文論話語的整體置換。

（二）

「誤讀」是指文化交流中，接受影響的一方按照自身文化的需要，有意地改變對他種文化本來面貌的認識與理解，或者因爲不能擺脫自身文化傳統、思維方式的影響，無意識地對他種文化進行了偏離性的理解。據此，我們可以看出，「誤讀」是文化交流中普遍存在的現象。而且，不同文化之間的差異越大、碰撞越激烈、結果越嚴重，其中的誤讀也就越鮮明、越醒目。應該說，晚清以來中國文化界面對潮湧而入的歐美異質文化，從一開始就抱持著比較明確的誤讀意識，諸如，「夷夏之辨」、「以夷制夷」、「中體西用」等文化策略，都建基於對西方文化的誤讀之上。文學交流是文化交流的重要組成部分，其誤讀現象也與同期發生的文化誤讀基本上保持一致。因此，晚清以來的文學思想的發展，是與對西方文學思潮、批評觀念以及話語方式的誤讀相伴而行的。

梁啓超以提倡翻譯、創作政治小說在晚清文學史上發生了重大的影響，但是，梁氏的見解與主張，就是以對西方政治小說的功用的誤讀爲前提的。在《譯印政治小說序》（一八九八）中，他認爲：「彼美、英、德、法、奧、意、日本各國政界之日進，則政治小說爲功最高焉。」①顯然，這種關於小說與政界之關係的認識，是與西方實際情況不符甚至相反的，社會、政界的狀況往往決定小說創作的情況，而不是相反。梁氏之所以會有這樣的認識，是與他一貫的改良政治的主張密切相關的。四年之後，他又在《新小說》創刊號上發表了被認爲是改良主義小說理論的綱領性文章的《論小說與群治之關係》（一九〇二），該文將「中國群治腐敗之總根源」都歸結爲受了小說的影響，仍然是與《譯印政治小說序》由誤讀推導出的認識相一致，而且，他還進一步將小說的對讀者的感染作用具體化爲「熏、浸、刺、提」四種力，有以上論述作鋪墊，梁氏自然就得出他所希望的結論：「故今日欲改良政治，必自小說界革命始；欲新民，必自新小說始。」②

就在梁啓超提倡政治小說、新小說的同時，林紓也翻譯了大量西方小說。據茅盾的分析，林紓的翻譯是一種「歪譯」，而且具有多重的「歪曲」性：

「口譯者把原文譯為口語，光景不免有多少歪曲，再由林氏將口語譯為文言，那就是第二次歪曲了。這種歪曲，可以說是從『翻譯的方法』上來的。何況林氏『衛道』之心甚熱，『孔孟心傳』爛熟，他往往要『用夏變夷』，稱司各特的筆法有類于太史公，……於是不免又多了一層歪

① 舒蕪等編選《近代文論選》（上），北京：人民文學出版社，一九五九年九月，第一五六頁。
② 舒蕪等編選《近代文論選》（上），北京：人民文學出版社，一九五九年九月，第一六一頁。

曲。這一層歪曲，當然口譯者不能負責，直接是從林氏的思想上來的。」①

茅盾所謂的最後一層歪曲，顯然是林紓用以中格西的話語方式對西方文學的誤讀，林紓在給翻譯小說所寫的序跋中，不少地方對原作的思想內容和藝術手法都發生了誤讀，究其原因，也在於他反復申明的，希望通過翻譯小說，「有益於今日之社會」，「欲吾中國嚴防行劫及滅種之盜也」②。

在新文學運動之前，王國維對《紅樓夢》的評論、以及《人間詞話》中的理論建樹，都借鑒了西方的哲學、美學思想以及文學批評方法。但就在借鑒的同時，王氏也對西方理論產生了誤讀。比如，在《〈紅樓夢〉評論》中，他引進叔本華的悲劇理論以及運用邏輯與理性的批評方法，試圖以此突破「考證之眼」的局限。但在這一過程中，他既誤讀了小說《紅樓夢》，也誤讀了叔本華的理論與方法。他將「玉」等同爲「欲」、將石頭誤落塵世的神話理解爲暗合基督教的「原罪」說、認爲《紅樓夢》拒絕一切生活之欲等等，是對《紅樓夢》的誤讀；將叔本華的唯意志論悲劇觀、解脫說等同於老莊無欲觀、佛教去欲論，對叔本華以前的悲劇理論以及美學中的「美」與「崇高」等概念缺乏足夠的瞭解等，是對叔本華的誤讀；將叔氏以哲學闡釋人類倫理生活進而獲取美學觀點的方法轉換爲以倫理學、美學方法闡釋具體作品以獲取文學觀點的方法，應該是王國維對叔氏批評方法的誤讀。不過，王國維的誤讀，是有其良苦用

---

① 茅盾《直譯・順譯・歪譯》，《茅盾文藝雜論集》（上集），第四一二頁。

② 林薇選注《林紓選集・文詩詞卷》，成都：四川人民出版社，一九八八年七月，第一八一、一八四頁。

心的：一是，通過揭示《紅樓夢》「大背於吾國人之精神」，肯定其反傳統的價値與意義；二是，借用叔氏的哲學、美學方法，實現對傳統評點、考據方法的突破與否定，以此開創具有現代精神的新的批評方式。

（三）

文學革命運動前後，對西方文論的誤讀現象仍然非常普遍。陳獨秀在《現代歐洲文藝史譚》中，將歐洲十八、十九世紀文學思潮的發展線索理解爲由理想主義到寫實主義再到自然主義，就顯得比較簡單，而且認爲，所有現代歐洲作家，不論屬於哪一派別，都受到自然主義的影響，這顯然是一種誤解。隨後，胡適關於新詩革命、文學改良的建議與主張，也深受美國二十世紀初文學思潮的影響，就連他「提出中國新文學應該做到的『八不主義』，大概也是受到龐德三年前發表於《詩雜誌》上的『幾個不要』（A Few Don'ts）一文的影響。」①不過，在留學美國時的日記中，胡適確實於一九一六年從《紐約時報》上一篇有關「意象派詩人」的評論文章中摘錄過他所謂的「印像派詩人的六條原理」，並且用中文寫上「此派所主張，與我所主張多相似之處」，②這說明胡適的《文學改良芻議》的確與意象派理論有關係。但

① 周策縱《五四運動：現代中國的思想革命》，南京：江蘇人民出版社，一九九六年十二月，第三四頁。
② 參見《胡適留學日記》，長沙：嶽麓書社，二〇〇一年十一月，第七四二－七四四頁。

我們必須注意的是，胡適提出「八不主義」與意象派的六原則和龐德的某些否定①之間，仍然存在本質性的不同。胡適的主張是從文學語言的革新這一角度提出來的，其目的在於否定文言文學、提倡白話文學，是以「工具論」爲出發點，以文學革命爲最終目的。而意象派的理論，只是從詩歌創作中具體技巧的革新入手，希望獲得凝練、明晰的詩歌意象。顯然，二者之間存在很大的差異，這種差異的形成，除了中、美兩國當時的文學環境有所不同之外，也與胡適有意誤讀意象派的理論有關。

對西方文論話語的誤讀，在「五四」之後的不少批評家那裏都有所體現，比如，梁實秋因爲接受白璧德的新人文主義思想，一反他早年喜愛的浪漫主義文學思潮，轉而標舉古典主義，但梁氏似乎忘卻或者說歪曲了白璧德所推崇的「平衡」、「中庸」、「適度」這樣一些古典主義的精神與原則，以二元對立的方式，將自己的批評框架建立在古典主義與浪漫主義這樣相互對峙的兩極思潮之上，並以此來批評中國現代文學中的人道主義、個性主義、浪漫主義以及現實主義等創作思潮，從整體上對新文學作了否定性的評價。

新文學理論的建設過程中，「進化論」思想起到了重要的支撐作用，正如我們在上一節裏簡單描述過的那樣，進化論文學觀在二十世紀初期的現代漢語文論中曾經相當流行。但是，我們都知道，「進化

---

① 關於 Ezra Pound 的 A Few Donts 的具體內容，可參看 David Lodge 編選的 20th Century Literary Criticism 一書的第五九—六二頁。王潤華在《論胡適「八不主義」所受意象派詩論之影響》一文中，不僅選譯了其中與胡適「八不主義」有相似之處的幾條片斷性文字，還譯出了 Amy Lowell 的《意象派宣言》中提出的「六條原則」，並與胡適的主張進行了對比與分析。該文載王潤華著《從司空圖到沈從文》，上海：學林出版社，一九八九年八月版。

論」最初由法國博物學家拉馬克所提出，英國博物學家達爾文在《物種起源》一書中將這一學說更加系統化，指出生物界歷史發展的一般規律是「自然選擇」、「適者生存」，認爲生物隨時發生的細微變異，經過累代的自然選擇，構造簡單的生物逐漸形成構造複雜的新的物種。達爾文只承認物種的漸進，否定物種進化過程中存在質的飛躍。也就是說，從達爾文的進化論學說，不能推導出革命論思想。可是，胡適等人卻將生物界的理論借用爲文學理論上破舊立新的重要武器，並由此提出文學「革命」論，主張用白話替代文言，並宣稱「歷史的進化的文學觀」是「哥白尼革命」①。這顯然也是一種誤讀。②

由於傳統文論話語科學、理性精神的缺乏，現代漢語文論話語主體，對於話語科學與理性精神的強調，也是受西方文論話語影響的結果。但是，一方面，由於「時代已經充滿了科學的精神，人人都帶點先天的科學迷」③，另一方面，出於「打倒舊文學，提倡新文學」的狂熱激情，新文學批評家們，難免會對舊文學的缺陷予以貶斥，對西方相應的優點則較多誇讚，從而將西方文論的科學性絕對化，並因此很大程度地掩蓋了西方文論話語的真實面貌。據傅斯年回憶，《新潮》雜誌創辦者在一九一八年十月第一次預備會上，將《新潮》的「原素」規定爲這樣三個方面：（一）批評的精神，（二）科學的主義，

---

① 參見《中國新文學大系·建設理論集導言》，第二一—二二頁。

② 當然，嚴複在譯著《天演論》中，通過改譯、加譯、漏譯、按語等方式，已經對赫胥黎的進化學說進行了有意識的誤讀，「以天演代進化、將宇宙過程和進化等同起來，這就很自然地將進化原理推及一切領域。」具體分析，請參見林基成《天演=進化？=進步？——重讀〈天演論〉》，《讀書》，一九九一年第十二期。

③ 《茅盾文藝雜論集》（上集），第九八頁。

（三）革新的文詞。①顯然，這是對新文化運動的主旋律「民主」與「科學」的具體化。茅盾在發表於一九二〇年二月四日《時事新報》副刊《學燈》上的《對於系統的經濟的介紹西洋文學底意見》一文中，說過這樣一段話：

> 我以為創作文藝，有三種工夫，似乎是必不可少的：（一）是觀察，（二）是藝術，（三）是哲理。換句話說，（一）就是用科學眼光去體察人生的各方面，尋出一個確是存在而大家不覺得的罅漏；（二）就是用科學的方法整理、佈局和描寫；（三）是根據科學（廣義）的原理，做這篇文字的背景。……我們根據這三者去批評現在的文藝創作，便見得創作之中，盡有（一）（三）兩項很好，而（二）未盡好；因此，這篇創作便減了色。②

從這裏我們可以發現，茅盾不僅認爲創作上必須要具有科學的眼光、科學的方法和依據科學的原理，而且還主張以此爲批評的標準去衡量當時的文藝創作。這種對科學精神的強調甚至崇奉，還表現在新文學論者對「邏輯」性的注重，將它作爲指斥反白話論者的有力武器。比如，蔡元培的《致〈公言報〉函並附答林琴南函》（一九一九年三月）、羅家倫《駁胡先驌君的中國文學改良論》（一九一九年五月）、

① 參見《中國新文學大系．史料．索引》，第六一—六二頁。
② 《茅盾文藝雜論集》（上集），第一六—一七頁。

胡適的《老章又反叛了》（一九二五年八月）等文章，或以強大的邏輯力量駁得對方體無完膚，或者乾脆質疑對方的邏輯性：「這種地方都可以看出章君全失『雅量』，只鬧意氣，全不講邏輯了」①。此外，二三十年代出版的「ABC」叢書，也一定程度地反映出對科學、理性精神的渴望與追求。

的確，西方文論具有相當濃厚的科學與理性色彩，在文學批評中，甚至還存在科學主義的現象。比如，三〇年代中期，梁實秋就曾介紹過 Birkhoff 的 *Aestheic Measure*（《美的衡量》，哈佛大學一九三三年版）一書中，關於用實驗美學的方法，來計算詩歌音樂成分的非常精細的分析。②但這樣的例證畢竟只是少數現象。西方文論，也具有同樣突出的人文精神和非理性思潮，這正是西方文論與文論話語的複雜性所在。但是，二三十年代的現代漢語文論界，注重的只是其科學與理性的一面，對「批評精神」的提倡，也給人以只是提倡建設文學批評的邏輯、理性、系統等特徵的感覺。這雖然是針對漢語文論的缺陷而發，但其中也透露出對西方文論觀念與話語的片面性理解或有意識的誤讀。

比如，梁實秋雖然反對文學批評中的科學方法，但他是將「科學」理解爲純粹的自然科學，在這種意義上，他才斷言：「文學批評不是科學」；他並不排斥文學批評的科學精神，他明確指出：

「就根本上講，文學批評是一種判斷的活動，初無理論與運用之分。作品批評可為理論的引

① 薑義華主編《胡適學術文集·新文學運動》，第一六七頁。

② 參見《梁實秋批評文集》，第二〇一—二〇三頁。

證，理論乃作品批評的根據，如是而已。」①

梁實秋還出版過《文學的紀律》（一九二八）一書，在同名文章中，他將自己信奉的「新古典派」的標準解釋爲「在文學裏訂下多少規律，創作家要遵著規律創作，批評家也遵著規律批評」②。曾經出版過《批評精神》（一九四二）的李長之，雖然提倡「感情的批評主義」，但卻有一個前提，即「不用感情，一定不能客觀」，而且，還強調：

「於感情的批評主義，有兩點必須注意：一是在一篇作品中愛憎要各別。惟獨如此，才不顧惜，才不求全，也才能夠公平。二是把帶有自己個性的情感除開，所用的乃是跳入作者世界裏為作者的甘苦所澆灌的客觀化了的審美能力。必如此，批評家乃能褒貶任何個性的作家的成績。」③

此外，葉公超對文學批評中「事實」、「準確」、「冷靜」的強調，④梁宗岱將中國學術不發達的原因歸結為「我們缺乏一種平心靜氣的不偏不倚的研究精神」，並認為「這種精神我們也

① 《文學批評辯》，《梁實秋批評文集》，第九四頁。
② 《梁實秋批評文集》，第九六頁。
③ 郜元寶、李書編《李長之批評文集》，珠海：珠海出版社，一九九八年十月，第三九〇—三九一頁。
④ 參見《從印象到評價》，《葉公超批評文集》，陳子善編，珠海：珠海出版社，一九九八年十月，第二〇頁。

可以喚作科學的精神」。①

(四)

西方文論潮湧而入並急劇膨脹，使得現代漢語文論話語迅速發生質的變化，但與此同時，話語主體從觀念上、精神上，也在對西方文論進行有意或無意的「誤讀」。應該說，從二十世紀二〇年代開始，現代漢語文論已經不可逆轉地走上西化的路途。但一方面，傳統文論仍憑藉其曾經具有的正統性、經典性特徵，散發出足以誘惑那些有懷舊情緒和復古情結的話語主體，並依靠他們將傳統話語繼續演繹、承傳下去。另一方面，現代漢語文論在引進西方文論觀念、實踐其話語方式時，也在進行著中國化或稱本土化的努力。

西化與本土化，顯然是一對矛盾。就二十世紀現代漢語文論的實際歷史情況來看，西化的浪潮遠遠蓋過了本土化的勢頭。不過，就在這種趨勢之下，本土化仍然以溫和但不失韌性的方式繼續進行。「誤讀」則正是這樣的一種方式。它表面上操持西方話語，暗中卻將其觀念進行修正與調整，使之符合現代中國文學的具體生存環境與發展要求。說得更直白一些就是，話語形式一仍其西方化，對話語觀念則試圖使其本土化。但西式話語畢竟已成爲時代主潮，「誤讀」策略所追求的本土化效果並不理想，二十世

---

① 梁宗岱《非古復古與科學精神——試論中國學術爲什麼不發達》，李振聲編《梁宗岱批評文集》，珠海：珠海出版社，一九九八年十月，第二〇六頁。

紀的漢語文論界，沒有能夠在世界文論話語領域發出自己的聲音，就很能說明這一點。

與此相映成趣的是，就在同一時期，學術界與批評界也對古代漢語文論進行了一系列的「誤讀」。其重要表現之一就是，中國文學批評史著作的出現和學科的基本成型。這種給古代漢語文論寫史的觀念與方法，都來自西方，而且，隨著批評史學科的不斷發展，對傳統文論觀念的發掘與闡釋，也越來越以西方文論觀念爲依據和準則，與古代歷史著作中的經籍志、書目提要中的「詩文評」等所作的介紹與描述發生了巨大的差別。這樣作的結果，必然會誤讀古代漢語文論。朱自清曾經明確指出：「若沒有『文學批評』這個新意念、新名字輸入，若不是一般人已經能夠鄭重的接受這個新意念，目下是還談不到任何中國文學批評史的。」①而且，他一方面認爲郭紹虞、羅根澤等人的中國文學批評史著作，因爲借了西方「文學批評」這一新觀念的光，「將我們的詩文評的本來面目看得更清楚了」，另一方面又指出他們以此對中國古代文論做出的解釋存在不少值得商榷的地方。②這恰好說明，郭氏、羅氏的批評史著作，對傳統文論有頗多「誤讀」之處。實際上，幾乎所有以西方話語闡釋傳統文論，以及對傳統文論予以誤讀，都是爲了使其發生現代轉換，以便能夠適合現代學術規範和解讀現代文學作品，其潛在的苦衷，仍然是迫於西方文論話語極度盛行所產生的巨大壓力。這種誤讀，與對西方文論話語的誤讀，出發點和目

---

① 朱自清《詩文評的發展》，《朱自清古典文學論文集》，上海古籍出版社，一九八一年七月，第五四四頁。

② 參見《評郭紹虞〈中國文學批評史〉上卷》、《詩文評的發展》，《朱自清古典文學論文集》（下冊），第五三九—五五四頁。

的都是對立的，但由於都進行得不徹底，所以在結果上卻具有很大的一致性，即西方文論話語成爲現代漢語文論主要甚至唯一的話語方式，其差別或許僅僅在於，對西方的誤讀是在言說西方中抗拒西方，而對傳統的誤讀則是在抗拒西方中言說西方。

結語

從話語的主體、方式、文本等各個環節來看，現代漢語文論與古代漢語文論之間，不僅存在著巨大的差異，而且發生了嚴重的斷裂。其根本原因就在於西方文論話語的強行楔入。當然，正如我們已經分析過的那樣，西方文論，作爲一種外來力量，之所以能夠在較短的時期內，長驅直入，成功地阻遏古代漢語文論這一本土勢力向現代漢語文論的延伸與擴展，除了其自身的現代性特徵，對於把追求現代性作爲首要目的的中國現代社會，具有強大的吸引力之外，也與古代漢語文論內在生命力的缺乏、對外在文學現象與文化現象的變革反應遲鈍有關。因此，當文學革命取得成功之後，古代漢語文論話語更是被排擠到了尷尬的邊緣性角落，其話語言說能力也日趨枯萎，以至於走向「失語」的境地。這就意味著，現代漢語文論從形、神兩方面都比較徹底地擺脫了傳統，走向了西方。

如果要深究形成這一趨勢的原因，在分析文學、文論自身發展規律之外，我們還要考慮，整個中國社會由傳統到現代這一巨大轉型機制的強力推動。比如，啓蒙民眾、變法維新以及民主革命等社會、政治要求導致白話（現代漢語）的盛行，①而白話的邏輯力量勢必會促進現代文論理性色彩的增強，這方面恰好是傳統文論話語的薄弱環節，因此，西方文論話語的邏輯性、系統性特徵，就顯出明顯的競爭優勢，被現代漢語文論所認同與選擇。又比如，近現代交替之際，科舉制度的取消引起教育體制的改革，進而促使教科書的內容發生本質性的改變，「中學」成分大大削弱、「西學」比例迅速增強，教學方式也與傳統大相徑庭，其結果必然是培養出一批具有嶄新知識結構、學術立場與文化身份的現代知識份子，他們作爲話語主體介入現代漢語文論，勢必會運用新的話語方式、製造出新的話語文本。而在當時，與傳統文論形成最大反差的，只能是西方文論，對「新」的崇拜，也就轉換成對「西」的崇拜，因此，所謂新的話語方式、新的話語文本，也就是模仿甚或移植的西方話語方式和話語文本。

雖然現代漢語文論話語與傳統發生斷裂，在二十世紀二三十年代就成爲不可否認的事實，但長時期以來，大陸學術界因受到外在因素的幹擾，沒來得及對這一現象進行系統與深刻的反思，直到九〇年代中後期，「文論失語症」的提出與討論，才引起人們的警醒與重視。畢竟人是文化的動物，而文化深深地蘊藏在傳統之中，所以說，人也是傳統的動物，傳統的斷裂理應引起人們的警覺與思考。至於如何應對古代漢語文論話語在現代的斷裂或失語，學術界主要存在這樣兩種傾向。一是力圖使失語的傳統文論

① 據不完全統計，「清末最後約十年間，出現過約一四〇份白話報和雜誌」，「進入民國，白話報的刊行依然爲數甚夥」，從而形成一個與五四時代的白話文運動「一脈相承，不能分割」的「晚清白話文運動」。（參見陳萬雄《五四新文化的源流》，北京：三聯書店，一九九七年一月，第一三四、一五九—一六〇、一六四頁。）

重新言說，這包括「轉換論」與「重建論」兩種策略；二是承認既成事實，但又將自成系統的西方文論、古代漢語文論和已經積澱下來的現代漢語文論觀念相並舉，以批評和解讀文學現象爲目的，不論話語的來源，一切以應用或者以海德格爾所說的「上手」爲指歸，持這一傾向的觀點，我們姑且稱之爲「實用論」。

「轉換論」與「重建論」的思想基礎大約來自兩個方面，其一是美國威斯康新大學歷史系教授林毓生的英文著作 *The Crisis of Chinese Consciousness: Radical Antitraditionalism in the May Fourth Era*（Madison: University of Wisconsin Pres, 1979）①和中文論文集《中國傳統的創造性轉化》②。林氏在這兩本書中都強調：

> 「自由、理性、法制與民主不能經由打倒傳統而獲得，只能在舊傳統經由創造的轉化而逐漸建立起一個新的、有生機的傳統的時候才能獲得。」③

---

① 本書中譯本《中國意識的危機——五四時期激烈的反傳統主義》，一九八六年十二月由貴州人民出版社發行五萬冊，一九八八年一月，又出增訂再版本，發行二萬冊，在中國學界產生了巨大反響，引發一場關於五四文化運動的性質的大討論。

② 北京三聯書店，一九八八年十二月出版，據一九八三年臺北版《思想與人物》略加調整而成，到一九九六年三月，已發行一萬八千六百冊。

③《中國意識的危機·增訂再版前言》第三頁，《中國傳統的創造性轉化·自序》第五頁。

並在現代與傳統的框架之中，對傳統社會與現代社會之間存在的建設性聯繫進行了具體的論證。林氏批判五四「全盤性反傳統主義」、希望重建新的有生機的傳統，是從整個「人文學科」的角度入手的，他希望重建的傳統也是「中國人文」的傳統。顯然，這很容易給研究中國古代文學、文論的學者以啓發。中國古代文論的現代轉換，就是試圖通過探討、發掘古代文論與現代文學、文論之間的建設性聯繫，促使其功能的創造性轉換，以便能夠解讀現代文學作品。重建論也是希望：

> 立足於中國人當代的現實生存樣態，潛沉於中國五千年生生不息的文化內蘊，復興中華民族精神，在堅實的民族文化地基上，融匯中西，自鑄偉辭，從而建立起真正能夠成為當代中國人生存狀態和文學藝術現象的學術表達並能對其產生影響的、能有效運作的文學理論話語體系。」①

其二是王國維、朱光潛、錢鍾書等人，通過不斷的徵引、標舉與闡釋，將古代文論中一些具有創造性的話語範疇、話語方式，進行了成功的現代轉換，不僅使「境界」、「意境」、「比興」、「意象」、「有無」、「虛實」等一些文論觀念從傳統文論話語場中超拔出來，煥發出新的活力，而且還突破了「詞話」、「詩話」文本和話語方式的局限，在表面的零散、隨意之下，蘊藏著較強的邏輯性與系統性。

① 曹順慶《中外比較文論史．上古時期》，濟南：山東教育出版社，一九九八年四月，第二六一頁。

這些學者所取得的成功，給轉換論和重建論者提供了信心和啓示。不過，到目前爲止，轉換論、重建論雖引起了學界比較強烈的反響和爭論，但仍基本停留在必要性、可能性以及方法論等層面的討論上，要取得實質性的進展，還需更多具有不同知識結構、分別從事文學批評、文學史、文學批評史以及文學理論研究的學者們的積極參與和通力合作。

「實用論」對轉換與重建的態度比較漠然，承認西方文論話語入主現代漢語文論這一既成的事實，更承認現代漢語文論中積澱下來的新的話語觀念與話語方式，也不拒絕古代漢語文論話語中具有活力的部分。只要適用於批評對象，就可以拿來運用。因此，「實用論」也可以說是「適用論」。實用論者不注重有意識的文學理論或方法論的探討，往往以具體批評實踐來表明自己的話語立場。但正因爲如此，他們的眼光比較開闊，對西方、古代、現代各個領域中文論觀念的最新進展都予以關注，正如有論者指出的那樣，二十世紀九〇年代的批評，「沒有刻意迎拒什麼，新與舊、本土化與全球化、左與右、傳統與現代、知識份子立場與民間立場……都在視野之內，都可坦然視之。」①但這種以「適用」作爲批評指歸的現象，又會模糊現代漢語文論的發展方向，不利於早日建成有鮮明個性的中國文論話語以便獲得全世界的關注與認可。

兩相比較，我們可以說，轉換論、重建論策略，更多地站在民族主義文化立場上，表現出對中國古

---

① 孟繁華等《九〇年代文學批評的回顧與檢討》，《鐘山》，二〇〇〇年第一期。

代文論話語喪失言說能力的焦慮心態，試圖通過喚醒傳統文論中已經被禁錮了的潛在生命意識，與聲勢浩大的西方文論話語，和基本上已經西化了的現代漢語文論話語，同台競藝。顯然，這種主張，也是對二十世紀九〇年代世界範圍內的「東方文化復興論」的積極回應。但古代漢語文論作爲一種體系，其賴以生存的文化空間與文學環境，已經不復存在，要將它改造成適合當前文化氛圍與文學實際的文論話語，其難度可想而知，從這種意義上說，轉換論、重建論無疑都具有相當的悲壯色彩。不過，轉換論與重建論之間也存在明顯的區別，那就是重建論的包容性更強，它是以比較文論、跨異質文化的學術眼光來思考重建漢語文論話語這一重大課題的。實用論，表面看來，似乎與全球化趨勢相適應，但隱含其中的卻是比較厚重的功利意識，功利意識實際上也是焦慮心態的反應。因此，我們可以看出，轉換論、重建論、實用論這些策略的出現，都是出於對現代漢語文論話語日漸走向西方這一客觀事實的正視與焦慮，其目的是爲了重振中國文論話語昔日的輝煌，當然也透露出復歸傳統的願望與延續傳統的努力。

由此看來，當代漢語文論話語正處在一個多元發展的時期，對如何建設漢語文論體系、如何承續傳統、如何面對西方等重大課題的思考與回答，也各不相同。從長時段歷史觀以及人類文化發展的一般規律而言，這種現象不僅是正常的甚至還是必須的。古代漢語文論儘管也經歷過大大小小的肯定、否定再肯定的演進歷程，但從整體上看，古代漢語文論仍然保持了一系列的核心觀念和主要的話語方式，比如，文章、文學、文筆、言志、緣情、載道等觀念的對立與統一、相反又相成，直覺、感悟、避實擊虛、無中生有、舉一反三等話語方式的累積與成熟。也就是說，在近現代西方文論強烈撞擊之前，古代漢語文論仍是一個統一的整體。但經過五四新文化運動的徹底清洗，這一整體遭到了根本的否定，取而代之受到肯定的則是西方文論這一新的體系。不過，西方文論並非完全以自己的實力打敗古代漢語文論，它的獲勝很大程度上是由於佔有「天時」——中國近現代特殊的歷史語境——「人和」——一批具有激進立場的知識份子——兩大優勢。當這兩大優勢隨著時間的推移而不復存在之時，佔有本土之「地利」的古代漢語文論，又會對西方文論的權威構成懷疑與威脅。這就是轉換論、重建論與實用論等文論策略得以出現的邏輯性前提。

這幾種文論策略以及多元的批評方式，雖然意味著對曾經倍受肯定的西方文論產生了質疑，但要對它實行替代性的否定，則尚需假以時日。也就是說，現代漢語文論話語已經走出傳統、正在走入西方的歷程中，要想走出西方、走向更新的境界，尚需對當前的多元化話語進行一次大規模的整合。在全球化趨勢越來越明顯的今天，東西方文化與文論在頻繁的交流中，更容易互相認可、取長補短，這就爲現代漢語文論話語早日進行整合、發生蛻變提供了可能。

或許，新一輪話語變革已經爲期不遠！

參考文獻

（英）阿蘭·謝裏登《求真意志：密歇爾·福柯的心路歷程》，尚志英、許林譯，上海人民出版社，一九九七年一月。

鮑晶編《劉半農研究資料》，天津人民出版社，一九八五年二月。

北京圖書館編《民國時期總書目·文學理論·世界文學·中國文學卷》、《民國時期總書目·外國文學卷》，書目文獻出版社，一九九二年十一月。

曹順慶《兩漢文論譯注》，北京出版社，一九八八年三月。

曹順慶《中外比較文論史·上古時期》，山東教育出版社，一九九八年四月。

《曹禺論創作》，上海文藝出版社，一九八六年十一月。

《陳獨秀文章選編》，三聯書店，一九八四年六月。

陳福康《鄭振鐸年譜》，書目文獻出版社，一九八八年三月。

陳平原《中國現代學術之建立》，北京大學出版社，一九九八年二月。

陳平原、夏曉虹編《二十世紀中國小說理論資料》，北京大學出版社，一九九七年二月。
《陳思和自選集》，廣西師範大學出版社，一九九七年九月。
陳萬雄《五四新文化的源流》，三聯書店，一九九七年一月。
陳曉明《解構的蹤跡：歷史、話語與主體》，中國社會科學出版社，一九九四年九月。
陳引馳編《梁啓超學術論著集．文學卷》，華東師範大學出版社，一九九八年十一月。
陳鐘凡《中國文學批評史》，上海中華書局，一九二七年二月。
陳子善編《葉公超批評文集》，珠海出版社，一九九八年十月。
陳子展《中國近代文學之變遷、最近三十年中國文學史》，上海古籍出版社，二〇〇〇年十二月。
程千帆《文論十箋》，黑龍江人民出版社，一九八三年八月。
董小英《再登巴比倫塔：巴赫金與對話理論》，北京三聯書店，一九九四年十月。
（美）E．希爾斯《論傳統》，傅鏗、呂樂譯，上海人民出版社，一九九一年三月。
馮光廉、劉增人《中國新文學發展史》，人民文學出版社，一九九一年八月。
馮友蘭《三松堂自序》，三聯書店，一九八四年十二月。
馮友蘭在《中國哲學簡史》，北京大學出版社，一九九六年九月第二版。
傅傑編校《王國維論學集》，中國社會科學出版社，一九九七年六月。
高恒文《京派文人：學院派的風采》，上海教育出版社，二〇〇〇年十二月。

高叔平編《蔡元培語言及文學論著》，河北人民出版社，一九八五年十月。

郭宏安編《李健吾批評文集》，珠海出版社，一九九八年十月。

郭沫若《郭沫若全集·文學編》，人民文學出版社，一九九二年。

《郭沫若論創作》，上海文藝出版社，一九八三年六月。

郭紹虞主編《中國歷代文論選》（四卷本），上海古籍出版社，一九七九年—一九八〇年。

郭紹虞《中國文學批評史》，上海古籍出版社，一九七九年十二月。

葛懋春、蔣俊編選《梁啓超哲學思想論文選》，北京大學出版社，一九八四年四月。

顧鳳城《新興文學概論》，光華書局，一九三〇年八月初版。

（德）海德格爾《在通向語言的途中》，孫周興譯，商務印書館，一九九七年五月。

郜元寶、李書編《李長之批評文集》，珠海出版社，一九九八年十月。

《胡風評論集》（上），人民文學出版社，一九八四年三月。

胡適《白話文學史》，上海古籍出版社，一九九九年十二月。

《胡適口述自傳》，華文出版社，一九九二年版。

《胡適留學日記》嶽麓書社，二〇〇〇年十一月。

黃侃《文心雕龍劄記》，華東師範大學出版社，一九九六年十二月。

黃霖《中國文學批評通史·近代卷》，上海古籍出版社，一九九六年十二月。

黃曼君主編《中國近百年文學理論批評史（一八九五—一九九〇）》，河北教育出版社，一九九七年三月。
黃維樑、曹順慶編《中國比較文學學科理論的墾拓》，北京大學出版社，一九九八年四月。
黃修己《中國新文學史編纂史》，北京大學出版社，一九九五年五月。
翦伯贊、鄭天挺主編《中國通史參考資料．近代部分》，中華書局，一九八〇年六月第二版。
姜義華主編《胡適學術文集．新文學運動》，中華書局，一九九三年九月。
江永注《近思錄集注》，上海書店，一九八三年三月據商務印書館一九三三年版複印。
《金聖歎評點才子全集》第三卷《第五才子書〈水滸傳〉評點》，光明日報出版社，一九九七年八月。
（德）康得《歷史理性批判文集》，何兆武譯，北京商務印書館，一九九〇年十一月。
（美）雷納．韋勒克《近代文學批評史》（一—八卷），楊豈深、楊自伍譯，上海譯文出版社，一九九七—二〇〇六。
（美）雷內．韋勒克《批評的概念》，張金言譯，中國美術學院出版社，一九九九年十二月。
李華興、吳嘉勳編《梁啓超選集》，上海人民出版社，一九八四年十一月。
李何林《近二十年中國文藝思潮論（一九一七—一九三七）》，陝西人民出版社，一九八一年四月。
李何林《中國文藝論戰》，陝西人民出版社，一九八四年四月。
李傑《中國詩學話語》，四川人民出版社，一九九九年六月。

李歐梵《現代性的追求：李歐梵文化評論精選集》，北京三聯書店，二〇〇〇年十二月。
李喜所《近代中國的留學生》，人民出版社，一九八七年七月。
李振聲編《梁宗岱批評文集》，珠海出版社，一九九八年十月。
梁啓超《清代學術概論》，上海古籍出版社，一九九八年一月。
《梁啓超全集》，北京出版社，一九九九年七月。
樑柱《蔡元培與北京大學》，寧夏人民出版社，一九八三年四月。
《「兩個口號」論爭資料選編》，人民文學出版社，一九八二年三月。
（俄）列夫·謝苗諾維奇·維果茨基《思維與語言》，李維譯，浙江教育出版社，一九九七年九月。
林崗《明清之際小說評點學之研究》，北京大學出版社，一九九九年十一月。
林薇選注《林紓選集·文詩詞卷》，四川人民出版社，一九八八年七月。
林毓生《中國意識的危機》（增訂再版本），貴州人民出版社，一九八八年一月。
林毓生《中國傳統的創造性轉化》，北京三聯書店，一九八八年十二月。
劉禾《語際書寫——現代思想史寫作批判綱要》，上海三聯書店，一九九九年十月。
劉炎生《中國現代文學論爭史》，廣東人民出版社，一九九九年十二月。
《魯迅全集》，人民文學出版社，一九八一年版。
羅鋼《歷史匯流中的抉擇》，中國社會科學出版社，二〇〇〇年十月。

羅根澤《中國文學批評史》（一），古典文學出版社，一九五七年十二月。
羅志田《權勢轉移：近代中國的思想、社會與學術》，湖北人民出版社，一九九九年七月。
馬仲殊、顧仞千合編《中學生文學》上海中華書局，一九三〇年六月。
馬宗霍《文學概論》，商務印書館，一九二五年十月。
馬祖毅《中國翻譯史》（上卷），湖北教育出版社，一九九九年九月。
《茅盾文藝雜論集》（上集），上海文藝出版社，一九八一年六月。
潘頌德《中國現代詩論四十家》，重慶出版社，一九九一年一月。
錢基博《現代中國文學史》，嶽麓書社，一九八六年五月。
商金林《朱光潛與中國現代文學》，安徽教育出版社，一九九五年十二月。
商金林編《朱光潛批評文集》，珠海出版社，一九九八年十月。
上海文藝出版社編《中國新文學大系一九二七－一九三七・文學理論集》，一九八七年十二月。
沈永寶編《林語堂批評文集》，珠海出版社，一九九八年十月。
實藤惠秀《中國人留學日本史》，譚汝謙、林啓彥譯，三聯書店，一九八三年八月。
史有爲《漢語外來詞》，商務印書館，二〇〇〇年一月。
舒舍予《文學概論講義》，北京出版社，一九八四年六月。
舒蕪點校《飲冰室詩話》，人民文學出版社，一九五九年四月。

舒蕪等編選《近代文論選》，人民文學出版社，一九五九年九月。
湯用彤《理學・佛學・玄學》，北京大學出版社，一九九一年二月。
湯志鈞、陳阻思編《中國近代教育史資料彙編》，上海教育出版社，一九九三年一月。
唐寶林、林茂生編《陳獨秀年譜》，上海人民出版社，一九八八年十二月。
（美）唐德剛《胡適雜憶》（增訂本），華東師範大學出版社，一九九九年一月。
萬樹玉《茅盾年譜》，浙江文藝出版社，一九八六年十月。
《汪暉自選集》，廣西師範大學，一九九七年。
王德威《想像中國的方法：歷史・小說・敍事》，北京三聯書店，一九九八年九月。
王建輝《文化的商務——王雲五專題研究》，商務印書館，二〇〇〇年七月。
王潤華《從司空圖到沈從文》，上海學林出版社，一九八九年八月。
王曉平《近代中日文學交流史稿》，湖南文藝出版社，一九八七年十二月。
王曉秋《近代中日文化交流史》，中華書局，二〇〇〇年八月。
王瑤《中國現代文學史論集》，北京大學出版社，一九九八年一月。
王瑤《中國新文學史稿》，上海文藝出版社，一九八二年十一月修訂重版。
王瑤主編《中國文學研究現代化進程》，北京大學出版社，一九九六年十二月。
[美]魏定熙《北京大學與中國政治文化》，金安平、張毅譯，北京大學出版社，一九九八年五月。

魏崇新、王同坤《觀念的演進——二十世紀中國文學史觀》，西苑出版社，二〇〇〇年三月。

溫儒敏《中國現代文學批評史》，北京大學出版社，一九九三年十月。

吳中傑《中國現代文藝思潮史》，復旦大學出版社，一九九六年十二月。

伍蠡甫主編《西方文論選》，上海譯文出版社，一九七九年。

伍蠡甫、胡經之主編《西方文藝理論名著選編》，北京大學出版社，一九八五—一九八七年。

夏曉虹《覺世與傳世——梁啓超的文學道路》，上海人民出版社，一九九一年八月。

謝六逸《日本文學》，商務印書館，一九二九年十月初版。

謝無量《中國大文學史》，中華書局，一九一八年十月發行，一九三〇年二月第一八版。

徐靜波《梁實秋——傳統的複歸》，復旦大學出版社，一九九二年十月。

徐靜波編《梁實秋批評文集》，珠海出版社，一九九八年十月。

徐松榮《維新派與近代報刊》，山西古籍出版社，一九九八年二月。

徐中玉主編《中國古代文藝理論專題資料叢刊·藝術辯證法編》，中國社會科學出版社，一九九三年十月。

許鈞主編《翻譯思考錄》，湖北教育出版社，一九九八年十一月。

《嚴復集》，中華書局，一九八六年版。

姚鼐《古文辭類纂》，宋晶如、章榮注釋，上海國學整理社，一九三五年九月。

楊冬《西方文學批評史》，吉林教育出版社，一九九八年四月。
楊匡漢、劉福春編《中國現代詩論》（上編），花城出版社，一九八五年十二月。
楊揚編《周作人批評文集》，珠海出版社，一九九八年十月。
殷國明《二十世紀中西文藝理論交流史論》，華東師範大學出版社，一九九九年十二月。
楊義主筆，中井政喜、張中良合著《中國新文學圖志》，人民文學出版社，一九九六年八月。
永瑢等撰《四庫全書總目》，中華書局，一九六五年六月。
《鬱達夫全集》，浙江文藝出版社，一九九二年版。
俞吾金編選《疑古與開新——胡適文選》，上海遠東出版社，一九九五年十二月。
余英時《中國思想傳統的現代詮釋》，江蘇人民出版社，一九九八年六月。
張靜廬輯注《中國近代出版史料》，《中國現代出版史料》，中國出版史料補編》，中華書局，一九五二—一九五九。
張世林編《學林春秋——著名學者自序集》，中華書局，一九九八年十二月。
張中行《文言和白話》，黑龍江人民出版社，一九八八年四月。
趙家璧主編《中國新文學大系一九一七—一九二七》，上海良友圖書印刷公司，一九三五年十月。
趙景深《文學概論》，世界書局，一九三二年二月。
趙一凡《歐美新學賞析》，中央編譯出版社，一九九六年九月。

鄭振鐸編《中國文學研究》（下），上海書店一九八一年十一月據商務印書館一九二七年版複印。
鄭振鐸、傅東華編《文學百題》，上海生活書店，一九三五年版。
（美）周策縱《五四運動：現代中國的思想革命》，周子平等譯，江蘇人民出版社，一九九六年十二月。
周憲《超越文學》，上海三聯書店，一九九七年三月。
周勳初《當代學術研究思辨》，南京大學出版社，一九九三年五月。
周作人《中國新文學的源流》，上海書店一九八八年二月據北平人文書店一九三二年九月初版影印。
《周作人早期散文選》，上海文藝出版社，一九八四年四月。
朱光潛《西方美學史》，人民文學出版社，一九七九年十一月第二版。
《朱自清古典文學論文集》，上海古籍出版社，一九八一年七月。
《新青年》、《新潮》、《學衡》、《新文學史料》、《中國現代文學研究叢刊》、《文學評論》、《中國比較文學》、《中外文化與文論》。

Bassnett, Susan, *Compartive Literature: A Critical Introduction.*, Oxford and Cambridge, Blackwell Publishers,1993.
Lydia H. Liu, *Translingual Practice: Literature, National Culture, and Translated Modernity-China, 1900-1937,* Stanford, California, Stanford University Press, 1995.

Tagore, Amitendranath, *Literary Debates in Modern China, 1918-1937,* Center for East Asian Cultural Studies, Tokyo, 1967.

Encylopdia of Contenmporary Literary Theory, ed.I.R.Mararyk, Univ.of Toronto Press, 1993.

Critical Terms for Literary Study, ed.F.Lentricchia and T.Mclaughlin, The Univ.of Chicago Press, 1990.

後記

對我來說，本書得以在臺灣文史哲出版社印行，是一種山大的福緣。

去年十一月上旬，中國新詩研究所舉辦「第三屆華文詩學名家國際論壇」，作爲會議主辦方的成員，我有幸結識臺灣著名作家、學者陳福成先生。在考察重慶北碚風景區金刀峽的行程中，我與陳先生交談，很是敬佩他著述等身的學術造詣，也流露出對臺灣出書便捷的羨慕，陳先生也熟悉大陸學者的艱難，提出可以推薦在臺灣出版學術著作。果然，十餘天之後，陳先生不僅從臺灣寄來幾本一九五〇年代初期的《自由中國》和自辦刊物《中國春秋》，還將他的好朋友、文史哲出版社社長彭正雄先生介紹給我。看陳先生之面，彭先生讓我寄上書稿，不久即爽快地同意出版。彭先生已年近古稀，陳先生也將及花甲，他們能夠如此提攜後學，讓我滿懷感激與尊敬。

從話語形式層面探討現代漢語文論，是略顯偏僻的選題，短時間內很難成爲學界關注的對象。儘管如此，本書的主要內容還是以論文的形式公開發表，這讓我格外感謝慷慨提供版面的十餘家刊物的編輯們。近年來，我自己的學術興趣已有所轉移，不過，我仍以爲這是一個有意義的話題，但願有同好者能夠將這一研究繼續下去，這或許是拙著僅有的價值與意義。

西元二〇一〇年四月十五日向天淵於重慶北碚